Oft sind Menschen versucht, ihr Leben rückwärts zu leben:

Sie versuchen mehr Dinge zu haben oder mehr Geld,

um mehr von dem zu machen, was sie möchten, damit sie

glücklicher werden. Es funktioniert jedoch genau umgekehrt.

Sie müssen erst derjenige sein, der sie wirklich sind und dann

das tun, was sie tun müssen, um schließlich das zu haben,

was sie haben möchten.

Margaret Young, amerikanische Sängerin (1891 – 1969)

Catharina Aanderud

Weniger ist mehr

Zurück zum eigenen Maß

Vorwort zur neuen Auflage

Als ich die erste Version dieses Buch 1997 schrieb, befand sich die Welt gerade im Internet-Hype und strebte voller hochgesteckter Erwartungen auf den Höhepunkt der Dotcom-Blase zu. „Weniger ist mehr" schien überhaupt nicht das Gebot der Stunde zu sein, wenngleich für den nüchternen Betrachter das aufgeheizte Klima von Spekulation und Expansion schon damals etwas Übertriebenes und die überhöhten Gewinnerwartungen der Anleger (25 Prozent!) etwas Maßloses hatten.

Ich schrieb also total gegen den Trend. Konsumkritik war noch nicht angesagt, was meinen Verleger veranlaßte, das Buch 1998 in eher bescheidener Auflage an den Start zu bringen, die allerdings schon nach kurzer Zeit restlos ausverkauft war. Eine Neuauflage war aus mir unerfindlichen Gründen nicht geplant und ich erhielt meine Rechte zurück. „Weniger ist mehr" war sozusagen Opfer seines eigenen Titels geworden!

Doch als ich kurz darauf im „Hamburger Abendblatt" einen Artikel mit den Kernthesen meines Buches veröffentlichte, war die Resonanz einfach überwältigend. Mein Telefon stand wochenlang nicht still, Tausende von Lesern wollten das Buch bestellen, darunter viele Marketing- und Werbe-Profis. Ich führte Gespräche mit unzähligen Lesern – wann hat man als Autor schon mal diese Chance? – und bekam jede Menge positives Feedback, nach dem Motto: „Endlich mal jemand, der unsere Situation auf den Punkt bringt!"

Ich entschloß mich zu einem Nachdruck im Selbstverlag unter dem Titel „Weniger wäre mehr" und verschickte eigenhändig jedes einzelne Exemplar an meine Leser; anfangs trug ich die Briefe körbeweise zur Post.

Die Nachfrage ist in den letzten zehn Jahren nie abgerissen, obwohl ich keine Werbung für das Buch mache. Im Internet wird die Hardcover-Ausgabe inzwischen für ein Vielfaches des Neuwertes angeboten, mein Taschenbuch-Nachdruck werden dort auch gehandelt, nur im Buchhandel suchte man den Titel bisher vergebens. Er blieb also gewissermaßen ein „Geheimtip" für all diejenigen, die der Idee (oder besser: der Utopie!) eines unbegrenzten Wachstums, hemmungslosem Konsum und gnadenloser Ausbeutung von Natur und Ressourcen schon seit langem skeptisch gegenüber stehen.

Um so glücklicher bin ich über die Chance, „Weniger ist mehr" nun komplett überarbeitet und aktualisiert im CLASSICUS Verlag herauszubringen und damit wieder einer breiteren Öffentlichkeit zugänglich zu machen.

Initialzündung hierfür war ein zufälliges Wiedersehen mit dem Buddhismuslehrer Oliver Petersen, den ich vor 13 Jahren für mein Kapitel „Krise" interviewt hatte – damals war er noch tibetischer Mönch. „Ich finde, die Zeit ist wirklich reif für eine Neu-Auflage deines Buches", rief er mir am Rande einer Vortragsveranstaltung zu. „Die Grundsituation hat sich ja nicht verändert, sondern eher noch verschärft."

Um dem Rechnung zu tragen, habe ich das gesamte Buch gründlich überarbeitet, aktuelle Aspekte eingefügt und eine neue Einleitung geschrieben.

Vor allem jedoch habe ich ein neues Kapitel über die Hintergründe unseres Konsumverhaltens eingefügt, das deutlich macht, wie hochprofessionell unsere Wünsche und Bedürfnisse manipuliert werden – und zwar aus kommerziellen ebenso wie aus gesellschaftspolitischen Gründen.

Wie arm sind wir?

Eines Tages nahm ein sehr wohlhabender Vater seinen Sohn mit auf eine Fahrt aufs Land, mit dem erklärten Ziel, ihm zu zeigen, wie arme Menschen leben. Sie verbrachten einige Tage und Nächte auf einem Bauernhof, der einer Familie gehörte, die man mit Fug und Recht als arm bezeichnen konnte.

Auf der Rückfahrt fragte der Vater seinen Sohn: „Und, wie fandest du unseren Ausflug?"

„Er war wunderbar, Vater."

„Hast du gesehen, wie arme Menschen leben?", fragte der Vater.

„Oh, ja", sagte der Sohn.

„Dann erzähl mir, was du durch unsere kleine Reise gelernt hast", sagte der Vater.

Der Sohn antwortete:

„Ich sah, wir einen Hund haben und sie vier.

Wir besitzen ein Schwimmbad, das bis zur Mitte unseres Gartens reicht, und sie haben einen Fluß, der endlos ist.

Wir haben importierte Laternen in unserem Garten und sie haben nachts die Sterne.

Unsere Terrasse reicht bis zu unserem Vorgarten und sie haben den ganzen Horizont.

Wir leben auf einem kleinen Stückchen Land und sie haben Felder, die sich bis ins Unendliche erstrecken.

Wir haben Angestellte, die uns bedienen, aber sie bedienen andere.

Wir kaufen unser Essen, aber sie bauen ihres an.

Wir haben Mauern um unser Grundstück, um uns zu schützen, sie haben Freunde, die sie beschützen.

Der Vater des Jungen war sprachlos.

Dann fügte sein Sohn hinzu: Danke, Vater, daß du mir gezeigt hast, wie arm wir sind."

Einleitung

Manchmal bedarf es mehrerer Schüsse vor den Bug, bis eine Erkenntnis reift und die Zeit für einen echten Bewußtseinswandel gekommen ist. Im März 2000 platzte die Dotcom-Blase, die viel zu hoch bewerteten Unternehmen der New Economy konnten die Gewinnerwartungen der Anleger nicht erfüllen, die Aktienkurse fielen in den Keller, viele Kleinanleger verloren ihr Vermögen. Allgemeiner Katzjammer machte sich breit.

Auch der brutale Anschlag islamischer Terroristen auf das World Trade Center war für viele kritisch denkende Zeitgenossen ein Schuß vor den Bug des sich allzu selbstherrlich gebärdenden, völlig ungezügelten Kapitalismus, dem nach dem Niedergang des Kommunismus ein soziales Korrektiv zu fehlen schien. 9/11 war im Kern ein Angriff auf einen „American Way of Life", der immer mehr Ländern seine ökonomischen Spielregeln aufdrängte, die Attacke eines Lebensmodells, das Menschen nur noch unter einem einzigen Aspekt betrachtete: dem des Konsumenten.

Doch erst die Finanzkrise, die 2008 das weltweite Wirtschaftsystem in seinen Grundfesten erschütterte, rüttelte schließlich die breite Mehrheit aus ihrem Dornröschenschlaf wach, in den sie ein immer unübersichtlicher werdendes Konsumüberangebot gelullt hatte. Bei einer wachsenden Zahl von Menschen wächst nun das Unbehagen über eine Ökonomie, die derartige Macht über unser Leben und Denken gewonnen hat, daß sie alle anderen Werte überlagert.

Grenzenlose Wachstumserwartungen erfordern Konsum und befördern die Gier – ein Wort, das seit der Finanzkrise plötzlich in aller Munde ist und zunächst vor allem den Investment-Bankern zugeschrieben wurde. Doch das suchtartige Streben nach immer mehr ist uns allen eigen, ob wir nun Anleger oder Konsumenten von Waren, Erlebnissen und Informationen sind. Allerdings scheint die Gier exponentiell mit den Möglichkeiten, sie umzusetzen zu wachsen – wer viel hat, will immer mehr, genug ist nie genug.

Das Sättigungsgefühl scheint mit wachsenden Optionen verloren zu gehen. Demgegenüber ist in weniger entwickelten Ländern mit ihren intakten Familiengemeinschaften die Gier viel geringer ausgeprägt als bei uns. Arme Menschen teilen das Wenige, was sie haben, viel selbstverständlicher miteinander, sie sind weniger materialistisch eingestellt. Wächst Gier vielleicht auch proportional zur Angst, die Vereinzelung mit sich bringt? Anthropologen haben festgestellt, daß das für uns selbstverständlich gewordene Profitdenken in traditionellen Gesellschaften eine untergeordnete Rolle spielt und wegen seiner Tendenz, soziale Beziehungen zu zerstören, eher mit Mißtrauen betrachtet wird.

Wir dagegen haben uns daran gewöhnt, ökonomisches Denken als Grundlage einer funktionierenden Gesellschaft zu betrachten anstatt als deren Vehikel. Der Mensch und seine emotionalen Beziehungen müssen sich wirtschaftlichen Vorgaben flexibel anpassen, nicht nur als Arbeitnehmer, auch als Konsumenten (auch wenn stets das Gegenteil behauptet wird). Propaganda und Werbung hämmern das in uns ein, was sie als passende Leitbilder einer Massengesellschaft betrachten.

Es ist wichtig, sich vor Augen zu halten, daß dies lediglich die Vorherrschaft einer bestimmten Denkweise (oder gar Ideologie) ist, die jedoch nicht als selbstverständlich und schon gar nicht als ewig gültig hingenommen werden muß.

Konsum ist gut, denn er bedeutet Konjunktur, so hat man uns beigebracht. Er ist fast eine patriotische Pflicht („go shopping" lautete bezeichnenderweise nach dem 11. September 2001 die Order für die Amerikaner!). Die Lektion sitzt tief, auch wenn sie nicht mehr recht zu passen scheint.

Wirtschaftswachstum – und damit, auf den einzelnen herunter gebrochen: Konsum – ist inzwischen zum Selbstzweck geworden, zum Zwang, der mit einem enormen Aufwand an Geld, merkantiler Phantasie und Werbung in Gang gehalten werden muß.

Doch wer sich in den Einkaufsmeilen der Städte aufmerksam umsieht, kann feststellen, daß die Lustlosigkeit den meisten schier ins Gesicht geschrieben steht.

Selbst völlig verarmte Menschen in Entwicklungsländern sehen meist glücklicher aus als ein shoppender Europäer. Immer schneller auf den übersättigten Markt geworfene Innovationen vermögen eben keine wirkliche Begeisterung mehr auszulösen, es sei denn, sie werden durch extrem glamouröse Events und Stars mit einem imaginären Strahlenkranz ausgestattet. Oder mit einem gezielten Tabubruch, der werteverletzend und damit aufmerksamkeitserregend wirken soll.

Inzwischen dämmert vielen Konsumenten, daß die vielgepriesene Wahlfreiheit keine wirkliche Freiheit bedeutet sondern immer häufiger Streß (wenn beispielsweise unter 100 verschiedenen Käsesorten im Supermarktregal zu wählen ist) und daß die Vielzahl an Optionen wirklich sinnvolle Lebensziele immer mehr verschleiert.

Pieter Brueghel hat den Zustand des Überdrusses am Überfluß in seinem Bild „Das Schlaraffenland" meisterhaft dargestellt: Fette Menschen liegen vollgestopft und abgefüllt und starren stumpfen Blicks in die Leere. Kein lustvolles Erleben der Fülle, kein bewußtes Genießen, sondern nur dumpfes Dahindämmern vereinsamter Menschen. Sind wir von diesem Zustand so weit entfernt? Wo alles im Überfluß vorhanden ist, verliert auch alles seinen Wert – die Dankbarkeit schwindet und mit ihr die Freude an der Gestaltung des eigenen Lebens.

Die andere Seite der Medaille: Weltweit hungern 925 Millionen Menschen. Ihre Verzweiflung löst Revolutionen in Nordafrika, Asien und Lateinamerika aus. Bereits vor Jahren warnten Weltbank und Internationaler Weltwährungsfonds davor, daß regionale Mächte wie Ägypten kollabieren könnten, wenn die Lebensmittelpreise weiter so drastisch steigen – und genau so ist es gekommen. Weltweit könnten etwa 60 Länder wegen der explodierenden Lebensmittelpreise (teilweise um 50 Prozent) auf ähnliche Weise destabilisiert werden, wie wir es gerade in Tunesien und Ägypten erlebt haben.

Diese Preissteigerungen sind keineswegs hausgemacht, wie gerne behauptet wird, sondern haben mit den Bedürfnissen und Begehrlichkeiten der Menschen aus den reichen Industrienationen zu tun.

Zum einen treibt die Nachfrage nach Biotreibstoff (der aus Grundnahrungsmitteln

hergestellt wird) die Preise nach oben. Wie Weltbankpräsident Robert Zoellick es ausdrückt: „Während sich manche Sorgen machen, wie sie ihren Benzintank füllen, kämpfen viele andere darum, wie sie ihren Magen füllen können." Zum anderen, und das ist noch viel gravierender und beschämender, hängen die Preissteigerungen damit zusammen, daß inzwischen weltweit auf Grundnahrungsmittel spekuliert wird. Diese Spekulationsvariante, bei der Hunger und Elend billigend in Kauf genommen wird, müßte strikt verboten werden, weil sie völlig unmoralisch ist.

Die Ärmsten dieser Welt müssen inzwischen bis zu 80 Prozent ihres Einkommens für Grundnahrungsmittel ausgeben (wir dagegen nur 10 Prozent). Für ein Fladenbrot, so Zoellick, müßten viele Menschen inzwischen ein Viertel ihres Monatslohns aufwenden. Wer sich das nicht leisten kann, muß Erde essen! Für viele Haitianer sind Lehmkekse inzwischen die einzige Mahlzeit, weil Getreidemehl für sie zu teuer geworden ist. Die üble Mixtur verursacht zwar Durchfall, aber betäubt das Hungergefühl. Der Lehm für 100 Plätzchen kostet fünf Dollar; binnen eines Jahres ist der Preis um 1,50 Dollar gestiegen. In Indien kosten manche Produkte dreimal so viel wie vor einem Jahr, selbst die Schüssel Reis wird immer teurer und in Bangladesch können sich die Ärmsten nicht mal mehr Milch leisten.

Jedem sechsten Menschen auf der Welt fehlt es am Lebensnotwendigsten, jeder fünfte ist unterernährt (während weltweit 300 Millionen Menschen übergewichtig sind!), über eine Milliarde Menschen haben weniger als einen US-Dollar pro Tag zur Verfügung. Dabei könnte die Landwirtschaft heute 12 Milliarden Menschen, also fast das Doppelte der Weltbevölkerung ernähren, es scheitert nur an der richtigen Verteilung.

Können wir in einer globalisierten Welt wirklich die Augen – und unser Herz! – vor diesen Fakten verschließen? Aber es ist offenbar schwieriger, 500 Millionen Dollar Soforthilfe für das Welternährungsprogramm bereitzustellen, als immer neue Milliarden-Notprogramme aufzulegen, um den Wohlstand der reichen Nationen zu sichern.

„Der Konsumkapitalismus produziert mehr Bedürfnisse als die Menschen in den entwickelten Ländern haben und ignoriert zugleich den echten Bedarf in der Dritten Welt", sagt der ehemalige Clinton-Berater Benjamin Barber. „In Amerika geben wir 20 Milliarden Dollar im Jahr für in Flaschen abgefülltes Wasser aus, das für fast umsonst aus dem Hahn kommt, während in der Dritten Welt drei Milliarden Menschen gar kein sauberes Wasser haben. Der Kapitalismus will schnelle Profite und verkauft Leuten mit Geld Dinge, die sie nicht brauchen, weil die Menschen, die wirklich etwas brauchen, kein Geld haben. Statt Bedürfnisse zu produzieren, sollte der Kapitalismus dahin gehen, wo es echten Bedarf gibt, und herausfinden, wie man diesen Bedarf befriedigen kann."

Oder vielleicht auch einmal die wirklichen Bedürfnisse der Menschen eruieren ...

In einem Bericht über Bhutan war kürzlich zu lesen, daß die Entwicklung des Landes behutsam erfolgen soll, mit dem erklärten Ziel, das Bruttosozialglück für alle zu steigern. Der Staatshaushalt soll in erster Linie Bildung und Umweltschutz verpflichtet sein, ein kostenloses Gesundheitssystem gibt es bereits. Wie sieht es hingegen bei uns aus – einem der reichsten Länder der Welt? Ein ganzer Forschungszweig (Happyness Economics) hat sich inzwischen darauf verlegt, unsere Einstellung zu Glück und Geld zu ergründen. Fazit: Ab einem bestimmten Level (und das liegt bei rund 30.000 Euro Jahreseinkommen) nimmt das persönliche Glücksempfinden durch steigendes Einkommen nicht mehr merklich zu! Eine bahnbrechende Erkenntnis, die einen zu der Frage veranlassen könnte: Wozu dann eigentlich der ganze Streß?

Doch statt uns dankbar unseres Wohlstands zu erfreuen, plagen uns Abstiegsängste, und um der vermeintlichen finanziellen Unabhängigkeit willen streben wir nach Karriere und noch mehr Geld auf Kosten der Zeit, die wir mit Familie und Freunden verbringen könnten. Wir bemühen uns krampfhaft oder mit allerlei Schaumschlägerei, uns selbst (auf neudeutsch: unsere Ich-AG) zu vermarkten und an unserem Image zu feilen, weil man uns erzählt hat, sonst würden wir nicht wahrgenommen.

Derweil nimmt die Einsamkeit zu und das Gemeinschaftsgefühl ab. Das ist die Kehrseite unseres hochgepriesenen Individualismus, der uns zweifellos viele persönliche Freiheiten – auch von familiären Verpflichtungen – beschert hat, allerdings auch unsere Bindungen gelockert hat. Ohne Orientierung an zeitlos gültigen Werten (die im Prinzip jeder kennt), gerät innere Unabhängigkeit zu narzißtischer Selbstverwirklichungsraserei.

Hat uns das Rennen im Hamsterrad dann ausgebrannt, sagen wir, unsere Work-Life-Balance sei gestört und wir brauchen einen Coach. Was wir brauchen, ist eine Suchttherapie, die uns befreit von der Vorstellung, daß Gier geil ist und offen macht für die Erwägung der Möglichkeit, daß unser Glück gerade in der Einfachheit und im bewußten Verzicht darauf, jeden Trend und jede Torheit mitzumachen, liegen kann.

Wie es der Theologe Hans Küng in seiner Erklärung zum „Weltethos" formulierte: „Statt einer unstillbaren Gier nach Geld, Prestige und Konsum ist wieder neu der Sinn für Maß und Bescheidenheit zu finden. Denn der Mensch der Gier verliert seine Seele, seine Freiheit, seine Gelassenheit, seinen inneren Frieden und somit das, was ihn zum Menschen macht."

Für manch einen mag es zwar zynisch klingen, Verzicht als Voraussetzung für ein gutes Leben zu preisen, doch bewußt lebenden Menschen ist längst klar, daß mehr haben nicht unbedingt mit glücklicher sein gleichzusetzen ist oder daß, bildlich gesprochen, der zu volle Magen genauso schmerzt wie der zu leere.

Fixiert auf die herrschende Leitlinie: Immer höher, immer schneller, immer größer, immer mehr ist uns das eigene Maß dafür verlorengegangen, wann etwas zuviel ist – und das ist genauso negativ wie das Zuwenig! Daß Mangel etwas Negatives ist, leuchtet jedem unmittelbar ein. Daß aber auch der Überfluß schädlich ist, wird bisher noch nicht in gleicher Weise wahrgenommen. Und doch entfernt uns beides gleichermaßen von der optimalen Mitte und damit von unseren Gefühlen, Bedürfnissen und Zielen.

Mit anderen Worten: Gesteigerte Quantität führt nicht zwangsläufig zu erhöhter Qualität – zum Beispiel Lebensqualität. Darin besteht der grundlegende Irrtum, von dem das Leben in den Industriegesellschaften heute bestimmt wird. Unser hochtechnologisierter Lebensstandard schafft nicht automatisch mehr Wohlstand im Sinne von geistig-seelischem Wohlbefinden, sondern immer häufiger das Gegenteil.

Zeitknappheit, Streß, Überdruß, Leere, vielfältige Süchte, Depressionen, Burnout, Ängste und die Zerstörung von Beziehungen sind die geheimen Kosten des Wohlstandes. Nach Schätzungen der WHO leiden rund 30 Prozent der Bevölkerung in Europa unter Depressionen, Angst und Unsicherheit.

Alan Wallace, der wohl kompetenteste westliche Meditationslehrer spricht von einem „exotischen Experiment" zur Intensitätssteigerung, das wir seit Beginn des 20. Jahrhunderts mit uns selbst veranstalten und bei dem wir untersuchen: „Wie barbarisch können wir noch werden, wie sehr können wir unsere Schritte noch beschleunigen, wie können wir noch zielorientierter an multiplen Aufgaben arbeiten und unser Nervensystem überbeanspruchen? Wieviele Tragödien dieser Welt können wir als Zeuge erleben, ohne Depressionen zu bekommen, wieviel Angst erleben, ohne zusammenzubrechen? Dieses Experiment tun wir uns an!"

Auf der anderen Seite sind wir Analphabeten in der Kultivierung unseres Inneren, in der Schulung von Achtsamkeit, Bewußtheit und emotionaler Balance. Von Kindesbeinen an lernen wir, unseren Kopf mit möglichst vielen Informationen zu füllen, unsere Effizienz zu steigern, zu konkurrieren und uns zu vermarkten. „Aber wieviel Unterweisung hattest du darin, ein glücklicher Mensch zu werden und nicht nur ein erfolgreicher?", fragt Wallace zu Recht. „Wer unterrichtet dich, deine inneren Quellen zu erschließen, dein inneres Gleichgewicht zu finden, nicht nur intellektuell, sondern auch emotional zu sein, deine Aufmerksamkeit zu fokussieren, ohne gestreßt zu sein, und mit anderen Menschen eine gute Beziehung zu haben?"

Würden wir diese Qualitäten auf die Spitze unserer Prioritätenliste setzen, könnten wir egal in welchem Job ein erfülltes Leben führen, unser inneres Gleichgewicht halten und selbst unter Druck entspannt bleiben.

Es macht also Sinn, zuerst ein Gefühl inneren Wohlbefindens zu entwickeln und Körper und Geist zu entspannen, um innere Stabilität und Ruhe herzustellen. Möglichst bevor ein Burnout uns dazu zwingt.

Auch wenn wir als fleißige Deutsche dazu tendieren, Arbeit als Ersatzreligion zu betrachten, der wir uns bis an den Rand der Erschöpfung willig hingeben, Fakt ist doch: In innerer Balance sind wir sehr viel produktiver. Glücklicherweise ist dieser Tage ein moderner Mythos entlarvt worden: Multitasking, das haben Wissenschaftler festgestellt, ist ineffizient. Wer versucht, mehrere Aufgaben gleichzeitig zu erledigen – jahrelang als Standard modernen Arbeitens gepriesen – ist unkonzentrierter, schneller abgelenkt und kann unwichtige Informationen schlechter wegfiltern. Das gute, alte „eins zur Zeit" erlebt also ein Comeback!

Um kreativ zu sein und größere Zusammenhänge zu verstehen braucht unser Gehirn Ruhephasen. Wir benötigen Zeit, um neue Informationen mit bereits vorhandenem Wissen sinnvoll zu verknüpfen. Wer sein Gehirn durch parallele Tätigkeiten ständig überfordert, wird nicht klüger, sondern degeneriert.

Bedauerlicherweise aber treibt uns das enorme Reizüberangebot in genau diesen Overkill. Durch vielfältigste Ablenkungen wird uns eigentlich ständig eine Zersplitterung unserer Aufmerksamkeit nahegelegt.

Erlebnisdichte läuft heute in erster Linie über einen rastlosen Konsum, der aber gerade wegen seiner Schnelligkeit und Oberflächlichkeit dazu führt, daß Erlebnisse nicht bis in die Tiefen ausgelotet werden, nach dem Motto: Öfter mal was Neues. Und so wird auf ein Erlebnis schnell ein weiteres „gestapelt". Die unser Denken beherrschende Leitlinie des „Immer mehr" führt nicht nur zu Chaos im Kopf und Unzufriedenheit. Sie zeigt vor allem einen „süchtigen" Umgang mit der Wirklichkeit.

Doch wenn der Kopf zu voll ist, bleibt die Seele auf der Strecke. Das ist unsere Crux: Wir alle leiden an der Fülle ebenso wie an der enormen und immer noch zunehmenden Geschwindigkeit („Akzeleration", wie Alwin Toffler es schon vor 35 Jahren nannte), von der unser Leben bestimmt wird. Und unsere Seelen und unsere Gefühle können damit nicht Schritt halten. Wir werden desorientiert, weil unser Innenleben sich nicht in gleichem Maße mitentwickelt.

Wir flüchten – mit wohlwollender Unterstützung der Werbung – in immer neue Reize und Ablenkungen. Noch nie gab es so viele Angebote, vor sich selbst wegzurennen, wie heute! So werden wir immer stärker außengesteuert und verlieren die Orientierung: Wir wissen nicht mehr, wie wir leben wollen!

Denn unsere wirklichen Sehnsüchte – nach Wahrem, Gültigem, Bleibendem, nach Gemeinschaft, Liebe und Glück – werden in unserer Gesellschaft nicht mehr gestillt, ebensowenig wie unser Bedürfnis nach Transzendenz und tiefer Verbundenheit. Unsere Kultur bietet uns kaum noch Rituale zum Erleben solcher Gefühle, sondern leitet uns nur zu weiterem Konsum an. Das Vakuum in der Seele wird mit materiellen Gütern gestopft oder mit großen, fast religiös zelebrierten Events (wie beispielsweise spektakulär inszenierten Schiffstaufen), die unsere Sinnsuche für ein rein kommerzielles Ereignis ausbeuten.

Statt jedem Trend hinterher zu hecheln, brauchen wir wieder ein Gefühl für unser eigenes Maß der Dinge, sonst verlieren wir die innere Balance und Souveränität. Wenn wir unsere Mitte nicht bewußt kultivieren, wird sie von anderen kolonisiert.

Aufmerksamkeit ist eine begrenzte Ressource und zugleich das größte Geschenk, das wir uns selbst oder anderen machen können. Nicht umsonst buhlt die Werbeindustrie mit immer raffinierteren Methoden um sie. Denn da, wo unsere Aufmerksamkeit ist, ist auch unsere Energie! Wir sollten sie uns nicht einfach nehmen lassen, sondern genau überlegen, wem wir sie schenken.

„Es ist eine große Armut, wenn der Mensch viele Dinge braucht;

denn er beweist damit, daß er arm ist an Dingen des großen

Geistes. Der Papalagi ist arm, denn er ist besessen auf das Ding."

Aus den Reden des Südseehäuptlings Tuiavii aus Tiavea

Die konsumsüchtige Gesellschaft

Egal, wo wir hinschauen: Vorherrschender Eindruck ist ein „Zuviel" auf allen Ebenen, in allen Bereichen. Zuviel zu essen, zuviel zu kaufen, zuviel zu lesen, zuviel zu erleben, zuviel zu versäumen, zuviel Arbeit, zuviel Freizeit, zuviel Streß!

Zu voll der Kopf, zu leer das Herz!

Umgeben von einem nie zuvor da gewesenen Überfluß an Konsumgütern und Informationen sind wir unversehens in die Situation des Zauberlehrlings geraten: Nicht mehr wir beherrschen die Dinge, sondern sie uns!

Es ist die Fülle, die uns kirre und entscheidungsirre macht, auf einer ganz konkreten Ebene: die Masse der aus den Maschinen quellenden Waren, die in den Läden nach Absatz drängen, die verkauft (oder, bezeichnenderweise, „losgeschlagen") werden müssen, während hinter ihnen schon der nächste Produktionsausstoß anrollt. Diese ungeheure, nie dagewesene Warenvielfalt, die wir täglich vor Augen haben, wird uns zwar immer wieder als (Wahl-)Freiheit „verkauft", doch Zweifel sind angebracht, ob das so stimmt. Und es mehren sich Stimmen, die diese künstlich hergestellte Freiheit als reinen Etikettenschwindel entlarven.

„Unsere Gesellschaft basiert auf einem wirtschaftlichen System, das seiner eigenen unbarmherzigen Logik gehorcht und uns immer mehr zu einem Verhalten zwingt, das nicht unseren eigentlichen Bedürfnissen entspricht", meint der englische Gegenwartsdramatiker Edward Bond. „Wir werden zu Sklaven der Maschinen, auch wenn wir die Verbraucher ihrer Produkte sind. Wenn Maschinen unser Wirtschaftssystem bestimmen, dann bestimmen sie auch uns. Sie verwandeln einen immer größeren

Teil der Welt in Waren, die zum Verbrauchen und Wegwerfen bestimmt sind. Freiheit ist in unserer Wirtschaft nicht möglich, weil alles vom Geld abhängt."

Nur die Stimme eines Künstlers? Der amerikanische Politikwissenschaftler und Clinton-Berater, Professor Benjamin R. Barber, drückt es noch viel drastischer aus: „Wie der Fundamentalismus mit offener Gewalt, so erstickt der postindustrielle Kapitalismus von MTV, Macintosh und McDonald`s mit sanfter Gewalt Auswahlfreiheit und Mündigkeit des Bürgers im totalen Konsum." Die von Barber als „McWorld" bezeichnete Verknüpfung von Unterhaltung, Information und Fast-Food-Marketing weltweit agierender Konzerne „preßt die Nationen in die Form einer homogenen, globalen Kultur". Zwar habe der „Konsum-Kapitalismus" die Tyrannei des Kommunismus aufgebrochen, „aber er entwickelt eine neue Tyrannei. Statt politischem Totalitarismus haben wir die Form des ökonomischen Totalitarismus." In der traditionellen Volkswirtschaft wurden Güter hergestellt und verbraucht, um die Nachfrage zu befriedigen. Im neuen McWorld-Kapitalismus dagegen werden Bedürfnisse produziert, um das Angebot der Hersteller abzusetzen.

Die scheinbare Freiheit, die der Konsument genießt, beruht in Wirklichkeit auf einer Reduzierung echter Alternativen. Dazu Barber: „In vielen amerikanischen Städten kann man 38 Autotypen kaufen, aber kein einziges öffentliches Verkehrsmittel nutzen." Und während kommunale Begegnungsstätten schließen müssen, weil die Gemeinden kein Geld mehr haben, können viele Menschen in ihrer Freizeit nur noch in Einkaufszentren ausweichen – denn nur in sie investieren Unternehmen Geld. Konsum wird zur gesellschaftlichen Pflicht!

Born to shop

Damit wir Spaß an unserem Hauptlebenszweck behalten, verstehen sich Kaufhäuser, Einkaufszentren und zunehmend auch Supermärkte heute vor allem als Erlebniswelten, in denen möglichst alle Sinne vielfältig angeregt werden. Denn nur als Erlebnis wird Einkaufen richtig schön, zu einem kleinen Highlight des Tages. Und so ist inzwischen aus dem, was einmal pure Notwendigkeit war, eine genußvolle Freizeitbeschäftigung geworden, der immer mehr Zeit gewidmet wird.

In Scharen pilgern wir zu den Konsumtempeln mit ihren prächtigen Glaskuppelbauten und ihrem hellen, strahlenden Licht, die mittlerweile die Kirchen von ihrem Platz als Sinnstifter verdrängt haben. Wir genießen es, uns in exklusiven Räumen zu bewegen (die unsere heimischen Wohnzimmer in punkto Prunk und Luxus bei weitem übertreffen) oder uns auf Rolltreppen über das ganze Geschehen zu erheben. Und in dieser erhabenen Stimmung erwachen dann Kaufwünsche, die sich erst danach ihre Waren suchen.

„Shop till you drop" – kauf bis zum Umfallen.

Die vielen schönen Sachen wecken Bedürfnisse in uns, von denen wir vorher gar nicht wußten, daß wir sie überhaupt haben. Und so ist der spontane Kaufimpuls häufig stärker als irgendwelche Bedenken und übertrumpft oft sogar jede höhere Vernunft – vor allem dann, wenn man glaubt, eines der unzähligen „Schnäppchen" zu machen, mit denen unsere sinkende Kauflust wieder geweckt werden soll. „Schnäppchenjagden" – das sind von Marketingexperten inszenierte Erfolgserlebnisse, bei denen unser genetisches Erbe als Jäger und Sammler angesprochen wird. Beute machen, schneller zugreifen als der Nachbar, sind die Motive für den fast immer spontanen emotionalen Kauf. „Dieser Kick, den Menschen, die sich alles leisten können beim Schnäppchenkauf empfinden, ist unbewußt die eigentliche Kraft, die sie zum Konsum verleitet", meint der Psychologe Hans-Georg Häusel.

Schnäppchenjäger genießen hohes Ansehen, weil sie als besonders clever und geschäftstüchtig gelten. Und sie lassen sich – vermutlich ganz im Sinne des Erfinders – nur allzu gern dazu hinreißen, mit ihren Erfolgsstorys anzugeben und darüber mit anderen zu konkurrieren, was bekanntlich das Geschäft belebt. Blöd ist, wer eine gute Gelegenheit nicht gesehen und verpaßt hat. „Was, du hast für deine Videokamera 449 Euro bezahlt? Ich hab sie für die Hälfte bekommen!" – „Habt ihr die Seychellen denn nicht Last Minute gebucht? Wir haben nur ein Drittel bezahlt!" Und schon ist für manch einen die Stimmung vermiest. Konkurriert wird überall – beileibe nicht nur im Berufsleben: Es ist eben immer jemand da, der etwas günstiger, schöner, schneller und besser erworben hat als wir.

„Impulskauf" – so lautet der Fachausdruck für das Prinzip: sehen, greifen, kaufen. In jenem entscheidenden Moment, wenn Vernunft und Kauflust im Streit liegen („brauch ich das, oder brauch ich das nicht?"), sorgen wohldosierte „Impulse" dafür, uns den entscheidenden Kauf-Kick zu geben: der angeblich heruntergesetzte Preis oder eine schöne Dekoration, die das Objekt unserer Begierde quasi „verzaubert", eine besonders einfühlsame Verkäuferin („Sie sehen super aus in dem Kleid") oder die entspannende, nachgewiesenermaßen kauffördernde Dudelmusik („Muzak"), die ständig auf uns herabrieselt und uns das Gefühl gibt: alles ist gut, du darfst.

Die Macht der Werbung

Der heutige Konsument – von Benjamin Barber als „infantilisiert" bezeichnet – ist von einer gigantischen und hochprofessionellen Werbeindustrie derart „gebrainwasht", beeinflußt und in künstliche Bedürfnisse getrieben worden, daß er kaum noch Schuldgefühle beim Konsumieren empfindet; im Gegenteil, er verschreibt sich dem moralischen Recht, ja geradezu der Pflicht, sich etwas zu leisten, was seine Vorgängergeneration noch als pure Geldverschwendung betrachtet hätte. Nach jahrelanger, alle Gesellschaftskreise erfassenden Prägung durch die Werbung, die uns stets aufs Neue „Genuß ohne Reue" verspricht, besteht – so der allgemeine Konsens – für Gewissensbisse wahrlich keine Veranlassung mehr!

„Es gehört zur Dogmatik der Werbung", meint der Psychoanalytiker Wolfgang Schmidbauer, „uns den Eindruck zu vermitteln und ihn mit tausend kleinen Botschaften zu verfestigen, daß wir die Möglichkeit, aber auch die Aufgabe haben, eine reine, ungetrübte, uneingeschränkte Befriedigung zu finden." Die qua Werbung vermittelte „heimliche Botschaft" suggeriert ja schließlich, daß das wichtigste Ziel im Leben darin besteht, Dinge zu kaufen, zu besitzen und zu genießen, während alles Nichtkäufliche als zweit- oder drittrangig angesehen wird.

Damit ist das bislang in einer funktionierenden Gesellschaft für notwendig gehaltene Gleichgewicht zwischen Lustprinzip und Disziplin, zwischen Gier und Beschränkung allerdings außer Kraft gesetzt worden. Denn die konsumstiftende Illusion lautet, beides sei problemlos unter einen Hut zu bringen. Vermutlich liegt hier der tiefere Grund für den allgemein beklagten „Werteverfall", der ja vor allem an den Jugendlichen festgemacht wird. „Dem Schulkind wird das disziplinierte Verhalten um so schwerer fallen, je deutlicher in seiner Umwelt die Illusion repräsentiert ist, es gäbe grundsätzlich die Möglichkeit, nur das zu tun, wozu man Lust hat", meint der Psychoanalytiker. „Diese Illusion wird durch die Werbeindustrie überoptimal dargestellt."

Für die Erzeugung solcher und anderer Illusionen gibt die Wirtschaft hierzulande jährlich mehrstellige Milliardenbeträge aus. Das Geld fließt so reichlich, weil Werbung wirkt. Sie beeinflußt unsere Kultur, die Art, wie wir reden, was wir schön finden, wie wir uns anziehen, wie wir uns verhalten und was wir uns wünschen. In den USA werden laut der Fachzeitschrift Advertising Age rund 150 Milliarden Dollar für Werbung ausgegeben – weitaus mehr als für die gesamte weiterführende Bildung. Dazu kommen weitere 100 Milliarden für Verkaufsförderung, PR, Vermarktung und Design. Vermutlich ist dies der größte Versuch geistiger Beeinflussung, den es in der Geschichte der Menschheit je gegeben hat!

Kommt Ihnen nicht auch die Penetranz, mit der dieselben Spots wieder und wieder durch die TV-Kanäle flimmern, manchmal wie eine subtile Form der Gehirnwäsche vor?

Der amerikanische Medienkritiker Neil Postman hat die Fernsehwerbung als die umfangreichste Informationsquelle bezeichnet, der Jugendliche heute ausgesetzt sind. Als selbsternannte Vermittler des Guten, Wahren und Schönen biete sie in Form religiöser Parabeln schnelle – vor allem aber bequeme – Lösungen für alle Bereiche des Lebens an: ob Langeweile, Unruhe, Angst, Neid oder Traurigkeit – die Gegenmittel heißen Nike, Levi's oder Coca-Cola. „Werbespots bringen der Jugend bei, daß Konsum mehr wert ist als alles andere", kritisiert Postman. „Nächstenliebe und soziales Engagement kommen darin beispielsweise nicht vor."

Selbst da, wo die Werbung Lebensgefühle oder Weltanschauungen darstellt oder sich relativ schamlos religiöser Motive bedient, zielt dies im Endeffekt doch stets auf Äußerlichkeiten und legt nahe, daß Sinn käuflich sei. Marken und Logos werden zum Identitätsträger und Lebensinhalt, ja, zu Ersatz-Identitäten, die das Potential haben, bis in unser Innerstes vorzudringen. Modefirmen treten mit einem „spirituellen" Lebensmotto auf, und auch Getränke- und Lebensmittelhersteller haben in Punkto Werbung keinerlei Berührungsängste mit dem Christentum oder anderen Religionen – anything goes! So wird Religion zu einem Baustein des Konsums, sinnentleert zum Werbeträger umfunktioniert.Dabei ist nicht der Nutzen, sondern allein der Inszenierungswert der Produkte entscheidend – für Absatz sorgt dieser spirituelle Mehrwert, den Werber mit der

Marke verknüpfen. Marketing bedeutet heute, Produkte kultisch oder rituell enorm aufzuladen. Und so verspricht Mineralwasser Selbstfindung und Individualität, Milch und Joghurt die Rückkehr zur Ursprünglichkeit. Mercedes beispielsweise wirbt für sein neues Modell mit dem Motto „Back to Nature" und dem Slogan „Sinnlichkeit und Sinn" – für ein Auto! Vor 30 Jahren hätte man über diese Absurdität laut gelacht, heute fällt sie offenbar niemandem mehr auf.

Während Familien zerfallen, soziale Zusammenhänge verlorengehen und die Menschen nach Sinn und Orientierung suchen, versuchen Marketing und Werbung, mit kreativen Konzepten das Gefühl von Geborgenheit, Zugehörigkeit und Selbstwert zu vermitteln. Bedenkenlos bieten sie Produkte, ja ganze Lebenswelten als Ersatz für emotionale Beziehungen, Freundschaft und Liebe an. Daily Soaps werden geschickt mit Produkten verknüpft, die sich an die Lebenswelt von Kindern und Jugendlichen anlehnen. Mit diesen Strategien stoßen sie in die Orientierungslücke der Jugendlichen hinein und bestätigen sie in ihrem Konsumverhalten. In den letzten zwanzig Jahren wurden Tausende von Studien zum Thema „Kinder und Werbung" publiziert, neunzig Prozent davon im Auftrag der Industrie. Kein Wunder, daß Kinder und Jugendliche nach jahrelangem Beschuß durch die Werbung Markenfetischisten sind! Schließlich werden gerade sie von den Herstellern besonders innig umworben – mit dem erklärten Ziel, sie möglichst früh markenhörig zu machen. Mit einer Kaufkraft von rund 23 Milliarden Euro gehören die 10- bis 19jährigen in Deutschland zu der attraktivsten Konsumentengruppe. Ihre Vorlieben werden von der gesamten Industrie qua Marktforschung immer filigraner untersucht; man kriecht ihnen förmlich in die Seele, seziert ihre Lebensanschauungen, ihre Unzufriedenheit und Zerrissenheit, bombardiert sie mit Werbespots, die ihre unerfüllten Wünsche und Sehnsüchte ansprechen und ihren Denkgewohnheiten entsprechen („Just do it", „keine Kompromisse"), veranstaltet „Event-Partyie" und stellt hinterher scheinbar verblüfft fest, daß sie „stark von Trends und Marken abhängig" sind.

Mehr als zwei Drittel aller 14- bis 29jährigen finden es wichtig zu wissen, was ‚in' ist – vor zwanzig Jahren fand das nur jeder zweite. Mit monatlich bis zu 15.000 Werbespots baut vor allem die Fernsehwerbung ein ständig wachsendes Markenbewußtsein auf – mit Erfolg.

In einer Umfrage des Ehapa-Verlages konnte der Nachwuchs über 700 Marken nennen. Sechs von zehn Kindern setzen beim Einkaufen von Lebensmitteln ihre Markenwünsche durch. Und ein Drittel aller Kinder äußerte in einer Befragung, daß sie so sein wollen wie die Werbe-Kids. Beim Malen einer Kuh griff vor einiger Zeit bezeichnenderweise jeder dritte der beteiligten Grundschüler zur Farbe Lila. Wo Marken aber den Anspruch erheben, Orientierung und Führung zu übernehmen, bestimmen sie geistig, wo es langgeht!

„Mehr als andere Bevölkerungsgruppen stehen Jugendliche und junge Leute unter einem fast sozialen Druck des Konsumieren-Müssens", stellte der Freizeitforscher Horst Opaschowski bereits vor Jahren fest. Wie die meisten Sozial- und Trendforscher meinte er allerdings – unter gnädiger Ausblendung der wahren Verursacher – daß der Druck in erster Linie von der „Clique der Gleichaltrigen" ausgeht – womit eigentlich nicht erklärt ist, wo der Hund begraben liegt. Man muß schon zwischen den Zeilen lesen und seine eigenen Schlüsse ziehen, um nicht Gefahr zu laufen, den Jugendlichen – die ja noch keine mediale Gegenstimme haben – ihre Konsumabhängigkeit vorzuwerfen. Die heutige Jugend, so Opaschowski, „will sich von der Erwachsenenwelt abheben und bedient sich dabei der Konsumgüter, die die Erwachsenen für sie bereitgestellt haben. Der vermeintlich unkonventionelle Ausstieg aus der Erwachsenenwelt wird zum angepaßten Einstieg in die Konsumgesellschaft. So löst die heutige Jugend – im Wohlstand aufgewachsen – den historischen Innovationsanspruch auf eine besondere Weise: Sie orientiert sich einfach an dem, was ‚in', ‚neu' und ‚modisch' ist – an Produkten der Konsumgesellschaft." Wer hat ihnen das bloß beigebracht? Wer hat ihnen säckeweise Spielzeug in die Kinderzimmer geschleppt? Wer gestaltet ihre durch Werbung unterbrochenen Fernsehprogramme? Wachsen sie nicht in einem gesellschaftlichen Klima auf, das sofortige Bedürfnisbefriedigung („Ich will alles – und zwar sofort") durch Kaufen und damit die Konzentration auf Äußerlichkeiten als zentralen Wert vermittelt? Und vor allem: Sind wir Erwachsenen so gravierend anders? Ziehen nicht auch wir einen wachsenden Teil unserer Identität aus dem Konsum von Waren? Wir fühlen uns gut, wenn wir kaufen, und irgendwie schlecht, wenn wir uns dem Konsum, dem einzigen Kitt, der unsere Gesellschaft zusammenzuhalten scheint, entziehen. Insgeheim fürchten wir, in den Augen der anderen als Versager dazustehen – schließlich ist die Teilnahme am Konsum zum ausschlaggebenden Maßstab für unsere gesellschaftliche Anerkennung geworden. Kritische Distanz dazu ist nicht gerade populär, ihr haftet etwas Miesepetriges, Lustfeindliches, Ewiggestriges an. Denn die Konsumgesellschaft braucht Konsumenten, die die aus ihren Maschinen quellenden Warenmassen schlucken. Mit freiwilliger Selbstbeschränkung, so wird suggeriert, gefährden wir nur weitere Arbeitsplätze ...

Kaufen als Ersatz

Studien belegen, daß ein Viertel aller 14- bis 39jährigen regelmäßig einem Kaufrausch erliegen. Meistens in der Hoffnung, sich durch den Kauf von Dingen Entspannung, Zuwendung oder innere Sicherheit zu verschaffen. Doch materielle Güter können keine „nachhaltige Erfüllung" oder „tiefe Befriedigung" verschaffen, bringt der Stuttgarter Konsumforscher Professor Gerhard Scherhorn in Erinnerung, was zunehmend stärker in Vergessenheit zu geraten droht. „Wir kaufen immer häufiger materielle Güter, um immaterielle zu ersetzen. Die wahren Freuden des Lebens resultieren ja nicht aus dem Besitz und Gebrauch von Dingen, sondern aus erfüllenden menschlichen Beziehungen, aus dem selbstbestimmten, eigenen Tun und aus intensivem Erleben, in das man sich selbst einbringt. Das sind die immateriellen Güter, auf die es uns im Grunde genommen ankommt. Aber dafür müssen wir uns selber anstrengen, psychische Energie einsetzen. Und die glaubt man sparen zu können, indem man sich Sachen kauft. Zumal mit diesen Produkten ja häufig das Versprechen mitgeliefert wird, daß sie zugleich auch die inneren Sehnsüchte befriedigen. Wenn man sich die Werbung anschaut, ist es ja sehr auffällig, daß Lebensgefühle verkauft werden: Wenn du das kaufst, bist du jung, schön, stark und powervoll. Entsprechend achtet der Käufer immer weniger auf den Gebrauchswert der Güter und statt dessen immer stärker auf ihren Symbolwert. Man kauft also Dinge, um den eigenen Selbstwert zu erhöhen."

Der Gedanke, daß man durch Kaufen seinen Selbstwert heben will, Kaufen als Kompensation also, ist vielleicht nichts bahnbrechend Neues, aber es lohnt sich dennoch, einmal etwas intensiver darüber nachzudenken. Weil der Versuch, sich durch Dinge Zufriedenheit oder gar ein Quentchen Glück zu erkaufen, regelmäßig scheitert und stets aufs Neue nur innere Leere hinterläßt (was vom stets neuen Probieren keineswegs abhält), setzt sich ein Kreislauf in Gang, bei dem der Konsument letztlich immer außengesteuerter wird: Je mehr er sein Glück in die Welt der Dinge verlagert, desto mehr gibt er seine Innenwelt preis, der er immer weniger zutraut, glückstauglich zu sein.

Der Psychoanalytiker Horst-Eberhardt Richter spricht von einem „psychologischen Gesetz", das besagt: „Je mehr Menschen in ihrer Tiefe unselig, unerfüllt, ausgeleert sind, um so intensiver trachten sie danach, auf oberflächlicheren Ebenen des Gefühlslebens Befriedigungen herzustellen, die machbar sind. Wir sehen zunehmend so etwas wie eine innere Entleerung, was auch damit zusammenhängt, daß die Innerlichkeit, das Nachdenken über eigene innere Probleme immer mehr entwertet wird ... also ein Verlust an Innenwelt, an selbstkritischer Reflexion, an Ernstnehmen des Inneren."

Wer es nicht für möglich hält, daß ihn Gedanken, Ideen, intensive Gefühle und produktives Handeln „high" machen, baut damit nach und nach alle vernunftmäßigen Bastionen, jegliche „Immunabwehr" gegen den Konsum- und Erlebnisterror ab. Wir hecheln dem Mainstream hinterher, der uns vorgaukelt, wir seien individualistisch und originell, werden in Wirklichkeit aber immer konformer und angepaßter, weil wir uns nur noch über die (Massen-)Produkte, die wir kaufen, definieren.

Während wir unser Innenleben vernachlässigen, an innerem Halt verlieren, bemühen sich Werbestrategen um so mehr darum: Ziel ist es, Produkte zu emotional stark aufgeladenen „Markenpersönlichkeiten" zu machen (ja, Marken sind für Werbeleute Persönlichkeiten), ihnen möglichst viel Leben einzuhauchen, denn solche Erlebniskonzepte verankern eine Marke tief in der Erfahrungs- und Erlebniswelt des Konsumenten. Damit besetzt und ersetzt eine so positionierte Marke allerdings sukzessive wesentliche Aspekte der individuellen Erlebniswelt ihrer potentiellen Käufer. Über einen Umweg finden wir also unsere verlorene Identität in den Waren wieder – aber nun müssen wir (mitunter teuer) dafür bezahlen, daß wir uns, meistens nur für den Moment des Kaufaktes, wieder intensiv erleben. Wir haben unsere Seelen für das Inganghalten einer gewaltigen Konsummaschinerie verkauft – und bleiben innerlich leer und visionslos zurück.

Ist das die Freiheit, die wir wollen?

Genauso wie Phasen der Ruhe zu einem aktiven Leben gehören, so brauchen wir auch einen steten Wechsel von Nach-außen-Gehen und Wieder-innen-Ankommen, von Konsumieren und „Produktfasten", um uns wohl zu fühlen – eigentlich auch, um überhaupt gesund zu bleiben.

An der in Umfragen bekundeten Befindlichkeit der deutschen Bevölkerung läßt sich leicht ablesen, wie sehr dieser Wechsel gestört ist.

Wir sind völlig aus dem Gleichgewicht geraten, die Entwicklung unserer Innenwelt hält nicht mehr Schritt mit der unseres äußeren Lebens. Und mehr oder weniger bewußt spürt es jeder, tagtäglich.

Und je unbalancierter und damit labiler wir werden, desto leichtere Beute sind wir für die Konsum- und Erlebnisindustrie, die uns ständig Neues – vom Auto bis zum Abenteuer, vom Sakko bis zur Software, von der Videokamera bis zur Versicherung – verkaufen will.

Und so sammeln wir alle unsere Trophäen und Fetische um uns herum, mit denen gewappnet wir uns dann, in einer eigenartigen Symbiose von Mensch und Produkt, „mehr" vorkommen.

Das „Weniger" erscheint uns zwar häufig ganz reizvoll und wird auch lustvoll ausgemalt („Ich wünschte, ich hätte weniger Sachen. Später möchte ich einmal ein Haus in Spanien haben, Terrakotta-Boden und ganz spärlich eingerichtet. Da will ich einfach leben, am blankgescheuerten Holztisch sitzen und viel lesen"), wird aber unter dem unablässigen Strom immer neuer Konsum-, Erfahrungs- und Erlebnisangebote stets wieder begraben.

Süchtig entgleist

„Immer mehr, immer höher, immer schneller, immer weiter, immer besser, immer bequemer" – die Leitlinien der Konsumgesellschaft legen ständige Dosissteigerung nahe, um innere Leere zu bekämpfen. Die Parallelen zum süchtigen Verhalten liegen auf der Hand, und so sprechen Psychotherapeuten und Kulturkritiker auch von einer zunehmenden „Versüchtelung" der Gesellschaft.

Damit ist nicht nur die Zunahme von Süchten aller Couleur gemeint, sondern auch die ungesunde Art, wie wir uns exzessiv auf eigentlich schädliche Ideen, Verhaltensweisen oder Dinge fixieren, uns von ihnen abhängig machen, ohne an die Folgen zu denken, und sie zur dauernden – da kurzfristig bequemen – Problembewältigung einsetzen (ohne das tatsächliche Problem zu lösen).

Unter diese bewußt allgemein gehaltene Formulierung läßt sich viel subsumieren: von der Wachstumsideologie, die mit gnadenlosem Raubbau an der Natur erkauft wird, bis hin zu unserer ständigen Gier nach mehr, durch die wir den Kontakt zu unseren Grundbedürfnissen, unseren wirklichen Zielen verlieren.

„Unsere Gesellschaft ist Verführung", stellt der Theologe Norbert Copray fest, „fort vom Lebensprozeß, von der Gemeinschaft der Menschen untereinander und mit der Natur, hin zu Image, Naturunterwerfung, Menschenausnutzung und Geld."

Was ist das Süchtige an der Sucht?

„Sucht beginnt da, wo sich eine Person mit Problemen und schwierigen Situationen nicht mehr angemessen auseinandersetzt", definiert der Psychologe Werner Gross. Die Mechanismen sind Ausweichen, Vermeiden, Ablenken. Egal, ob es sich bei dem Suchtmittel um eine chemische Substanz wie Alkohol, Tabletten und illegale Drogen handelt oder um ein

„süchtig entgleistes" Verhalten wie exzessives Kaufen, Essen, Arbeiten oder Lieben – es dient im wesentlichen dazu, „vor Konflikten wegzulaufen, sich ‚zuzumachen'", so Gross.

„Die eigentliche Krankheit, an der wir leiden, ist die Sucht nach guten Gefühlen", meint der Schweizer Psychiater und Suchttherapeut Samuel Widmer. „Wir streben ständig nach angenehmen Zuständen und versuchen, unangenehme zu vermeiden. Wenn dies unbedacht gemacht wird, führt es zu großen Problemen. Wenn man nämlich dem Unangenehmen auch dort ausweicht, wo man sich ihm stellen soll" – das Prinzip Bequemlichkeit, dem wir, unterstützt durch die Werbeleitbilder, alle mehr oder weniger huldigen.

Die amerikanische Psychotherapeutin Anne Wilson Schaef beschreibt Sucht als „die beste Art, sich von sich selbst zu entfernen. Ziel der Sucht ist es, sich von den eigenen Gefühlen abzuschneiden." Sie überdeckt Gefühle, die der Betroffene nicht ertragen kann oder will: Angst, Schmerz, Wut und Trauer – all das, was in unserer stromlinienförmig auf Erfolg, Unabhängigkeit und Gut-drauf-Sein gepolten Gesellschaft keinen Platz mehr hat und somit gezwungenermaßen ein Schattendasein führt.

Gleichzeitig, und das ist entscheidend, ist die Sucht ein Ersatz für ursprünglich religiöse Sehnsüchte und Bedürfnisse nach Transzendenz, nach tiefer Verbundenheit und Liebe, für deren Erfüllung uns die Rituale abhanden gekommen sind. Und sie löst – zumindest scheinbar und temporär – das Dilemma des modernen Menschen, der zwischen den beiden Polen „Angst vor Freiheit" und „Angst vor Bindung" oszilliert. Mit der Bindung an die Sucht wird ein gewisses Maß an Unabhängigkeit von anderen erkauft.

Jeder Raucher weiß insgeheim, warum er zur Zigarette greift und sich in eine Rauchwolke hüllt (auch wenn es nicht die Marke ist, die für Freiheit und Abenteuer steht) – es schafft Abgrenzung und Distanz.

„Der Mensch verlangt und sehnt sich nach Freiheit", so Norbert Copray, „aber da sind keine kulturellen Muster, die mit ihm eingeübt werden, andere als gewöhnliche Bewußtseinszustände zu erfahren, sich selbst zu überschreiten, den Mangel an Sein mit der Mystik der Unendlichkeit zu befrieden." Auf „Nebenschauplätzen" werden unsere unbefriedigten immateriellen Bedürfnisse dann abreagiert – zum Beispiel durch Konsum, exzessiv betrieben als Kaufsucht bezeichnet. Die Übergänge sind fließend.

„Ganz gleich, wieviel man hat, es ist niemals genug", beschreibt die amerikanische Wirtschaftswissenschaftlerin Juliet B. Schor das Phänomen. „Daraus ergibt sich die Erwartung, daß der nächste Einkauf Glück bringen wird, und dann wieder der nächste. Wie Drogenabhängige brauchen auch Konsumenten ständig zusätzliche Kicks, um ein bestimmtes Maß an Zufriedenheit halten zu können."

Als extreme Konsumorientierung macht die Kaufsucht sehr gut deutlich, worum es geht. Kaufsüchtige leiden – wie es bei den meisten Süchten der Fall ist – unter einem schwachen Selbstwertgefühl. Ihnen fehlt der Zugang zu ihren ureigensten Wünschen und Bedürfnissen. Die meisten von ihnen haben von Kindesbeinen an erfahren, daß Sachen wichtiger sind als Menschen und damit wichtiger als sie selbst. Durch das exzessive Kaufen soll der Mangel an Geborgenheit, Liebe und Anerkennung ersetzt werden.

„Bei uns wurde immer alles übers Geld geregelt. Gefühle wurden erkauft, Probleme damit beseitigt", so die typische Schilderung einer Betroffenen. „Ich habe bis heute eine Kreditkarte von meinem Vater, die ich benutzen darf. Er weiß garantiert, daß ich kaufsüchtig bin, trotzdem setzt er mir kein Limit. Ich wünsche mir oft, daß er mir den Geldhahn zudreht und statt dessen mehr Aufmerksamkeit widmet." Ihre Kaufsucht, die nach der Scheidung begann, schildert die 33jährige so: „Ich brauche diesen Kick beim Einkaufen, diese Aufregung, wenn ich in ein Geschäft gehe. Kürzlich war ich mit einer Freundin in einem exklusiven Kaufhaus, und drei Verkäuferinnen schwirrten nonstop um mich herum, brachten uns sogar etwas zu trinken. Es war so berauschend, als sei man auf einer tollen Party und stünde im Mittelpunkt. Diese Aufmerksamkeit ist es, glaube ich, die ich brauche."

Die Wahrheit ist: Wir brauchen sie alle. Die Suche nach dem eigenen Wert ist längst nicht nur im Suchtbereich ein zentrales Thema. Wir alle suchen nach Liebe und Anerkennung, nach aufbauenden und rauschhaften Er-

lebnissen – und sind somit äußerst anfällig für die Glücksversprechun-
gen von Wirtschaft und Werbung, die Werner Gross als „Dealer unserer
alltäglichen Sucht" bezeichnet: „Wir sind genauso abhängig vom Konsum
geworden wie ein Fixer von seinem Stoff. Denn gerade wegen des Über-
flusses, den wir uns geschaffen haben und den wir für so wichtig halten,
haben wir verlernt zu unterscheiden, was uns schadet oder einfach nur
wertlos ist. Wenn wir es genau betrachten, treiben nicht mehr wir den
Fortschritt voran, sondern der Fortschritt treibt uns einer ungewissen
Zukunft entgegen: ‚Die ich rief, die Geister werd' ich nun nicht los'."

Es sei denn, wir machen eine grundlegende Kehrtwendung.

Um für diesen Paradigmenwechsel – denn um nichts anderes handelt es
sich – geistig gut gerüstet zu sein, ist es sinnvoll, sich noch einmal genauer mit den gesellschaftspolitischen Hintergründen des Konsumismus
vertraut zu machen.

Wir müssen Amerika von einer Kultur der Notwendigkeiten

zu einer der Wünsche verändern.

Den Menschen muß beigebracht werden etwas zu begehren,

neue Dinge haben zu wollen, noch bevor die alten vollstän-

dig verbraucht sind. Wir müssen eine neue Mentalität in

Amerika formen, in der die Wünsche der Menschen ihre

Notwendigkeiten überlagern.

Paul Mazer, Wall Street Banker 1930

Wie wir von Bürgern

zu Konsumenten wurden

Die wenigsten wissen heute, daß der Siegeszug des amerikanischen Kapitalismus und vor allem die enge Verknüpfung von Demokratie mit dem kapitalistischen Modell durch einen Mann in die Wege geleitet wurde, der ein Neffe Sigmund Freuds war, des Begründers der Psychoanalyse. Sein Name Edward Bernays ist heute so gut wie unbekannt, aber sein Einfluß auf das 20. Jahrhundert war fast ebenso groß wie der seines berühmten Onkels. Er war der erste, der Freuds Theorien im Auftrag von Großkonzernen nutzte, um die Massen zu beeinflussen, etwas zu wollen, was sie nicht brauchten, indem er massenproduzierte Waren mit ihren unbewußten Wünschen verknüpfte. Dies war die Geburtstunde des Konsumenten, wie er heute unsere Welt dominiert.

Edward Bernays hatte sich nach dem Ersten Weltkrieg als PR-Berater – ein Begriff, den er selbst kreiert hatte – in Brooklyn niedergelassen. Seit Ende des 19. Jahrhunderts war Amerika eine Massenindustrie-Gesellschaft geworden, mit Millionen von Menschen, die dicht gedrängt in den Metropolen lebten. Entschlossen, Mittel und Wege zu finden, das Denken und Fühlen dieser Massen zu beeinflussen und dies lukrativ umzusetzen, wandte sich Bernays den Schriften seines Onkels, Sigmund Freud, zu.

Freud hatte ein düsteres Bild des Menschen gemalt, getrieben von irrationalen und unbewußten Kräften, die jederzeit unter der Oberfläche hervorbrechen konnten und in Gemeinschaft mit anderen zu einem rasenden Mob werden konnten, der sogar Regierungen stürzen konnte, wie es 1917 gerade in Rußland geschehen war. Diese Vorstellung erschreckte die damaligen Eliten Amerikas. Für viele bedeutete dies, daß eines der Hauptprinzipien, die für Massendemokratien bisher galten, obsolet war: daß man Menschen vertrauen kann, ihre Entscheidungen auf rationaler Grundlage zu fällen. Demokratie mußte also neu überdacht werden und man suchte nun nach psychologischen Techniken, die in der Lage waren, das Unbewußte von potentiell gefährlichen Massen zu lenken und soziale Kontrolle auszuüben.

Bernays war fasziniert von der Vorstellung versteckter irrationaler Kräfte im Menschen und überlegte, wie man mit der Manipulation des Unbewußten Geld verdienen könne, denn er verstand sofort, daß menschlicher Entscheidungsfindung sehr viel mehr zugrunde lag, als man bisher gedacht hatte, und daß hierfür keineswegs nur rationale Motive ausschlaggebend waren. Indem er die Dinge aus dem Blickwinkel irrationaler Emotionen betrachtete, entwickelte er einen völlig neuen Denkhorizont. Die meisten Manager und Werbestrategen dachten damals, wenn man Menschen nur mit genügend Informationen über ein Produkt überschüttete, würden sie sich überzeugen lassen, es zu kaufen. Aber so funktionierte es eben nicht.

Bernays begann mit den Ideen Freuds zu experimentieren.

1920 schrieb er eine Reihe von Büchern, in denen er behauptete, er habe Techniken gefunden, um die irrationalen Kräfte der Massen zu managen: Man müsse ihre innersten Wünsche und unerkannten Bedürfnisse anregen und sie dann mit Konsumgütern befriedigen. Er nannte es „Engineering of Consent" – das „Entwickeln von Einverständnis".Sein aufsehenerregendster Erfolg war, daß er es schaffte, Frauen zum Rauchen zu veranlassen, was damals noch ein Tabu war – eine Frau rauchte nicht, schon gar nicht auf der Straße.

Einer seiner ersten Klienten, die American Tobacco Corporation, beauftragte Bernays damit, dieses Tabu zu brechen. Bernays fragte einen der führenden Psychoanalytiker New Yorks, was Zigaretten für Frauen bedeuteten und erfuhr, daß Zigaretten den männlichen Penis und männliche sexuelle Kraft symbolisierten.

Wenn es Bernays gelänge, Zigaretten statt dessen mit der Herausforderung männlicher Macht zu assoziieren, würden auch Frauen anfangen zu rauchen.

Nun setzte Bernays zu einem geradezu genialen PR-Feldzug an. Als in New York die jährliche Osterparade anstand, überredete er ein paar Models, Zigaretten unter ihren Strumpfbändern versteckt zu halten. Sie sollten dann zu der Parade stoßen und auf ein verstecktes Zeichen von ihm ihre Zigaretten hervorholen und mit dramatischer Geste anzünden. Gleichzeitig informierte Bernays die Presse, zu der er ausgezeichnete Verbindungen unterhielt, er habe gehört, daß eine Gruppe Suffragetten die Osterparade für ihren Protest nutzen wolle, indem sie etwas anzündeten, was sie „Fackeln der Freiheit" nannten.

Er wußte, daß alle Fotografen zur Stelle sein würden, um diesen Augenblick einzufangen, dafür hatte er den PR-wirksamen Slogan „Fackeln der Freiheit" entwickelt. Auf diese Weise hatte er mit äußerstem Geschick junge, gutaussehende Frauen, die in der Öffentlichkeit rauchten, mit Freiheit, dem Symbol, für das Amerika steht verknüpft, sodaß jeder, der an den amerikanischen Traum glaubte, diese Frauen und ihr Verhalten unterstützen mußte.

Am nächsten Tag war über dieses unerhörte Ereignis in allen Zeitungen des Landes sowie in der internationalen Presse zu lesen – und von da an stieg der Verkauf von Zigaretten an Frauen kontinuierlich.

Bernays hatte mit einem einzigen symbolischen Akt das Rauchen für Frauen sozial akzeptabel gemacht. Mehr noch: Er setzte die Idee durch, daß es eine Frau mächtiger und unabhängiger macht, wenn sie raucht.

Eine neue Kultur der Wünsche

Nach diesem Erfolg wußte er nun definitiv, daß es möglich war, Menschen zu veranlassen, sich irrational zu verhalten, wenn man Produkte an ihre Gefühle, ihre emotionalen Wünsche und Bedürfnisse band. Produkte werden nicht an den Intellekt verkauft, sondern an das Gefühl: Du brauchst das neue Kleid oder Auto nicht – aber du fühlst dich besser, wenn du es kaufst! Mit dieser emotionalen Verknüpfung schuf Bernays den neuen Konsumenten-Typ.

Die Ideen Bernays faszinierten die amerikanischen Konzerne, die seit geraumer Zeit die Furcht umtrieb, daß das System der Massenproduktion über kurz oder lang zu einer Überproduktion führen würde, sobald der Punkt erreicht war, an dem alle Bedürfnisse der Menschen nach Kühlschränken, Fernsehern und Autos etc. befriedigt wären und sie einfach aufhören würden zu kaufen. Bis zu dem Zeitpunkt hatte man die meisten Produkte auf der Basis von Notwendigkeit verkauft, in der Werbung wurden ihre Funktionen oder ihre Langlebigkeit herausgestellt, aber nun realisierten die großen Firmen, daß sie die Art, wie Menschen Waren betrachteten, verändern mußten.

Einer der damals führenden Wall Street Banker, Paul Mazer, schrieb: „Wir müssen Amerika von einer Kultur der Notwendigkeiten zu einer der Wünsche verändern. Den Menschen muß beigebracht werden etwas zu begehren, neue Dinge haben zu wollen, noch bevor die alten vollständig verbraucht sind. Wir müssen eine neue Mentalität in Amerika formen, in der die Wünsche der Menschen ihre Notwendigkeiten überlagern."

Für diesen Umformungsprozeß, der Mazers Vision folgend die Massen dazu bringen sollte, Dinge zu kaufen, die sie nicht brauchten, aber wollten, lieferte Bernays die psychologischen Theorien, denn er wußte besser als jeder andere, wie man die Massen beeinflussen konnte und den menschlichen Geist motiviert. Sein Job war es, den neuen Konsumententyp „herzustellen".

Und so entwickelte er in den 20er Jahren die meisten Techniken der Massenkonsumenten-Manipulation, mit denen wir bis heute leben. Auch der Verleger William R. Hearst engagierte ihn, um ein neues Frauenmagazin zu promoten. Bernay verlieh ihm einen besonderen Zauber, indem er Artikel und Werbung plazierte, die Produkte seiner anderen Klienten in Verbindung mit berühmten Filmstars zeigten. Er begann mit Product Placement in Filmen und stattete Stars mit Kleidern und Juwelen der Firmen aus, die er repräsentierte. Er war auch der erste, der Autoherstellern empfahl, Autos als Symbole männlicher Sexualität zu verkaufen. Außerdem engagierte er Psychologen, die Gutachten erstellten, in denen sie bestimmte Produkte als besonders gut empfahlen, behauptete aber, dies seien unabhängige Studien. Er organisierte Modeschauen in Kaufhäusern und bezahlte Prominente dafür, daß sie die grundlegende Botschaft wiederholten: „Ihr kauft Dinge nicht, weil ihr sie braucht, sondern um eure Individualität auszudrücken!" 1927 schrieb ein amerikanischer Journalist: „In unserer Demokratie hat eine Veränderung stattgefunden und sie heißt Konsum. Die erste Priorität eines Amerikaners für sein Land ist nicht mehr, ein Bürger zu sein, sondern ein Konsument!" Edward Bernays wurde berühmt als der Mann, der die Köpfe der Massen verstand und wußte, wie man sie erfolgreich ansprach.

1929 kam mit Herbert C. Hoover ein Präsident an die Macht, der mit Bernays Ideen völlig übereinstimmte. Er war der erste Politiker, der den Gedanken aussprach, die Konsumenten seien der zentrale Motor des amerikanischen Lebens geworden. Nach seiner Wahl sagte er zu einer Gruppe von Werbe- und PR-Leuten: Sie haben den Job übernommen, Wünsche zu wecken und so Menschen in bewegliche Glücksmaschinen zu verwandeln, Maschinen, die der Schlüssel für wirtschaftlichen Fortschritt geworden sind. Diese Konsumenten hielten nicht nur die Wirtschaft am Laufen, sondern waren auch etwas schläfrig, was zur Stabilität der Gesellschaft beitrug. Ann Bernays, die Tochter von Edward Bernays, sagte dazu in einem Interview: „Für meinen Vater war Demokratie ein wunderbares Konzept, aber er glaubte nicht, daß alle Menschen ein verläßliches Urteil hatten und daher leicht verführt werden konnten, den falschen Mann oder überhaupt das Falsche zu wählen; also mußten sie von oben geführt werden."

Der PR-Historiker Steward Ewen bemerkt kritisch: „Bernays Konzept der Massen-Führung macht aus der Idee der Demokratie ein Betäubungsmittel, indem er den Menschen eine Wohlfühl-Medizin gibt, die bei jedem unmittelbaren Verlangen und jedem Schmerz eingesetzt werden kann, ohne daß die objektiven Gegebenheiten dabei auch nur ein Jota verändert werden. Kern der Idee von Demokratie war ursprünglich, die Machtverhältnisse zu ändern, die die Welt so lange bestimmt hatten. Bernays Vorstellung von Demokratie war jedoch, die Machtverhältnisse zu erhalten, selbst wenn dies bedeutete, die Psyche des Volkes zu stimulieren, und seiner Meinung nach war es das, was nötig war. Aber wenn man die irrationalen Kräfte ständig stimuliert, kann die Führung im Prinzip fortfahren zu tun, was sie will!"

Bernays wurde eine der bekanntesten Persönlichkeiten der amerikanischen Gesellschaft und wurde außerordentlich reich. Zu seinen Soireen kamen alle: der Bürgermeister, führende Medienleute, Politiker, Unternehmer und Künstler – es war ein Who is Who. Alle wollten Bernays kennenlernen, weil er eine Art Magier war, der die erstaunlichsten Dinge geschehen lassen konnte.Seine Machtposition wurde jedoch kurzfristig durch eine menschliche Irrationalität zerstört, gegen die er machtlos war: den Börsen-Crash von 1929. Der Effekt auf die Wirtschaft war verheerend: Angesichts von Rezession und Arbeitslosigkeit hörten Millionen von Amerikanern auf, Dinge zu kaufen, die sie nicht brauchten. Bernays, seine Sicht des Konsumenten und der PR-Beruf als solcher wurden unpopulär. Die Krise schwappte auch zu den jungen Demokratien Deutschland und Österreich, wo sich bewaffnete Anhängern der verschiedenen politischen Parteien Straßenschlachten lieferten.Vor diesem Hintergrund schrieb der krebskranke Freud sein Buch „Das Unbehagen in der Kultur" – eine heftige Attacke gegen die Idee, daß Zivilisation ein Ausdruck menschlicher Entwicklung sei. Vielmehr, so argumentierte er, sei sie notwendig, um die gefährlichen triebhaften Kräfte, die in jedem Menschen schlummern, zu kontrollieren.

Sind Menschen vernunftbegabt oder nicht?

Das bedeutete eigentlich, daß das Ideal der individuellen Freiheit, das Herzstück der Demokratie, unmöglich war. Man konnte den Menschen also nicht erlauben, sich wirklich frei zu äußern, weil dies zu gefährlich war. Sie mußten ständig kontrolliert werden und somit unzufrieden bleiben, denn dies war die einzige Möglichkeit war, ihnen Grenzen zu setzen.

Auch die Nationalsozialisten waren davon überzeugt, daß Demokratie gefährlich sei, weil sie selbstsüchtigen Individualismus freisetze. Mit straff organisierter Freizeit und Massenveranstaltungen wurden die Gefühle und Wünsche der Menschen daher kanalisiert und in fanatische Hingabe für ihr Land und dessen „Führer" umgewandelt.

Eine seiner Inspirationen, erzählte Hitlers Propagandaminister Joseph Goebbels amerikanischen Journalisten, seien die Schriften von Freuds Neffen Edward Bernay gewesen! Die Nazis förderten die von Bernays und Freud beschriebenen unbewußten Begierden und dunklen Triebkräfte absichtlich, weil sie glaubten, sie könnten sie beherrschen. Bei Aufmärschen Hitlers, wenn die Massen plötzlich „Sieg Heil!" skandierten konnte man das eruptive Aufbrechen dieser irrationalen Kräfte gut beobachten.

Auch in den USA war die Demokratie gefährdet, weil eine aufgebrachte Bevölkerung ihre Wut über Massenarbeitslosigkeit und Verarmung gegenüber den Aktiengesellschaften entlud, die sie als Verursacher des Desasters betrachteten. Als Franklin D. Roosevelt 1933 – auf dem Höhepunkt der Weltwirtschaftskrise – als neuer Präsident gewählt wurde, trat er mit dem erklärten Ziel an, die Demokratie wieder zu stärken. Seiner Überzeugung nach hatte der Börsencrash deutlich gezeigt, daß der Laisser-Faire-Kapitalismus moderne Industriegesellschaften nicht länger lenken dürfe, sondern daß dies vielmehr die Aufgabe von Regierungen war.

Die Großunternehmen waren entsetzt.

Unter dem Schlagwort „New Deal" führte er einschneidende Wirtschafts- und Sozialreformen ein und kurbelte mit massiven staatlichen Investitionen die Binnenkonjunktur an, um Massenarbeitslosigkeit und Armut zu lindern. Er glaubte, daß die Menschen vernunftbegabt seien und man ihnen zutrauen könne, einen aktiven Part in der Politik zu übernehmen, indem man ihre Meinung mit einbezog.

Unterstützt wurde er dabei von George Gallup, dem Pionier der Markt- und Meinungsforschung. Gallups regelmäßige Meinungsumfragen („Was denkt das Land?") vermittelten ein kontinuierliches Bild davon, wie zufrieden oder unzufrieden die Bürger mit der politischen Führung waren, was sie billigten und was sie ablehnten. Anders als Bernays glaubte Gallup nicht, daß Menschen unbewußten Kräften ausgesetzt seien, sondern war überzeugt davon, daß sie wußten, was sie wollten und vernünftige Entscheidungen trafen, wenn man ihnen sachliche Fragen stellte und darauf verzichtete, ihre Gefühle zu manipulieren.

Diese Umfragen gaben der Demokratie die Chance, über die öffentliche Meinung genau informiert zu sein, indem sie jedem eine Stimme gaben, die auch gehört wurde. So schuf Roosevelt eine völlig neue Verbindung zwischen Volk und Politik. Berühmt wurde seine Rede, die mit den Worten anfing: „Es ist meine feste Überzeugung, daß das einzige, was wir zu fürchten haben, die Furcht selbst ist." Er sah und behandelte Menschen nicht als isolierte und manipulierbare Individuen, sondern lenkte ihr Augenmerk darauf, daß sie gemeinsame Ziele und Interessen mit anderen hatten, und daß dieser Zusammenhalt ihnen helfen würde, sich über ihre persönlichen Ängste zu erheben.

Roosevelts Ziel war es, soziale Gerechtigkeit und darüber hinaus ein Gemeinschaftsgefühl zwischen den Menschen zu schaffen, welches ein Gegengewicht zur Macht der Großkonzerne darstellen konnte. Bei seiner Wiederwahl 1937 versprach er weitere Kontrolle der Großunternehmen, was diese als „Eingriff in privates Unternehmertum" und „Beginn einer Diktatur" bezeichneten. Sie beschlossen zurückzuschlagen und einen ideologischen Krieg gegen Roosevelts New Deal zu führen, um ihre Macht wiederzuerlangen.

Der PR-Historiker Steward Ewen: „Unter der Schirmherrschaft der National Association of Manufacturers, einer Organisation, die es noch heute gibt und deren Mitglieder alle großen Aktiengesellschaften waren, wurde eine Kampagne gestartet. Sie war dafür bestimmt, emotionale Bindungen zwischen der Öffentlichkeit und den Großunternehmen herzustellen – wobei Edward Bernays PR-Techniken voll zum Einsatz kamen."

Die Kampagne zeigte drastisch, daß es die Unternehmen und nicht die Politiker waren, die das moderne Amerika geschaffen hatten. Beispielsweise mit Filmen wie der General Motors-Produktion „Parade of Progress", in der die faszinierende Geschichte der modernen Industrie gezeigt wurde. Bernay war Berater von GM, aber er war nicht allein, die Branche, die er gegründet hatte, blühte, als Hunderte von PR-Beratern die Kampagne organisierten. Sie setzten nicht nur Anzeigen und Plakate ein, sondern schafften es, ihre Botschaft bis in die Leitartikel der Zeitungen zu lancieren.

Als Reaktion darauf ließ die amerikanische Regierung Filme herstellen, in denen sie die skrupellose Manipulation der Presse durch die Großunternehmen anprangerte. Dabei nahm sie besonders deren Handlanger, die neue Berufssparte der PR-Manager aufs Korn: „Sie versuchen ihre Ziele zu erreichen, indem sie total im Hintergrund operieren und so die Öffentlichkeit täuschen und korrumpieren. Die Ziele dieser Leute mögen gut oder schlecht sein, aber ihre Methoden sind vom öffentlichen Interesse her gesehen eine große Gefahr für demokratische Institutionen."

Im Jahre 1939 fand in New York die Weltausstellung statt, für die Bernays zentraler Berater war. Er bestand darauf, daß das Thema die Verbindung zwischen Demokratie und amerikanischer Wirtschaft sein müsse. In GMs „Futurama" wurden die Zukunft und der technologische Fortschritt in faszinierenden Bildern verherrlicht und Wohlstand, Überfluß und Bequemlichkeit in einer ständig wachsenden, immer größer und besser werdenden Welt von Morgen versprochen.

„Für meinen Vater war die Weltausstellung eine Chance, den Status Quo aufrechtzuerhalten: die enge Verbindung zwischen Demokratie und Kapitalismus", sagt Ann Bernays. „Er tat dies, indem er Menschen manipulierte und ihnen einredete, daß sie keine wirkliche Demokratie in irgend etwas anderem als in einer kapitalistischen Gesellschaft haben konnten. Eine Gesellschaft, die in der Lage war, einfach alles zu machen – diese wunderbaren Autobahnen zu bauen, bewegte Bilder in jedes Haus zu bringen oder Telefone zu erfinden, die keine Schnur brauchten. Es war konsumistisch, aber gleichzeitig gingen Demokratie und Kapitalismus auf leichte Weise eine Verbindung ein."

Die Weltausstellung war ein außerordentlicher Erfolg, sie begeisterte die Amerikaner und nahm ihre Vorstellungskraft gefangen, denn sie transportierte die Vision einer neuen Form der Demokratie, in der die Unternehmen auf die innersten Wünsche der Menschen in einer Weise eingingen, wie es Politiker nie tun konnten. Aber es war eine Demokratie, in der die Menschen nicht mehr als aktive Bürger behandelt wurden, wie Roosevelt es tat, sondern als passive Konsumenten. Nicht die Menschen, sondern ihre Wünsche sind entscheidend.

Konsumenten auf der Couch

„Unter diesen Umständen haben die Menschen keinerlei Entscheidungsmacht", so der PR-Historiker Steward Ewen. „Auf diese Weise wird Demokratie, die eigentlich einen aktiven Bürger voraussetzt, auf eine Öffentlichkeit von passiven Konsumenten reduziert, die in erster Linie von ihren instinkthaften, unbewußten Wünschen getrieben wird. Und wenn es einem gelingt, diese Wünsche auszulösen, kann man mit ihnen alles machen, was man will."

Der Kampf dieser beiden Sichtweisen – ob Menschen vernünftig oder unvernünftig sind – wurde schließlich ganz maßgeblich durch die Ereignisse in Europa beeinflußt. Der Zweite Weltkrieg, vor allem der massenhafte Haß der Bevölkerung auf die Juden, den das Nazi-Regime in Deutschland ausgelöst hatte, veränderte die Art und Weise, wie amerikanische Politiker Demokratie betrachteten fundamental. Jetzt waren sie überzeugt davon, daß Freud recht hatte. Verborgen unter der Oberfläche schlummerten offenbar in allen Menschen gefährliche, wilde Kräfte, die kontrolliert werden mußten. Die Konzentrationslager legten ein schreckliches Zeugnis davon ab, was passierte, wenn man diese Kräfte entfesselte. Da sie davon ausgingen, daß in ihrer eigenen Bevölkerung dieselben verborgenen Kräfte lagen, wandten sich Politiker und Planer den Theorien Freuds und seiner Familie zu. Sigmund Freud war bereits 1939 in London gestorben, aber seine Tochter Anna wurde in den Staaten sehr populär, weil sie glaubte, man könne den Menschen beibringen, ihre irrationalen Kräfte zu kontrollieren. Der anpassungsfähige Edward Bernay arbeitete inzwischen für den CIA.

Ihre Ideen wurden von der US-Regierung, den Großunternehmen und der CIA verwendet. Sie entwickelten umfangreiche Programme, um das psychologische Leben der Massen zu beeinflussen, denn dies, so glaubten sie, sei der einzige Weg zu einer funktionierenden Demokratie und einer stabilen Gesellschaft.

Die Unternehmen warben für die Idee, daß der Befriedigung individueller Wünsche und Gefühle oberste Priorität eingeräumt werden müsse und sie entwickelten auf Basis der Theorie Freuds eine Reihe von Techniken, um die innersten Wünsche und Vorlieben der Menschen zu eruieren und mit entsprechenden Produkten zu befriedigen.

Stuart Ewen: „Die Strategie, die Bernays ihnen dafür anbot, war, daß die Leute ein Produkt nicht so sehr als etwas ansehen sollten, was sie für bestimmte Zwecke brauchten, sondern als etwas, was ihnen gut tue und ihren tiefsten emotionalen Sehnsüchten entspreche. Also wie dieses Seifenstück sie zu einer glücklicheren, erfolgreicheren, stärkeren, sexuell attraktiveren und weniger ängstlichen Person macht, zu jemand, den man bewundert. Die mächtigsten Menschen dieser Welt sind diejenigen, die das Volk in dieser Hinsicht verstehen können und ihm das geben, was es will." Und so entstand in den letzten Jahrzehnten eine gewaltige Industrie, die sich der Erforschung von Konsumentenwünschen widmete. In analytisch orientierten „Focus-Gruppen" wurden die Konsumenten wie Patienten auf der Couch eines Analytikers dazu ermutigt, ihre innersten Gefühle und Bedürfnisse auszusprechen. Diese Informationen wurden dann zur Entwicklung neuer Produkte genutzt, die diese Bedürfnisse erfüllen sollten.

Bernays war der Gründungsvater dieser bunten Marketingwelt, deren Credo lautete: Finde heraus, was die Leute wollen und verkauf es ihnen!

Bei ihren Studien in den Focus-Gruppen begannen Marketingforscher einen neuen Individualismus zu entdecken, besonders bei denjenigen, die 1979 erstmals konservativ gewählt hatten. Diese Menschen wollten nicht mehr nur als Teil einer sozialen Schicht gesehen werden, sondern suchten nach stärkerem Selbstausdruck – nach dem Motto: „Ich möchte nicht so sein wie jeder andere, ich möchte anders sein, ein kleines bißchen individueller" – und eine entscheidende Rolle dafür spielten die Produkte, die sie kauften. So entstanden neue Zielgruppendefinitionen und vor allem viele neue Markenprodukte, um diese vermeintliche „Individualität" auszudrücken, die in Wahrheit nichts anderes als ein neuer Mainstream war und ist. In den späten 80er Jahren feierten die Wünsche des Individuums wahre Triumphe.

Hedonismus hieß der neue Trend, und die Konsumenten wurden von Werbung und Medien darin bestärkt, die Befriedigung ihrer persönlichen Bedürfnisse als vorrangige Priorität zu betrachten.

Für manch einen mag dies nach einer perfekten Welt aussehen. Jeder kann tun, wozu er Lust hat und kaufen, was er will. Tatsächlich aber hat man uns darauf konditioniert, einen Großteil unserer Zeit und Aufmerksamkeit eigentlich unwichtigen Dingen zu schenken – Zeit, die wir besser für eine kreative und sinnvolle Gestaltung des eigenen Lebens oder, je nach Gemütslage, für die Verbesserung der Lebensbedingungen anderer, egal wo auf dem Globus, nutzen könnten. Zeit, die wir auf ganz einfache und ursprüngliche Weise mit Freunden verbringen, ohne daß sich zwischen uns und die anderen immer ein Konsumerlebnis oder –zwang schiebt. Reden, Lachen, Spielen, Tanzen!

Hedonistische Rücksichtslosigkeit dagegen zersetzt das Gemeinschaftsgefühl und löst soziale Bindungen auf. Vor allem aber werden durch die unentwegte Erzeugung von Pseudo-Bedürfnissen und den medialen Appell, sie ununterbrochen zu befriedigen, die selbstsüchtigen und gierigen Anteile der menschlichen Natur massiv verstärkt.

Wenn wir die grassierende Gier beklagen und unseren Konsum wirklich zurückschrauben wollen, müssen wir aufhören, unsere Wünsche und Bedürfnisse manipulieren zu lassen. Wir müssen also von selbstverliebten Ichlingen, die für jede Werbe-Schmeichelei anfällig sind, wieder zu aufmerksamen Bürgern und sozial denkenden Mitmenschen werden, von narkotisierten Konsumsklaven, die sich jeden Tand oder Trend verkaufen lassen, egal wie unnötig oder absurd er ist, zu bewußten Verbrauchern werden. Wir müssen endlich aufwachen!

Die Frage, mit der wir uns auseinandersetzen müssen, lautet:

Von wem kaufen wir welche Produkte und Dienstleistungen,

wem schenken wir unsere Aufmerksamkeit, Energie

und Zeit – und welchen Preis sind wir bereit dafür zu zahlen?

III

Gegentrend Lessness – weniger ist mehr

„Etwas weniger wäre mehr", sagte meine Großmutter immer, wenn ich mich – vor allem um die Augen herum – besonders stark geschminkt hatte. Sie meinte damit, daß ich reichlich übermalt aussähe, des Guten einfach zu viel getan hatte, was ich überhaupt nicht nachvollziehen konnte. „Mehr", egal, von was, mußte doch einfach besser sein als „Weniger"! dieses „Weniger" kam mir sehr altmodisch vor. Denn eigentlich wollten (oder sollen?) wir doch von allem immer mehr: mehr Geld, mehr Erfolg, mehr Spaß und vor allem immer mehr Sachen!

Schließlich ist es diese „Immer mehr"-Philosophie, die unsere Gesellschaft bewegt und dafür sorgt, daß sich das Wirtschaftsrad dreht: Wenn wir als Konsumenten mehr kaufen, machen Unternehmen mehr Umsatz, sie können mehr und Neues produzieren und somit mehr Arbeitsplätze schaffen – so die lange Zeit verkündete Logik.

Doch nun, da neue Arbeitsplätze größtenteils im Ausland entstehen und Millionen Arbeitslose aus dem Kreislauf des Immer-mehr ausgeschlossen sind und folglich ihre Kaufkraft schwindet, erscheint das ganze Konzept zunehmend fragwürdig.

Unter Umweltgesichtspunkten ist es das natürlich schon seit langem. Daß die Wachstumsillusion möglicherweise sehr bald unsere Lebensgrundlagen zerstört und schon jetzt unsere Gesundheit und Lebensqualität beeinträchtigt, ist mittlerweile weit über Öko-Kreise hinaus bekannt und muß hier nicht weiter ausgeführt werden.

Nur eine Anmerkung dazu: Dem Worldwatch-Institut zufolge haben die Menschen zwischen 1950 und 1990 mehr Güter und Dienstleistungen verbraucht als alle vorangegangenen Generationen in der Geschichte der Menschheit zusammen.

„Nachhaltigkeit" lautet denn auch das neue Modewort, das inzwischen derart inflationiert worden ist, daß man es kaum noch hören mag – vermutet man doch (möglicherweise zu Recht), daß dahinter wieder nur eine besonders clevere Image-Kampagne steckt.

Der kanadische Autor Douglas Coupland prägte vermutlich als erster den Begriff „Lessness" (zu übersetzen etwa mit „Wenigerkeit"). In seinem Buch „Generation X" beschrieb er das Lebensgefühl 15- bis 30jähriger, die schon jetzt wissen, daß sie den Wohlstand ihrer Eltern niemals erreichen werden, egal, wie sehr sie sich abrackern. Diese bittere Erkenntnis läßt sich nur mit einer Haltung souveräner „Lessness" ertragen, laut Coupland „eine Philosophie, in der man durch den Abbau seiner Erwartungen in bezug auf materiellen Wohlstand wieder mit sich in Einklang gerät". Also: mit weniger auskommen (müssen) und das dann auch gut finden. Inzwischen gibt es auch hierzulande eine wachsende Zahl von Menschen, die merken, daß Zuviel von allem Möglichen belastet, daß zu viele Dinge unser Leben „vermüllen" und unsere Wohnungen verstopfen. Kleiderschränke, Schubladen, Keller und Speicher – alles voll mit Sachen, die wir bei genauerem Besehen eigentlich gar nicht benötigen, nie benutzen, lieber verschenken oder recyceln sollten.

Zu den Luxusgütern der Zukunft werden Zeit und Raum gehören, prognostizieren Trendforscher bereits. Zeit, um eigenen Interessen nachzugehen, und Raum, um Bewegungsfreiheit zu genießen. Beides muß man sich schaffen: „Dazu gehört auch die Bereitschaft, sich aus dem Warenberg freizuschaufeln", meint der Autor Hans Magnus Enzensberger. „Meist ist die ohnehin viel zu kleine Wohnung mit Möbeln, Geräten, Nippes und Klamotten verbarrikadiert." Ganz zu schweigen von der Zeit, die es kostet, all unser Hab und Gut in Ordnung zu halten, zu pflegen und zu reparieren. „Was fehlt", so Enzensberger, „ist jener Überfluß an Platz, der die freie Bewegung erst möglich macht. Heute wirkt ein Zimmer luxuriös, wenn es leer ist."

Lessness, weniger ist mehr – das ist der neue Trend. Weg mit dem überflüssigen Plunder, weg mit allem, was uns zuviel ist! Wofür brauchen wir zehn oder zwanzig Paar Schuhe, wenn wir doch immer nur dieselben zwei Paar anziehen? Wieviel nie getragene Kleidung hängt in unseren Schränken? Nach allgemeiner Regel nutzen wir ohnehin nur etwa 20 Prozent der in unserem Kleiderschrank stationierten Garderobe. Warum stauben im Keller ausrangierte Möbelgarnituren, nicht genutzte Fahrräder und Fitnessgeräte sowie ungenutzte Haushaltsgeräte wie Waffeleisen, Fondue- und Raclette-Topf vor sich hin? Was sollen wir mit den ganzen alten Zeitschriften? Und wofür betreiben wir heute eigentlich noch immer eine so exzessive Vorratshaltung? Während sich die meisten Unternehmen, um Lagerkosten zu sparen, nur noch „just in time" beliefern lassen (also erst dann, wenn's wirklich gebraucht wird), leisten viele von uns sich immer noch den Luxus einer platzraubenden Lagerhaltung wie zu Omas oder zu Kriegszeiten.

Wer mit so geschärftem Blick durch den eigenen Haushalt streift, wird mit zunehmender Übung rasch fündig. Allgemeine Richtlinie für Hardliner: Alles, was man über ein Jahr nicht benutzt hat, braucht man nicht, es kann weg.

In den USA, wo man für das Thema schon sensibilisierter ist als bei uns, gibt es mittlerweile zahlreiche Selbsthilfegruppen für sogenannte „Messies", wie sich Amerikas chronisch Unordentliche nennen. Deren Hauptproblem ist die Fülle, das Zuviel. Messies heben einfach zuviel auf, weil sie Schuldgefühle haben, wenn sie etwas weggeben oder wegwerfen, was „einfach zu schade" oder „vielleicht doch noch zu gebrauchen" ist (auch wenn es noch nie gebraucht wurde!). Aber ein richtiger „Messie" findet für alles Verwendung. „Ich habe mich einmal dabei erwischt, wie ich die Metallbügel aus einem alten BH herauszog, um sie anzumalen und Tannenbaumschmuck daraus zu machen", schildert Sandra Felton, Gründerin von „Messies Anonymus", zu welchen Absurditäten gewohnheitsmäßiges Sammeln führen kann.

„Die Leute realisieren oft nicht, daß zuviel Gerümpel eine schlimme Streßquelle ist", meint der amerikanische Aufräumexperte und Autor Don Aslett. Nach seinen Schätzungen stehen in einer typischen amerikanischen Familie 25 Prozent zu viele Möbel und 75 Prozent überflüssige Gegenstände. Und dieser unnütze Krempel, für den die Amerikaner das wunderbar kurze, ebenso verächtlich wie derb klingende Wort „Junk" haben, belastet uns mehr, als wir uns vorstellen können. Er verursacht Kosten in Form von Zeit, Energie und Anstrengung, die wir aufwenden müssen, ihn zu erhalten und auf ihn aufzupassen. „Er erstickt uns und beraubt uns unserer Freiheit", so Aslett. „Wir haben unsere Kreativität zugeschüttet durch Ansammlungen. Wir haben Flexibilität eingefroren durch Überfluß. Wir haben so viele Dinge erjagt und gekauft, die wir erhalten, lagern, säubern oder reparieren müssen, daß wir keine Freiheit mehr haben." Wer könnte dem nicht zustimmen?

Wie außen, so innen: „Nicht nur, daß unsere Häuser, Kommoden, Schubladen und Autos so überfüllt sind, daß wir kaum atmen können, auch unsere Köpfe, Gefühle und Beziehungen sind überfüllt bis zur Stumpfheit und Unbeweglichkeit. Wir sind so umzingelt von Sachen, daß wir nicht mal Zeit für die Leute haben, die uns am meisten bedeuten."

Die Sorge um unsere Sachen („Faß das bloß nicht an, es geht kaputt", „Ich habe keine Zeit, ich muß saubermachen", „Mach keine Unordnung") übersteigt häufig unsere Gefühle für andere. Wir lieben die Dinge oft mehr als andere Menschen.

Die Macht der Dinge über den „Papalagi", wie er den Europäer nennt, hat bereits Anfang dieses Jahrhunderts der Südsee-Häuptling Tuiavii in seinen (nie gehaltenen) Reden an seine polynesischen Landsleute wunderbar beschrieben: „Je mehr einer ein rechter Europäer ist, desto mehr Dinge gebraucht er. Darum ruhen die Hände des Papalagi nie im Machen von Dingen. Deshalb sind die Gesichter der Weißen oft so müde und traurig, und darum kommen auch nur die wenigsten von ihnen dazu, die Dinge des großen Geistes zu sehen ...

Sie müssen Dinge machen. Sie müssen ihre Dinge behüten. Die Dinge hängen sich an sie und bekriechen sie wie die kleine Sandameise. Sie begehen kalten Herzens alle Verbrechen, um zu den Dingen zu kommen. Sie bekriegen einander, nicht um der Mannesehre halber oder um ihre wirkliche Kraft zu messen, allein um der Dinge willen."

Ist es nicht so? Ist nicht für die meisten unserer sozialen Probleme letztlich unsere Verehrung von Dingen verantwortlich, unsere Begierde nach mehr und immer mehr Besitztümern, unsere Sach-Fixiertheit? Wir arbeiten exzessiv und vernachlässigen unsere Kinder, um uns mehr Dinge leisten zu können. Es wird gekämpft, konkurriert, betrogen und gelogen, um mehr Geld zum Kauf von Dingen (und, in zunehmendem Maße, von Erlebnissen) zusammenzuraffen – Dinge, die sowieso schnell ihren Reiz verlieren. Wir plündern die Umwelt, um uns und unsere Kinder mit mehr und mehr unnützen Dingen zu „beglücken". Und die Werbung, als dröhnendes Sprachrohr der Industrie, erzählt uns in vielen bunten Bildern, daß wir nur durch den Besitz von immer neuen Dingen glücklich, erfolgreich und erotisch sind.

Ein fataler Irrtum – für uns, unsere Gesellschaft und unsere Umwelt!

Das ist der tiefere Sinn von Lessness: zu erkennen, daß ständiger Konsum in Wirklichkeit unser Wohlbefinden nicht steigert. Ab einem bestimmten Punkt ist „mehr haben" einfach nicht mehr mit „glücklicher sein" gleichzusetzen. Das neue, luxuriösere Auto wird nach der Anfangseuphorie zur Normalität ohne besonderen Glückseffekt. Die meisten technischen Geräte – egal ob Laptop, iPod, iPad oder Digicam – die auf den Markt geworfen werden, sind schnell überholt, weil hinter ihnen schon die nächste Lawine mit noch viel mehr Speicherplatz (den wir kaum ausreizen können) anrollt. Wollen wir das eigentlich?

Hat uns jemand gefragt? Und braucht man für das persönliche Glück wirklich die Möglichkeit 1.500 Songs aufzuladen?

Die vielen Dinge, mit denen wir uns beschäftigen, halten uns in Wirklichkeit davon ab, das zu tun, was uns wirklich wichtig ist. Sie laugen uns aus und erschöpfen auf vielfältige Art unsere physische, emotionale, geistige und spirituelle Energie. Und damit hemmen sie ganz maßgeblich unsere Entwicklung.

Lessness – ein Erfahrungsbericht

Während ich mich mit dem Thema Lessness intensiver befaßte, lief plötzlich vor meinem inneren Auge meine eigene Biographie in Form eines An- und Abschwellens persönlichen Besitzes ab.

Sie sieht etwa so aus:

Solange ich denken kann, hat Lessness oder wie ich es bisher genannt habe: Beschränkung, immer einen großen Reiz auf mich ausgeübt. Vermutlich weil ich in wohlsituierten Verhältnissen groß geworden bin. Das Problem der Fülle sah auch meine Mutter, die von Zeit zu Zeit größere Entrümpelungsaktionen in unseren Kinderzimmern startete. Klamotten, Spielzeug, alles, was wir nicht für absolut notwendig erklären konnten, wurde an Bedürftige weggegeben, ohne Wenn und Aber. Und ohne jeden falschen sentimentalen Touch, sondern einzig und allein, um die Sachen einigermaßen sinnvoll loszuwerden.

Diese Trennungen waren anfangs schmerzlich, aber mit der Zeit begann ich das befreiende Gefühl dieser Ausmistungsrituale zu schätzen, die Leere in den Schränken zu genießen und setzte noch einen drauf. Nachdem wir in der Schule vor Weihnachten sogenannte Ostzonenpakete gepackt hatten, machte ich es mir zur Regel, diesen Familien nun mehrmals im Jahr (zusammen mit einigen Lebensmitteln, die ich aus unserem Vorratskeller abzweigte) meinen Überfluß zu vermachen. „Ostzonenpakete" wurde bald zum Reizwort in unserer Familie. „Wo ist denn der blaue Pullover, den wir neulich gekauft haben?" – „Och", (wie peinlich, daß sie es schon entdeckt hat), „den hab ich in die Ostzone geschickt", gestand ich dann unsicher grinsend und bereute nichts. Ich hatte so meine Gründe, wenn ich etwas ausrangierte; meist aus dem Bauch heraus, weil das Teil schlechte Assoziationen oder Unbehagen in mir auslöste – was wiederum oft damit zu tun hatte, daß es mir aufgedrängt worden war oder die Kaufsituation emotional belastend gewesen war. Von da an lautete die ständige Vermutung meiner Eltern, wenn sie eines der Objekte, mit denen sie mich schmücken wollten, nicht mehr an mir sahen: „Das ist sicher in der Ostzone gelandet", wobei „Ostzone" im Laufe der Jahre für vieles stand. Als ich studierte, hielt sich mein Besitz sehr in Grenzen und wurde auch immer wieder drastisch reduziert, aus Platzgründen und vor allem, um für Umzüge beweglich zu sein, von denen es einige gab. Außerdem hatte ich gar nicht genügend Geld, um viele Dinge (mit Ausnahme von Büchern) anzusammeln. Und als typischer Psychologiestudent war man in den siebziger Jahren sowieso eher auf die Innenwelt fixiert und scherte sich weniger um die Gestaltung der Außenwelt, was als absolut oberflächlich galt.

Den absoluten Lessness-Kick jedoch gaben mir immer meine Kibbuz-Aufenthalte während der Semesterferien. Wie wenig man tatsächlich braucht, um glücklich zu sein, merkt dort auch der größte Konsumfetischist. Ein normaler Reisekoffer mit wenigen Klamotten und etwa zehn Bücher reichten locker für drei Monate. Lessness auch vor Ort: Zwei Betten, ein Schrank, ein Tisch, zwei Stühle – Ende. Diese Kargheit war ausgesprochen inspirierend und wohltuend: Der Kopf wurde wieder frei. Ohnehin war Gemeinschaftsgefühl, Kontaktfähigkeit und Authentizität das, worauf es im Kibbuz ankam, wonach man eingeschätzt wurde – mit edler Kleidung konnte man dort keinem imponieren, keiner ließ sich durch ein aufwendiges Outfit über eventuelle Beulen an der Seele hinwegtäuschen.

Die kibbuztypischen Beschränkungen des Lebensstandards – wie sie für die dort arbeitenden Volontäre aus aller Herren Länder galten – ließen sich allerdings zu Hause kaum durchhalten. Nach und nach fingen Kommilitonen an, ihre Backsteinregale durch Billys von Ikea zu ersetzen; der so flexible, bei Feten schnell zusammenklappbare Tisch aus zwei Malerblöcken und einer Holzplatte mußte einem richtigen (repräsentableren und damit unbeweglicheren) Schreibtisch weichen, und auch das Matratzenlager verschwand und machte aufwendigeren und gediegeneren Cordschlafsofas Platz. Irgendwann beschlich einen dann das Gefühl, fast asozial zu sein, wenn man da nicht mithielt.

Als ich berufstätig wurde, begann ich langsam aber sicher, meine Wohnung vollzubauen. Es war ein schleichender, subtiler Prozeß, denn geistig hielt ich mich immer noch eher für einen Hippie. Es hatte etwas mit „viel arbeiten und das Geld doch irgendwie ausgeben müssen" zu tun, mit Impuls-Shopping, um sich irgendwie zu belohnen für die Tretmühle, in der ich steckte. Auch die Faszination des Sperrmülls (weil's umsonst ist) und allzu viele Flohmarktbesuche führten dazu, daß sich meine Habe ständig vergrößerte, ohne daß sich dabei mein Lebensstandard merklich erhöhte, denn das meiste war, wie sich später herausstellen sollte, einfach Ramsch.

Es gab Freunde, die mir bei meiner Expansion behilflich waren, indem sie allerhand Dekoratives oder vermeintlich Nützliches anschleppten oder für meine überquellenden zwei Räume neue Regale, Raumteiler oder Eckkombinationen, also Jeden-Winkel-Ausnutz-Konstruktionen entwarfen, auf denen ich meine Neuanschaffungen unterbringen konnte. Selbstverständlich wurde Staub zu einem Problem und beim Gedanken an eine (irgendwann nicht mehr vermeidbare) Putzaktion bekam ich Schwächeanfälle. Aber da die meisten Leute, die ich kannte, ähnlich ausgestattet waren, fiel mir weiter nichts auf.

Nur gelegentlich kam ich ins Grübeln: „Irgend etwas stimmt hier nicht, was ist es nur?" Eine Zeitlang dachte ich, es läge an den Büchern, aber kein Gedanke lag mir ferner, als mich von einem von ihnen zu trennen, also blieb alles beim alten, was soviel heißt wie: Ich steckte fest in meinen Gewohnheiten. Da lernte ich einen Musiker kennen, der Lessness aus finanzieller Not heraus bereits praktizierte. Er war schlichtweg entsetzt über meine Einrichtung: „Du hast dich ja total zugebaut", sagte er mit schonungsloser Offenheit. „Es ist alles zu voll. Mich würde das total ablenken und verwirren."

Als ich ihn besuchte, verstand ich, was er meinte. Ein weißes Loft, das nur ein Bett, einen langen Tisch, einige Stühle und ein paar Neonobjekte aufwies. Und ein Wandschrank, in dem er all die Sachen aufbewahrte, die er gerade nicht in Gebrauch hatte. Ein völlig neues Gefühl von Weite überkam mich.

In den folgenden Wochen erzählte er mir viel über die Bauhaus-Philosophie, über das (in einem Film gesehene) experimentelle Abbrennen von Polstermöbeln, um sie auf das Wesentliche zu reduzieren, über die innere Ruhe und gedankliche Klarheit, die entsteht, wenn man die Dinge um sich herum sehr sparsam und bewußt auswählt und alles, was einen nicht mehr repräsentiert, entsorgt, weil man sich sonst übermäßig an die Vergangenheit bindet und das gegenwärtige Leben ausschließt.

Ich begriff und entrümpelte. Radikal, wie nie zuvor.

Warum wir an Dingen festhalten

Uns allen ist schon in frühester Kindheit beigebracht worden, daß Glück aus Dingen resultiert. Damit sind wir geradezu perfekt auf unser Wirtschaftssystem konditioniert worden, das von kontinuierlicher Produktion und kontinuierlichem Konsum von vielen unwichtigen und schnell veraltenden Waren lebt, und das mit seinen zweifelhaften Segnungen – zumindest in seiner derzeit völlig übersteigerten Form – obsolet würde, wenn wir uns andere als rein materielle Befriedigungen erschließen könnten. Und so beginnen die meisten Leute, sobald sie in der Position sind, sich mehr leisten zu können, ihre Häuser und Wohnungen mit allem möglichen zu füllen – meistens, um andere zu beeindrucken und auf ihren Stil oder Status hinzuweisen. Wir wollen alles zeigen und ausstellen wie in einem Museum, weil wir hoffen, jemand macht eine anerkennende Bemerkung darüber – aber die Wahrheit ist, daß die wenigsten Menschen sich für unseren Besitz interessieren oder ihn goutieren. Reiche Freunde finden unsere Sachen billig, ärmere Freunde zu luxuriös, und diejenigen, die dazwischen stehen, finden, wir geben nur an, weil sie insgeheim mit uns konkurrieren.

Man kann es nicht genug betonen: Es sind im Prinzip immer Dinge, die uns von anderen trennen und entzweien – besonders häufig zu beobachten bei Erbstreitigkeiten, in deren Verlauf manchmal ganze Familien auseinanderfallen. Aber auch Ehescheidungen sind häufig das Resultat exzessiven Besitzdenkens. Dann nämlich, wenn Paare sich in ihrer persönlichen Welt der Dinge in Form von Kleidung, Statussymbolen oder Wohnkomfort derart isoliert haben, daß sie nicht mehr miteinander kommunizieren.

Doch am allermeisten stehen wir uns selbst im Weg, wenn wir uns der Macht der Objekte unterwerfen. Zu viele mitgeschleppte Sachen sind nicht nur auf Urlaubsreisen eine Bürde, sondern auch bei unserer Reise durchs Leben – sie halten uns davon ab, flexibel, beweglich und offen für neue Erfahrungen, Erlebnisse oder gar Abenteuer zu sein.

Wie Sie selbst vielleicht schon festgestellt haben, besteht sogar ein wesentlicher Teil unserer Erholung im Urlaub darin, den ganzen Krempel eine Zeitlang nicht sehen zu müssen!

Machen Sie die Probe aufs Exempel und fragen Sie ein paar Menschen, in welcher Phase ihres Lebens sie sich am lebendigsten und glücklichsten gefühlt haben. Die meisten werden anfangen, von der Zeit zu schwärmen, als ihr Leben in punkto Besitz (und damit Verpflichtungen) am einfachsten war. Wie sie und alles um sie herum vor Lebenslust vibrierte, welche innere Leichtigkeit und Freiheit sie verspürten – bevor diese Gefühle irgendwann durch die Fülle erdrückt wurden.

„Mein Mann und ich haben festgestellt, daß wir eigentlich früher, als wir noch weniger hatten, glücklicher und unbeschwerter waren", bestätigt Karin, eine 39jährige Grafikerin. „Sicher, das Geld war oft knapp, und wir mußten ziemlich jonglieren. Aber es war alles einfacher, wir waren beweglicher, auch geistig flexibler. Ich empfinde unseren ganzen Besitz inzwischen als eine ziemliche Belastung."

Besitz als Last: Allzuoft beurteilen wir unsere Kapazität zu besitzen nach dem Platz, den wir zu Verfügung haben, und nicht nach unseren aktuellen Bedürfnissen. Aber genau das ist der springende Punkt, an dem sich die Spreu vom Weizen trennt, was „Junk" von Nützlichem unterscheidet. Alles, was wir aktiv benutzen, was uns aufbaut, uns innerlich bereichert und beglückt, ist – ganz unabhängig von seinem Geldwert – kein Junk.

Alles Ungenutzte, Unnötige, nicht mehr Gebrauchte oder nicht Gemochte, was einen von den selbstdefinierten wesentlichen Dingen abhält, die Klarheit unserer Gedanken und Visionen beeinträchtigt, ist Junk!

Das Problem ist: Wir realisieren häufig nicht, daß Dinge, auch wertvolle, ihren Wert verändern und verlieren – in dem Maße, wie wir uns verändern. Irgendwann sind wir aus ihnen herausgewachsen und müssen loslassen, aber unsere Hab-Gier und Besitz-Fixiertheit, oder auch nur unsere Unbewußtheit, läßt das nicht zu!

Wie ein Strauß Blumen uns in voller Blüte beglückt und erfreut, aber sobald er verwelkt ist, eher deprimiert, so haben auch Dinge irgendwann ihren Höhepunkt überschritten. Sie wechseln sozusagen von Plus auf Minus.

Die Aufmerksamkeit, Zeit und Energie, die man ihnen schenkt, übersteigen dann bei weitem das, was man von ihnen „zurückbekommt". Wieviele von unseren Nippes und teuer erworbenen Deko-Objekten gucken wir überhaupt noch mit guten Gefühlen an? Was wir kaum beachten und was außerdem keinen sinnvollen Zweck erfüllt, ist Junk! Aber dieses Urteil können nur wir selbst fällen, denn nur wir spüren den Zeitpunkt, an dem unsere Sammlungen belastendes Gerümpel geworden sind.

Der Wert einer Sache liegt also in ihrem praktischen oder ideellen Nutzen für uns. Und der ist höchst individuell! „Je länger wir an den Dingen festhalten, nachdem ihr Nutzen verflogen ist", so Aufräumexperte Don Aslett, „desto größer ist die Chance, daß all die guten Erinnerungen, die sie uns einst gaben, erlöschen. Laß es nicht zu, daß eine Sache vom Positiven zum Negativen wechselt. Sie war ursprünglich kein Junk, aber wir können sie dazu machen – was für ein respektloses Ende für die schönen Inline-Skates oder das wunderbare Fahrrad, in ewiger Inaktivität aufbewahrt zu werden. Gib eine Anzeige auf und laß andere sich an dem erfreuen, was dich einmal beglückt hat!"

Natürlich haben wir alle gute Gründe dafür parat, unseren Junk zu behalten. Schließlich haben wir einmal viel Geld dafür bezahlt. Und vor allem Haßen wir es, Fehler zuzugeben („Ich hätte es nie kaufen sollen").

Dann behalten wir das ungeliebte Objekt unserer einstigen Begierde lieber, weil wir nicht wahrhaben wollen, wie irregeleitet, von blinden Impulsen oder Gier getrübt unser Urteil zum Zeitpunkt des Kaufaktes war. Wir, die Käufer, werden zwar „Verbraucher" genannt, aber diese Bezeichnung ist mehr als irreführend. Denn das wenigste von dem, was wir erwerben, brauchen oder verbrauchen wir wirklich! „Man hat eigentlich viel zu viel", höre ich immer wieder, wenn ich Leute in meiner Umgebung in ein Gespräch über das Thema Besitz verwickele, was sich dann schnell zur Frage „Bloß wohin damit?" entwickelt.

Wer Lessness in den eigenen vier Wänden wirklich praktizieren will, wird schnell bemerken, daß man dafür sehr viel Disziplin, manchmal Muskel-, in jedem Fall aber Entscheidungskraft braucht. Beim Aussortieren des Überflüssigen müssen ständig Entscheidungen gefällt werden, vor denen wir uns aus Bequemlichkeit bislang gern gedrückt haben.

Was auf einer ganz konkreten Ebene beginnt, setzt sich auf abstrakterem Niveau fort. Wenn ich mich beispielsweise entschließe, Strickzeug, Nähkasten und Nähmaschine wegzugeben, weil ich seit Jahren nicht mehr stricke oder nähe, dann verabschiede ich mich damit gleichzeitig von der Vorstellung, ich sei eine Frau, die gelegentlich strickt und näht oder dies in Zukunft noch tun wird. Diese – einem kleinen operativen Eingriff ähnelnde – endgültige Trennung von einer Facette meines häuslichen Images mag zwar etwas schmerzhaft sein, aber mein Bild von mir selbst bekommt dadurch schärfere Konturen, weil es nur noch das enthält, was ich wirklich tue und bin. Entrümpeln bedeutet also, die eigene Prioritätenliste auf den aktuellsten Stand zu bringen, um Klarheit, Überblick und Entschlußkraft zu gewinnen.

Professionelle Aufräumberater stellen häufig fest, daß Leute (egal, ob arm oder reich), die sich selbst und ihr Haus mit Dingen überladen, oft eine extrem geringe Selbstachtung haben. Sie schaffen es nicht, das zu sein, was sie sein möchten. Sie besitzen die „In"-Dinge, aber benutzen sie nicht, haben Jogging-Anzüge, aber joggen nicht, stapeln Kochbücher, aber kaufen fertige Tiefkühlkost. Indem sie die Dinge aber ausstellen, versuchen sie, den mutmaßlichen Erwartungen anderer zu entsprechen.

Aber das Horten von Dingen aus reinem Besitzdenken heraus bringt keine Selbstachtung und erfüllt keine unserer Ambitionen. Inmitten von vielen schönen, nicht genutzten Dingen zu sitzen, kann im Gegenteil unsere Selbstachtung erheblich untergraben. Sobald unser Blick auf all diese Ich-sollte-aber-ich-tu's-nicht-Sachen fällt, sind wir deprimiert.

„Vergiß die Vorstellung, daß du eine große Auswahl brauchst, um glücklich zu sein", mahnt Aslett. „Das bereichert dein Leben nicht, sondern schafft nur Verwirrung."

Ich erinnere mich mit Schrecken an einen Besuch bei meiner amerikanischen Gastfamilie, bei der ich ein Jahr als Austauschschülerin gelebt hatte. Damals lebten sie in vergleichsweise bescheidenen Verhältnissen. Nun, 20 Jahre später und nach einigen Umzügen hatte sich die Größe ihres Hauses vervierfacht, das Inventar schätzungsweise verzehnfacht. Drückende Enge durch zu viele Sachen, die alle der Bewunderung der Besucher harrten. Aus allen Schubladen und Schränken quollen sie heraus: Kleider, Hausrat, Nippes, Souvenirs. Auf der Treppe drängte sich eine stattliche Barbie-Puppen-Sammlung, und weil in dieses Haus beim besten Willen nicht mehr hineinpaßte, hatte sich die Hausfrau darauf verlegt, serienweise Puppenstuben zu basteln, bei deren Ausstattung sie ihrer Kauf- und Sammelleidenschaft einigermaßen platzschonend, da nun „en miniature", frönen konnte.

Sie selbst hatte an Umfang auch beträchtlich zugenommen (ein vergeblicher Versuch, qua Körpererweiterung mehr Macht über die Dinge zu gewinnen?). Dazu plagte sie Asthma (Erstickungsanfälle wegen der Fülle?), und ihre selbstbewußte Ausstrahlung war ihr gänzlich abhanden gekommen. Und in diesem Moment dämmerte mir plötzlich eine Idee, die ich damals für verrückt hielt, heute jedoch für richtig: Vielleicht, schoß es mir durch den Kopf, ist all dieser Junk, dieser ganze Plunder, mit dem Häuser gefüllt werden, nichts anderes als ein gewaltiges Beschäftigungsprogramm, mit dem eine männlich dominierte Konsumgüterindustrie gelangweilte Hausfrauen beschäftigt hält, um sie von den Schaltzentren der Macht fernzuhalten?

Aus diesem Blickwinkel ist es auch ein emanzipatorischer Akt, sich der Dominanz der vielen unnützen Dinge über uns zu entziehen, um wieder Handlungsspielraum zu gewinnen! Beim nun vielleicht einsetzenden eifrigen Drang zum Entrümpeln geraten wir allerdings schnell in ein neues Dilemma.

Weil die westlichen Industrieländer seit Jahrzehnten als „Wegwerfgesellschaften" gebrandmarkt werden, was ja durchaus seine Berechtigung hat, ist es schwieriger geworden, ohne Gewissensbisse Überflüssiges zu entsorgen. Wohin also damit, ohne die Umwelt über Gebühr zu belasten? Selbst die (mittlerweile massenhaft veranstalteten realen oder virtuellen) Flohmärkte – bieten heute keine Garantie mehr dafür, unsere Bürde loszuwerden, denn den meisten potentiellen Käufern geht es wie uns – auch sie spüren längst, daß sie zuviel besitzen. Es kostet also Zeit, Mühe und manchmal etwas Phantasie, die richtigen Abnehmer für unseren Überfluß auszumachen.

Und leider: einmal entrümpeln reicht nicht aus, lehrt die Erfahrung. „Entrümpeln ist eine Reise, kein Ziel, ein Prozeß und kein Endprodukt", stellt Don Aslett klar. „Du entrümpelst nicht und bleibst dann für immer frei, weil neuer Junk einströmt, um die Leere zu füllen. Von Zeit zu Zeit zu entrümpeln muß ein Reflex werden."

Das kostet Anstrengung und ist anfangs unbequem – aber das intensive Gefühl der Befreiung, das sich einstellt, wenn wir lernen, uns von Dingen zu lösen, ist die Mühe allemal wert.

Letztlich steht hinter all diesen, streckenweise vielleicht etwas banal klingenden Überlegungen zum Thema Entrümpeln die grundsätzliche Frage: Welche Bindungen gehen wir mit Sachen ein? Haben diese uns im Griff oder wir sie? Und: Wieviel Zeit verlangen sie uns ab – Zeit, die wir vielleicht schon längst lieber für andere, uns sinnvoller erscheinende Tätigkeiten als dem Shoppen, Horten und Instandhalten von Dingen nutzen wollten?

Eins ist sicher: Das Leben vereinfacht sich immens, wenn der Junk geht. Aus den Augen, aus dem Sinn, gilt hier in seiner positivsten Bedeutung.

Wir bekommen wieder Kontrolle über die Dinge – Raum, Überblick und Ordnung stellen sich wie von selbst wieder ein und damit auch Selbstbewußtsein. Wir gewinnen unsere Klarheit und Entschlußkraft zurück, die durch die unübersichtliche Fülle verlorenging. Und, vielleicht noch wichtiger: Wir kommen wieder in Fluß, werden innerlich beweglicher – für das gegenwärtige Leben, anstatt für tote Objekte.

„Wenn du erst einmal entrümpelt hast, wirst du nicht wieder so schnell Dinge ansammeln", verspricht Aufräumexperte Aslett. „Du wirst automatisch einen neu aufgebauten Sinn für Wert haben, der dich inspirieren wird, Junk auf den ersten Blick zu erkennen und zu vermeiden. Er wird sich wie von selbst auflösen: Die Leute werden dir weniger geben (wenn überhaupt), du wirst keinen kaufen – du glaubst gar nicht, wie gut das funktioniert!" (Hildesheimer-Geschichte?)

Lessness im Kinderzimmer

Die meisten Kinder sind, wenn man sie nur läßt, grandiose Entrümpler. Sie spielen mit ihren Sachen, bis sie kaputtgehen. Manchmal helfen sie dabei auch ein bißchen nach, weil sie das Interesse an einem Spielzeug verloren haben. Oder sie verschenken es, nachdem es seinen Zweck erfüllt hat. „Aber wenn wir uns wirklich Mühe geben, können wir auch unseren Kindern beibringen, Junk-Sammler zu werden", meint Don Aslett ironisch. „Dazu bedarf es nur eindrücklicher Beispiele von uns Erwachsenen, die sie ständig mit Junk-Geschenken und Junk-Ideen bombardieren."

Es ist inzwischen sattsam bekannt, daß Kinderzimmer hierzulande förmlich überquellen. Ob die Eltern viel oder wenig Geld haben, spielt dabei überhaupt keine Rolle. Oft handelt es sich um unnützes Zeug, das bereits uninteressant wird, sobald der Kaufakt abgeschlossen ist.

Da Liebe und Zuwendung auch und gerade bei Kindern immer häufiger durch den tiefen Griff ins Portemonnaie ausgedrückt werden und fehlende Zeit für sie durch den Kauf von immer neuen Sachen kompensiert wird, lernen sie früh die verhängnisvolle Lektion: „Ich krieg' was, also werd' ich geliebt". Von nun an verschafft der Kaufakt selbst die Befriedigung, die Sache an sich wird nebensächlich. Hier öffnet sich ein Faß ohne Boden, entsteht bereits bei kleinen Kindern die Annahme, innere Leere ließe sich erfolgreich mit Sachen stopfen, die Illusion, daß Liebe, Geborgenheit und Glück käuflich seien – und dementsprechend durch immer neue Kaufakte immer wieder neu besiegelt werden müssen. Mit anderen Worten: Hier entstehen die künftigen Verbraucher, und zwar genau so, wie unser Wirtschaftssystem sie braucht – innerlich leer, an sofortige Genußbefriedigung gewöhnt und konsumfixiert.

Zurück zu den Kinderzimmern. Kürzlich erzählte Beate, eine Musikerin, mir folgende Geschichte: Sie hatte eine Behindertenwerkstatt besucht und war total verblüfft darüber, wie aufgeräumt und übersichtlich die Räume waren. Als sie ihr Erstaunen darüber dem Leiter der Einrichtung mitteilte, erklärte er ihr, ohne diese Form der Reizbeschränkung würden die Bewohner unruhig und chaotisch werden. Das leuchtete ihr ein.

Als sie sich mit der Lehrerin ihrer siebenjährigen Tochter darüber unterhielt, erzählte diese, es gäbe eine Reihe von Kindern, die auf ihren Tischen im Nullkommanix ein Chaos entfalteten, dessen sie nicht mehr Herr werden könnten. Dabei äußerte sie die Vermutung, daß auch die sogenannten Wahrnehmungsstörungen, unter denen heute jedes fünfte Kind leidet, mit der extremen Form von Reizüberflutung zusammenhängen, denen Kinder heute ausgesetzt sind.

Und die beginnt bereits in den Kinderzimmern mit einer Vielzahl von Formen und Farben, die den Geist des Kindes nicht unbedingt bereichern, sondern ihn eher verwirren. Als ihr diese Zusammenhänge vollends klargeworden waren, stürmte Beate in das Zimmer ihrer Tochter. Dort vollbrachte sie ein Werk echter Nächstenliebe. Sie befreite die Kleine von allem Plunder, der achtlos herumlag, und schaffte zwei Kisten voller überflüssiger Sachen weg. Und das Verrückte: Nichts, aber auch gar nichts davon wurde von ihrer Tochter vermißt!

Weniger kaufen

Mit Entrümpeln allein ist es freilich nicht getan – auch wenn es den ersten Schritt in die richtige Richtung markiert. Denn erst wenn wir sichten, wieviel (Unnützes) wir bereits haben, können wir die Absurdität unseres rastlosen Kaufens erkennen. Letztlich bedeutet Lessness natürlich vor allem: Das eigene Konsumverhalten ändern, weniger kaufen, mehr nachdenken, der allgegenwärtigen Verführung, Konsum zum Lebensinhalt zu machen, nicht ständig auf den Leim gehen.

Die amerikanische Autorin Elaine St. James, die mit ihrer Familie jahrelang nach der Philosophie des „Immer mehr, immer größer, immer besser" gelebt hatte, war wohl die erste, die Mitte der 90er Jahre ein Buch darüber schrieb, wie sie es geschafft hat, ihr Leben zu vereinfachen – übrigens ein Bedürfnis, das laut einer Umfrage im „US News and World Report" fast die Hälfte der Amerikaner in den letzten Jahren in irgendeiner Form in die Tat umgesetzt hat.

Bei Elaine St. James stand dahinter der Wunsch, von der „Überholspur" herunterzukommen, mehr Zeit für die ihr wichtigen Dinge zu haben und mehr in Einklang mit sich und der Umwelt zu leben. Dazu gehörte an vorderster Stelle auch bewußteres Einkaufen: „Bevor wir etwas kaufen, denken wir jetzt erst mal nach: ‚Brauchen wir das wirklich? Wie lange werden wir es brauchen oder wollen? Ist das nur wieder etwas, was irgendwann hinten im Schrank enden wird?'

Wir zögern alle größeren – und auch viele der kleineren – Käufe mindestens zwei Wochen oder sogar einen Monat hinaus. Je mehr Zeit vergeht, so haben wir festgestellt, desto häufiger kommt man zu dem Schluß, daß man diesen Gegenstand nicht wirklich braucht."

Das Ernstnehmen der Frage „Brauch' ich das tatsächlich?" hält auch der Konsumforscher Gerhard Scherhorn für zentral. „Denn eine selbstbestimmte Entscheidung beim Kaufen gibt es überhaupt nur, wenn man sich auch ernsthaft überlegt hat, es zu unterlassen. Es wird uns doch ständig suggeriert: Du brauchst das. Es geht nur noch um die Frage, ob es pink oder gelb sein soll.

Man muß sich schon vorstellen: ‚Was wäre, wenn ich das jetzt nicht kaufe? Wozu will ich das, welchen Gewinn verheißt es mir, und ist dieser Gewinn das, was ich wirklich will?'"

Wenn man erst mal kapiert hat, daß der Kick meistens nur im Kaufakt selbst liegt, beginnt man die Freiheit eines selbstbestimmten „Nein" zu spüren". Dieser „asketische Impuls", so formuliert es Heiko Ernst, Chefredakteur der Zeitschrift Psychologie Heute, „geht auf die Erkenntnis zurück, daß Selbstverwirklichung vor allem auch wählen heißt.

In der wachsenden Vielfalt und im rascheren Wandel bedeutet Lebensqualität Selbstbescheidung, nicht im Sinne einer moralinsauren Verzichtshaltung, sondern in der weisen Erkenntnis, daß es ein hoffnungsloses Unterfangen wäre, alle Möglichkeiten auszuloten."Es erfordert also eine gewisse Reife zu erkennen, daß wir nicht alle Güter dieser Welt haben können – wahrscheinlich haben wir jetzt schon viel mehr, als wir bewältigen können.

„Mit weniger auszukommen als andere", so der Psychotherapeut Wolfgang Schmidbauer, „macht keinen besseren Menschen, aber einen unabhängigeren." Um diese Unabhängigkeit zurückzugewinnen, müssen wir lernen, dem massiven Aufforderungscharakter der breitgefächerten Warenwelt zu widerstehen, den vielen bunten Sachen zu trotzen, die uns ständig anzuschreien scheinen: „Kauf mich, kauf mich!" Wie eine Amerikanerin es kürzlich so wunderbar ausdrückte, als sie lange, wirklich sehr lange überlegte, ob sie einen bestimmten Kerzenleuchter kaufen sollte und sich dann dagegen entschloß: „It didn't say: Buy me!"

Der bunten Warenwelt zu trotzen, ist leichter gesagt als getan. Aber vielen bleibt gar keine andere Wahl. Der Abbau von Arbeitsplätzen und die Krise auf dem Arbeitsmarkt, die wohl eher eine dauerhafte Erscheinung ist, zwingt inzwischen immer mehr Menschen dazu, auf Sparflamme zu leben und ihren Konsum einzuschränken.

Martina, eine 36jährige Pädagogin, hat inzwischen aus der Not eine Tugend gemacht und ein erstaunliches Selbstbewußtsein entwickelt, sich vom Überfluß abzukoppeln. Die alleinerziehende Mutter nimmt gerade an einem Umschulungsprogramm teil, das Geld ist äußerst knapp. „Ich gehe nur noch in Geschäfte, um Lebensmittel zu kaufen. Einkaufszentren meide ich, Schaufenster sehe ich gar nicht erst an.

Es macht mir aber kaum etwas aus, an dem ganzen Konsumrummel nicht so teilzuhaben, weil ich finde, daß man ganz viel unnützes Zeug kauft. Ich habe auch keinen großen Bedarf, ich brauche nicht zweimal im Jahr neue Garderobe. Meine Einrichtung ist spartanisch, ich besitze keine klotzigen Möbel und vermisse sie auch nicht. Ich habe vielleicht innerlich schon eine Art Anti-Konsumhaltung und sehe inzwischen auch ein Stück Lebenskunst darin, gegen den gesellschaftlichen Strom zu schwimmen.

Vieles finde ich auch einfach dekadent. Klar weiß ich, es gibt Lebensverhältnisse, wo es angemessen ist, mal eben tausend Euro für einen Pullover hinzublättern. Aber für mich wäre das nicht notwendig. Wenn ich mehr Geld hätte, würde ich es eher für Reisen und Erlebnisse ausgeben, aber auf keinen Fall für Statussymbole.

Ich weiß, daß viele stark darauf achten, wie die Wohnung eingerichtet ist, was für Klamotten man trägt und was für ein Auto man fährt – aber darüber setze ich mich hinweg, das ist für mich überhaupt kein Wert.

Ich finde es schrecklich, daß Konsum so eine Art Abgott geworden ist, über den mittlerweile auch Beziehungen geregelt werden. Wenn du heute einmal vor die Tür gehst, bist du doch gleich zwanzig Euro los.

Ich kenne Paare, die ihre Freundschaften nicht aufrechterhalten können, weil sie nicht mehr mithalten können, zum Beispiel jeden Freitag mit ihren Freunden auszugehen. Die fühlen sich als gesellschaftliche Outcasts, weil sie am Konsum nicht mehr teilnehmen können. Das finde ich eine perverse Entwicklung."

Sie umzudrehen setzt voraus, daß Alternativen entwickelt werden, materielle Werte stärker durch immaterielle ersetzt werden. Statt sich passiv von außen anreizen, berieseln und füllen zu lassen, müssen wir wieder selbstbestimmter, von innen heraus produktiver werden. Anders ausgedrückt: Wir müssen uns darum bemühen, wieder unsere eigenen Maßstäbe für Glück zu finden, anstatt uns von anderen erzählen oder suggerieren zu lassen, was wir alles brauchen.

Die Reise führt also nach innen. „Die Entkommerzialisierung beginnt mit dem Bestreben, wieder freien Zugang zu den eigenen Gefühlen und Bedürfnissen zu haben", stellt Gerhard Scherhorn fest.

Das bedeutet die Wiederaneignung genau der Qualitäten, die – durch die Kommerzialisierung unserer Wünsche – inzwischen symbolhaft an den Waren hängen: Freiheit, Abenteuer, intensives Erleben, aktives und kreatives Gestalten sowie das Gefühl der Verbundenheit mit anderen.

Auf diese Weise gewinnen wir „ein inneres Gegengewicht gegen die Überlegenheit der äußeren Reize", so Scherhorn. „Die äußeren Reize der Warenwelt überrunden und übertönen die inneren Kräfte, weil sie schneller und lauter sind. Sie sind auch glänzender und perfekter. Und sie sind müheloser verfügbar, weil die eigenen Kräfte und Fähigkeiten geübt werden müssen, um überzeugende Resultate und befriedigendes Erleben hervorzubringen. All das wird erst dann aufgewogen, wenn man das Glücksgefühl erfahren hat, das aus dem produktiven Einsatz der eigenen Energien erwächst."

Auf etwa 20 Prozent der Bevölkerung schätzt Scherhorn auf Basis einer eigenen Studie diejenigen, die sich der Kosten des materiellen Wohlstandes – in Form von Zeitknappheit, Streß, Zerstörung von Beziehungen und Umwelt – sehr wohl bewußt und nicht mehr bereit sind, innere Erfüllung für noch mehr Wohlstand zu opfern.

Menschen mit solchen „postmateriellen Werthaltungen", wie Scherhorn sie nennt, finden sich in allen Bevölkerungsgruppen. Sie lassen sich durch vier Merkmale charakterisieren: Ihr Selbstwert ist nicht von materiellen Gütern abhängig, sie legen wenig Wert auf Macht und Status, sie sind sensibel für die Bedürfnisse und Nöte ihrer Mitmenschen, und sie sind umweltbewußt.

Etwa drei Fünftel sind Unsinn und ‚vermischter Unsinn',

den ich ‚Trübkunde' nenne; ein Fünftel ist zwar sinnvoll,

aber vergängliche Info, und kaum ein Fünftel besteht aus

ernsten Denkfrüchten.

Stanislaw Lem, Schriftsteller (1921-2006)

IV

Vom Infoüberfluß zum Infoüberdruß

Zu den belastendsten Erscheinungen unserer Gesellschaft gehört die zunehmende, an unseren Nerven zerrende Flut von (schnell veraltenden) Informationen, denen wir täglich ausgesetzt sind. Denn mit rasanten Entwicklung der modernen Medien, allen voran des Internets, hat sich nicht nur das Tempo erhöht, mit dem Daten übermittelt werden, sondern auch die Datenmenge, die weltweit produziert wird. Auch hier laufen wir Gefahr, in die Situation des Zauberlehrlings zu geraten, den die Flut am Ende mitreißt, weil er mit seiner Macht und ihren Konsequenzen nicht umgehen kann.

Wir haben keine Informationsexplosion, weil wir alle danach lechzen, immer mehr Informationen zu bekommen, sondern weil uns neue Technologien alles in Sekundenschnelle liefern können – und weil man mit Informationen viel Geld machen kann. Wie in der Warenwelt übersteigt auch hier das Angebot bei weitem die Nachfrage.

„Medieninhalte sind zu einer Umweltbedingung geworden", meint der Medienexperte und Autor Peter Glaser. „Das elektromagnetische Feld des Gesendeten ist inzwischen so omnipräsent wie die Luft." Längst nimmt der Medienkonsum mit Zeitschriften- und Zeitungslesen, Radiohören, Fernsehen und intensiver Internet-Nutzung den überwiegenden Teil unserer Freizeit in Anspruch – Tendenz steigend. Denn im Informationszeitalter gilt es, ständig auf dem laufenden zu sein – aber schnell muß es gehen, denn wer sich zu lange mit einem Thema beschäftigt, verpaßt schon das nächste. Frühmorgens, wir sind noch im Reich der Träume, bringt uns der Radiowecker mit Musik und Informationen unsanft in die alltägliche Welt zurück. Beim Frühstück nehmen wir mit einem Auge oder Ohr die neuesten Nachrichten auf und lassen uns dazwischen von mehr oder weniger witziger Werbung berieseln. Wir greifen zur Tageszeitung, aus der uns beim Aufklappen weiteres Lesematerial in Form zahlreicher bunter Prospekte in den Schoß fällt. Vorbei die Zeiten, als man eine Zeitung oder Zeitschrift noch genüßlich Artikel für Artikel las – und womöglich noch über den Inhalt nachsann.

Wer heute noch versucht, alles zu lesen, ist bedauernswert und hat nichts kapiert. „Querlesen" ist angesagt – ein schnelles „Scannen" der Überschriften, kurzes Anlesen des Artikels, jäher Abbruch, wenn er die Erwartungen nicht erfüllt, Themenwechsel.

Aus dem Briefkasten quillt immer mehr Post, die wir weder erhofft noch erbeten haben – Mailings von unbekannten Firmen, die sich unsere Adressen gekauft haben, um uns mit Produkten und Dienstleistungen bekanntzumachen, die wir weder wollen noch brauchen. Auf dem Weg zur Arbeit fangen bunte Plakate und Werbebotschaften aller Art unsere Blicke ein. Im Büro wartet bereits neuer Lesestoff – jede Menge E-Mails, die möglichst noch am selben Tag beantwortet werden wollen, und außer altmodischer Papierpost auch noch Berichte, Protokolle und Rundschreiben – zu denen wir nicht kommen, weil das Telefon ununterbrochen klingelt, unentwegt neue Mails kommen, wir Internetrecherche betreiben müssen oder die Kollegen mit uns in Konferenzen Informationen austauschen wollen.

Beim Einkaufen erschlägt uns die Fülle der aufgereihten Zeitungen und Zeitschriften, deren Themen so vielfältig sind wie das Leben selbst – an die 10.000 Titel stehen hierzulande zur Wahl.

Abends zu Hause erwarten uns je nach technischer Ausstattung zwischen dreißig und hundertfünfzig Fernsehsender, die um unsere Gunst wetteifern. Selbst wenn wir den halben Tag vor der Mattscheibe verbringen würden, könnten wir nur höchstens ein Prozent des verfügbaren Angebotes sehen. Also zappen wir uns auf der Suche nach Höhepunkten durchs Programm und produzieren so unsere eigene Film-Collage. Wir spielen am Computer, surfen durch die Datennetze und überfüttern uns mit weiteren Informationen – bis es wieder einmal zu spät ist, uns dem Stapel ungelesener Fachzeitschriften oder angelesener Bücher zuzuwenden, geschweige denn einen der vielen Filme zu sehen, die wir vor kurzem gekauft oder hochgeladen haben.

Schöne neue Medienwelt: Wer soll das alles noch aufnehmen, verarbeiten und bewältigen? Unser Weltwissen nimmt geradezu explosionsartig zu – zur Zeit verdoppelt es sich schätzungsweise alle vier bis fünf Jahre. Der 2006 gestorbene Science-Fiction-Autor Stanislaw Lem machte zu Internet und der damit verstärkt über uns hereinbrechenden „Info-Sintflut" folgende Anmerkungen: „Etwa drei Fünftel sind Unsinn und ‚vermischter Unsinn', den ich ‚Trübkunde' nenne; ein Fünftel ist zwar sinnvoll, aber vergängliche Info, und kaum ein Fünftel besteht aus ernsten Denkfrüchten. Dieses vorhandene Gemisch wird das Internet noch verwässern, Wichtiges weiter mit Unwichtigem vermischen. Dabei ist zu bemerken, daß der Homo sapiens von heute über dasselbe ‚Durchlaß'- und Infoverkraftungsvermögen verfügt wie der Homo Neanderthalensis vor 70.000 Jahren."

Aufgrund unserer begrenzten Aufnahmekapazität warnen Medienwissenschaftler bereits vor einer Überforderung durch unverarbeitete Eindrücke, die das Selbstwertgefühl schwächen und zu Unsicherheit bis Resignation führen können. Der Psychiater Erwin Ringel spricht sogar von „Depression durch Überinformation".

Es gibt Tage, da bin ich geneigt, ihm zuzustimmen. Bei intensiver Internet-Recherche vergehen manchmal locker ein paar Stunden, die ich allein vor dem PC verbringe, ohne das Gefühl, etwas Substantielles getan zu haben. Es bleibt ein schaler Nachgeschmack, und gelegentlich sogar ein überwältigendes Gefühl von Ohnmacht und innerer Leere. Dann bin ich den vielfältigen Medieninhalten unterworfen, sie scheinen über mich zu bestimmen, haben mich im Griff („das muß von dir unbedingt gelesen werden"), anstatt daß ich souverän über sie verfüge.

Hoffentlich nur eine Berufskrankheit, von der die meisten verschont bleiben. Denn unser Gesamtorganismus ist – bisher jedenfalls – meistens anpassungsfähig genug, Überflüssiges zu ignorieren und auszublenden. Ein weiterer Schutzmechanismus vor der Informationsüberflutung ist die Fähigkeit unseres Gehirns zu vergessen. Das Gros dessen, was wir hören oder sehen, wird nach 24 Stunden zu 80 Prozent wieder „gelöscht". Dennoch kann die ständige Überstimulation mit immer neuen Reizen unsere Fähigkeit, klar zu denken und zu handeln, beeinträchtigen, zumal immer mehr widersprüchliche Informationen gleichzeitig und immer schneller verarbeitet werden müssen. Immer entscheidender für eine sinnvolle Auswahl wird daher die selbstbewußte Frage: Was ist wirklich wichtig für mich?

Mut zur Lücke ist mehr denn je überlebensnotwendig. „Ich habe das Gefühl, ich nehme alles mit, was wichtig ist – verschiedene Zeitungen und Zeitschriften, aber nicht unbedingt jeden Tag oder jede Woche dieselbe", beschreibt eine 34jährige Mediaplanerin ihre Art, Medien zu nutzen. „Ich glaube, daß ich fähig bin, sehr viele Dinge aufzunehmen, allerdings muß ich zugeben, ist das sehr oft auch oberflächliches Halbwissen. Manchmal habe ich echt Schwierigkeiten, mir komplizierte Zusammenhänge einzuprägen oder zu merken. Dann denke ich: Verdammt noch mal, das hast du doch irgendwo gelesen, aber leider wieder vergessen."

„Overnewsed but underinformed"

Das hängt vermutlich damit zusammen, daß die meisten Informationen, die wir – mehr oder weniger freiwillig – aufnehmen, mit unserem persönlichen Lebenskontext herzlich wenig zu tun haben. Bei der täglichen Produktion des Weltbildes spielen politische und wirtschaftliche Interessen sowie der Überraschungs- und Unterhaltungswert der Ereignisse eine ebenso entscheidende Rolle wie die zufällige Anwesenheit von Journalisten vor Ort. Durch ihre – nach bestimmten Regeln erfolgende – Auswahl entscheiden demnach die Medien, was für uns Realität ist. Was wir über unsere Gesellschaft, ja über die Welt, in der wir leben, wissen, wissen wir durch die Massenmedien. Wirklich inspirierende Themen setzen sich dagegen oft mangels attraktiver Verpackung oder aufgrund fehlender PR-Schlagkraft nicht durch. Der allgegenwärtige Informationsüberfluß macht uns nicht unbedingt klüger, hilfs- oder handlungsbereiter. Beispiel Nachrichten: „Wie oft kommt es vor, daß die Informationen, die ich morgens dem Radio, dem Fernsehen (dem Internet) oder der Zeitung entnehme, mich dazu veranlassen, meine Pläne für den Tag zu ändern oder etwas zu tun, was ich sonst nicht getan hätte, und wie oft helfen mir diese Informationen zu Einsichten in Probleme, die ich lösen soll?" fragt der amerikanische Medienkritiker Neil Postman provozierend. Seine mitgelieferte Antwort: „Der größte Teil der täglichen Nachrichten bleibt wirkungslos, besteht aus Informationen, über die wir reden können, die uns jedoch nicht zu sinnvollem Handeln veranlassen ... Zum ersten Mal in der Geschichte stehen die Menschen vor dem Problem, daß sie mit Informationen übersättigt sind, und damit gleichzeitig vor dem anderen Problem, daß sich ihre soziale und politische Handlungsfähigkeit verringert hat."

Weil Informationen zu Waren geworden sind, die uns häppchenweise und bruchstückhaft allein unter dem Gesichtspunkt des Neuen, Überraschenden verkauft werden, wissen wir zwar über alles Mögliche Bescheid, verstehen aber immer weniger. Die Amerikaner nennen das „overnewsed, but underinformed" – zu viele Nachrichten mit zu wenig substantieller Information: Uns entgleiten zusehends Hintergründe, Zusammenhänge und Bedeutung. Ohne Sinnzusammenhang aber wird

Information unnütz, zum reinen Geplappere, bestenfalls zu „Infotainment" – unterhaltsam verpackt, kurzgehalten und von jeglicher gesellschaftlicher Relevanz befreit.

Die Frage „Was bringt mir das?" wird zum Rettungsring in der überhandnehmenden Infoflut. Muß ich wirklich wissen, welche Gesetzesvorlage oder –änderung geplant ist, oder reicht das Endergebnis, wenn es nach wochenlangem Tauziehen zwischen den Parteien endlich entschieden ist? Bin ich tatsächlich „informiert", wenn ich die Absichtserklärungen oder Floskeln höre, die unsere Politiker ins Mikrophon sprechen, um den jeweiligen Reporter zu befriedigen und Medienpräsenz zu zeigen? Brauche ich die immer gleichen Bilder von den Konferenzsälen dieser Welt, in denen zwar häufig getagt, aber selten Substantielles entschieden ist? Ist das genüßliche Nachvollziehen von Machtkämpfen zwischen Politikern einer Partei noch etwas anderes als reine Hofberichterstattung, und definiere ich mich nicht unfreiwillig gleichzeitig als „Untertan", wenn ich für das Zuschauen bei solchen Selbstdarstellungen meine Zeit opfere?

Eine wachsende Zahl von Menschen hat diese oder ähnliche Fragen bereits auf ihre Weise beantwortet. Die Äußerungen einer 24jährigen Grafikerin sind in vielerlei Hinsicht typisch: „Ich entziehe mich dem, was mir zuviel wird. Ich sehe auch nur wenig fern. Mein Freund und ich gucken uns nach den Nachrichten oft an und fragen uns: Was waren eigentlich die Meldungen? Das rauscht so an einem vorbei, das meiste vergißt man doch wieder. Früher habe ich mich gezwungen, jeden Tag eine Zeitung von A bis Z durchzulesen, aber das mache ich schon lange nicht mehr. Und ich habe deswegen auch kein schlechtes Gewissen, denn viele Informationen, die man aufnimmt, sind gar nicht wichtig und verblassen schnell. Ich blättere lieber mal hier, mal dort und lese nur, was mich wirklich interessiert. Und erstaunlicherweise habe ich festgestellt, daß ich auch in intellektuellen Kreisen nicht unter einem Informationsmangel leide." Damit liegt sie voll im Trend. Immer mehr Bundesbürger – vor allem Jugendliche – lassen die Tageszeitungen links liegen. Sie hat einfach keinen festen Platz mehr im Tagesablauf junger Menschen. Die ohnehin knappe Zeit wird durch das Chatten in virtuellen Netzwerken à la Facebook aufgefressen. Manch einer befürchtet, daß bei uns bald amerikanische Leseverhältnisse eintreten.

In den USA liest mittlerweile nur noch jeder vierte Bürger unter dreißig Jahren täglich eine Zeitung.

„Viele Oberstufenschüler können sehr gut damit leben, nur unregelmäßig Nachrichtensendungen zu sehen – wenn irgendwo ein Schiff verunglückt ist, bekommt man das ja doch irgendwie mit. Und die vielen Politskandale werden von ihnen nicht so wichtig genommen", hat die Hamburger Gesamtschullehrerin Andrea Herzog festgestellt.Diesen genialen Mut zur Lücke erklärt sie damit, daß sich die Vorbilder gewandelt haben. An die Stelle der umfassend Gebildeten sind die Fernsehmoderatoren getreten, die aus dem Stegreif über alles und nichts reden können – und damit erfolgreich sind. Andrea Herzog: „Die leben ja vor, daß man auch mit relativ wenig Wissen ganz gut über die Runden kommt. Ein paar Sätze – und schon kommt ein neues Thema. Fürs Vertiefen bleibt da kein Platz, zumal Informationen und Wissen ja so schnell veralten. Das spüren junge Leute ganz intuitiv und haben Antennen dafür entwickelt, Dinge schnell, sozusagen aus dem Bauch heraus aufzunehmen. Ich sehe das durchaus als eine Fähigkeit und finde es erstaunlich, wie flexibel sie mit der Infoflut umgehen."

Der österreichische Gegenwartsdramatiker Peter Turrini läßt inzwischen die Welt „nur noch portionsweise" zu: „Ich meide die Medien und bemühe mich nach Kräften, die Fülle der Nachrichten von mir abzuwenden. Deshalb lese ich möglichst wenig Zeitungen, um wieder mehr von der Welt, die um mich herum oder in mir ist, wahrnehmen zu können." Auslöser dafür war, daß Turrini – wie vermutlich viele von uns – festgestellt hatte, daß seine „innere und die äußere Welt immer weiter auseinanderklaffen. Ich konnte mit den Ereignissen um mich herum nicht mehr Schritt halten."

Jeder Mensch, der über ein gewisses Maß an Sensibilität verfügt, bemerkt irgendwann, daß seine Fähigkeit, die geballte Wucht der Medienbilder zu verarbeiten, auch mitzufühlen, immer geringer wird. Dann tangieren einen plötzlich die Bilder von Leid und Elend durch Kriege, Überschwemmungen oder Erdbeben nicht mehr, weil die Seele sich ihre Schutzmechanismen schafft, um mit der Flut der Eindrücke klarzukommen.

Abgestumpft durch Reizüberflutung

Wer von allen Seiten mit Informationen bombardiert wird, muß zwangsläufig stärker auswählen, was er an sich herankommen läßt. „Die Schwel-
le erhöht sich, ab der man von Dingen überhaupt noch Notiz nimmt",
meint der Hamburger Psychologe Matthias Burisch. „Zu schwache Reize
werden dann einfach nicht mehr wahrgenommen. Harmlose kleine Geschichten, alles, was nicht dramatisch hochgespielt ist, hat kaum noch
eine Chance anzukommen."

Insbesondere Lehrer können ein Lied davon singen: „Sich lange auf ein
Thema einlassen, ist bei den Schülern nicht mehr angesagt", sagt Andrea
Herzog. „Nur was kurz, knackig und provokant formuliert ist, findet noch
echte Aufmerksamkeit."

Forscher sprechen bereits von einer neuen K.K.K.-Generation, den
Kurzzeit-Konzentrations-Kindern, die die Bilderflut und das Informati-
onstempo auf eine ganz eigene Weise verarbeiten.

Vor einigen Jahren geisterte eine beängstigende Studie durch die Medien: Aufgrund der zunehmenden Reizüberflutung vollziehen sich dra-
matische Veränderungen in der Reizverarbeitung, heißt es darin, unsere
Empfindsamkeit für Reize habe deutlich nachgelassen. Salopp ausgedrückt: Unterhalb einer gewissen Reizschwelle tritt unser Gehirn gar
nicht mehr in Aktion.

Wir brauchen heute viel stärkere Sinnesreize (bis hin zu „groben Thrills")
als noch vor zwanzig Jahren, um von etwas berührt zu werden. Hinzu
komme, daß die Reizverarbeitung im Gehirn (vor allem bei der jungen
Generation) inzwischen völlig anders verlaufe als früher: Es werden dabei ganze Gehirnareale übersprungen. Optische Reize aktivieren beispielsweise nicht mehr das Geruchs- und Gefühlszentrum, sondern werden direkt und ausschließlich an das Sehzentrum weitergeleitet. Folglich
werden solche Eindrücke auch nicht mehr gefühlsmäßig bewertet, was

wiederum dazu führen kann, daß beispielsweise Kinder die schlimmsten Horrorfilme ohne gefühlsmäßige Reaktion, völlig emotionslos betrachten können.

Völlig abgestumpft durch Reizüberflutung? Eine erschreckende Vorstellung. Das privatwirtschaftlich geführte Forschungsinstitut, das diese Studien betreibt, will sich zu den Fragen, die sie aufwerfen, nicht äußern. Der Psychophysiologe Harald Rau bemängelt, daß die Gesellschaft für Rationelle Psychologie bis heute keine Zahlen auf den Tisch gelegt hat, die ihre Untersuchungen untermauern. Dennoch: Daß unsere Filtermechanismen nicht mehr stimmen, wenn wir zuviel verarbeiten müssen, ist auch für Rau naheliegend: „Es könnte schon sein, daß unser Gehirn solche Plastizität hat, daß sich die Anpassungsmechanismen verändert haben und daß jemand, der heute zwanzig Jahre alt ist, Informationen anders verarbeitet als ein 20jähriger es 1950 tat", sagt er. „Unser Gehirn gewöhnt sich an den hohen Input und braucht ihn schließlich, um in Schwung gehalten zu werden."

Im Extremfall, bei Leuten, die sich komplett von „externer Stimulation" abhängig gemacht haben, gewinnt die Suche nach Informationen, das „Sensation-Seeking", Suchtcharakter. Natürlich brauchen wir alle ein gewisses Maß an Stimulation, um angeregt zu werden, aber, so Rau, „früher wurde das sehr viel stärker durch interne Aktivierung erreicht, durch Nachdenken, kreatives Gedankenspiel oder indem man Dinge lange auf sich wirken ließ."

Wer sich diesen „Luxus" heute noch leistet, ohne gleichzeitig radikal Überflüssiges auszublenden, wird sich schnell reizüberflutet fühlen.

Wer dagegen viele Informationen an sich heranläßt, kommt nicht umhin, dies oberflächlicher zu tun, das heißt: Die einzelnen Informationen werden mit weniger emotionaler Bedeutung gekoppelt – die Kapazität zur Tiefenverarbeitung bleibt auf der Strecke. Wir verflachen.

Die TV-Welt kolonisiert unsere Innenwelt

Immer mehr Deutschen ist Unterhaltung in den Medien wichtiger als politische Information. Insbesondere Zuschauer, die das Privatfernsehen bevorzugen, neigen dazu, sich den politischen Informationen in sämtlichen tagesaktuellen Medien zu entziehen. Sie tun, wie Neil Postman es ausdrückte, „das einzige, was man mit Informationen ohne Bezug zu unserem Dasein tun kann – sich amüsieren."

Und ist das nicht inzwischen der erklärte Anspruch des Fernsehens: zu amüsieren? Egal, ob Game- oder Talk-Show, Reality-TV oder „Daily soaps" – intellektuelle Anforderungen an den Zuschauer sind zumeist ein Tabu. Er könnte ja wegzappen und die Quoten (gleichzusetzen mit Werbeeinnahmen und damit Erlösen) senken. „Der dauernde Einsatz von massenwirksamen Programmen, die schlicht, aber raffiniert den ‚Allerweltsgeschmack' bedienen, führt zu veränderten Rezeptionsgewohnheiten", stellte Fritz Pleitgen bereits vor Jahren fest. „Anspruchsvolle Sendungen finden immer schwerer ein Publikum."

An der Aufgabe des Fernsehens scheiden sich bekanntlich die (öffentlich-rechtlichen und privaten) Geister. Für die einen ist das Fernsehen ein Kulturträger, der Bildung vermitteln soll, für die anderen ein Unternehmen, das den Regeln der Marktwirtschaft unterliegt und möglichst viele (kaufkräftige) Zuschauer für die Werbewirtschaft vor dem Bildschirm versammeln soll – um den Betreibern möglichst viel Geld zu bringen. Die Kardinalfrage: Soll das Medium der Gesellschaft dienen oder den Gesellschaftern? ist inzwischen längst zugunsten letzterer entschieden worden.

„Der Existenzkampf der Medien, der sich in Einschaltquoten, Auflagenhöhen oder Werbeanteilen ausdrückt, schließt aber die vom traditionellen Demokratieverständnis her notwendige Hinwendung zu gesellschaftlichen, politischen und kulturellen Belangen aus", schreibt der amerikanische Medienwissenschaftler Hanno Hardt in seiner Analyse der amerikanischen Medienwelt – die hierzulande inzwischen vom Vorbild zur eigenen

Realität mutiert ist. „Es gibt einfach keinen wirtschaftlichen Anlaß, durch vertiefende Information, differenzierte Meinung und intelligente Diskussion die gesellschaftliche Kommunikation zu fördern." Quotenkiller! Auf diese Weise aber „degeneriert das Prinzip der Medienfreiheit zur Freiheit der Produktion und des Marktes, die sich jeglicher Form einer moralischen Kontrolle entzieht, aber weiterhin ihre rechtliche Existenz mit dem Anspruch auf das öffentliche Interesse begründet", so Hardt.

Tatsächlich hat die wachsende Zahl der Fernsehkanäle hierzulande den Zuschauern keine wirkliche Vielfalt beschert, sondern ein ständiges „more of the same", eine Überflutung mit Sensationellem und Trivialem. So wurde die Geschmacksspirale stetig nach unten getrieben. Wen schert's? Wo der Bildungsauftrag entfällt (erlaubt ist nun, was gefällt) und Zuschauer lediglich auf ihre Funktion als verführbare Konsumenten und Quotenbringer reduziert werden, bekommt Programm-Machen allerdings etwas Unmenschliches.

Da die Werbeindustrie inzwischen über immer genauere Zielgruppenprofile verfügt, bekommt der Zuschauer zwar scheinbar ein maßgeschneidertes Programm, das ihn mit bewährten Mitteln – alle drei bis vier Minuten ein emotionaler oder sexueller Schauer – immer gezielter bei der Stange hält. Doch diese Kundenorientierung ohne Moral appelliert hauptsächlich an unsere eher primitiven Instinkte, anstatt uns weiterzuentwickeln. Sie entfacht suchtartige Abhängigkeit.

Ein Circulus vitiosus: Verglichen mit der gerafften und verdichteten Fernsehwirklichkeit kann das eigene Erleben nur langweilig erscheinen und wird es auch um so mehr, je mehr geglotzt und je weniger das eigene Leben in die Hand genommen wird. Denn Fernsehen bedeutet ja letztlich, anderen Menschen beim Leben zuschauen und damit unser eigenes Leben für zweitrangig zu erklären.

Vor allem für kleinere Kinder, die täglich viele Stunden fernsehen, ist dies fatal. Konfrontiert mit einem verwirrenden Potpourri von rasch wechselnden, emotional aufwühlenden Eindrücken und Bildern, denen sie passiv ausgeliefert sind, wird ihr Gestaltungsdrang sukzessive erstickt. „Sie können nichts ändern, nichts verhindern und auch nicht helfend eingreifen", schildert der Neurobiologe Gerald Hüther den Effekt auf die kindliche Psyche. „Was in ihnen zurückbleibt, ist die Erfahrung, daß es auf ihr eigenes Denken und Handeln nicht ankommt, daß ihre selbständige Suche nach Lösungen nutzlos ist, daß das Geschehen abläuft, ohne daß sie selbst darauf Einfluß nehmen können. Solche Kinder können nur schwer das Gefühl eigener Handlungskompetenz und eigener Bedeutsamkeit entwickeln. Sie werden allzu leicht zu Konsumenten, die immer nur etwas von anderen haben wollen."

Fernsehkonsum stellt das eigene Innenleben zur Disposition und füllt die innere Leere (aus der etwas Schöpferisches oder Kommunikatives entstehen könnte) mit den schrillen Geschöpfen und Geschichten, die der Phantasie eines anderen entsprungen sind. Weil sich in zunehmendem Maße das Medium Fernsehen zwischen die Menschen und ihre Erfahrungen stellt, kolonisiert es schrittweise immer größere Bereiche unserer Innenwelt. Ob Daily Soap oder Talkshow: Wie Gefühle ausgelebt oder Intimitäten ausgeplaudert werden, zeigt uns das Fernsehen – und dieser Vorlage wird dann im wirklichen Leben nachgeeifert.

„Wie man stillen Zorn ausdrückt, ernsthaftes Nachdenken, vorsichtiges Zögern", so der amerikanische Sozialpsychologe Kenneth Gergen, wird aus der Scheinwelt der Bildschirme gelernt, wodurch die Menschen verlernen, „zwischen Echtheit und Künstlichkeit ihrer Handlungen zu unterscheiden". Bei zu langer Verweildauer in der Fernsehwelt werden somit die ureigensten emotionalen und schöpferischen Ausdrucksformen weitgehend verschüttet und stillgelegt.

Brot und Spiele nannte man im alten Rom eine Politik, die Menschen ruhig hielt. Bei uns haben eine Überzahl von Fernsehkanälen mit Game- und Reality-Shows sowie Seifenopern ohne Ende die Rolle der Spiele in geradezu perfekter Weise übernommen: Denn Fernsehen stellt still. Ein „Couch Potato" kämpft nicht mehr für seine politischen Rechte.

Info-Elite und Wissens-Prolos

In der künftigen Informationsgesellschaft werden soziale Kontraste krasser denn je sein, prognostizieren Trendforscher. Zur Oberschicht wird gehören, wer in der Lage ist, sich Informationen schnell verfügbar zu machen und sie optimal zu bewerten. Zum Proletariat der Informationsgesellschaft wird gehören, wer dem Informationsgewitter lediglich ausgesetzt ist, Herkunft und Zustandekommen nicht durchschaut. Medienkunde als Fach an Schulen und Hochschulen wäre das Gebot der Stunde. Hier könnte gelernt werden, wie man relevante Information von Info-Müll unterscheidet und sich vor Informationsüberflutung schützt. Aber nichts passiert.

In der Nutzung der elektronischen Medien spiegelt sich das tiefe gesellschaftliche Problem wider – die wirtschaftliche Spaltung der Gesellschaft und die immer breiter werdende Kluft zwischen Arm und Reich, bildungsnahen und bildungsferneren Bürgern. Im Gegensatz zu der „Oberschicht", die sich effizient und ergebnisorientiert informiert, bevorzugt das „Wissensproletariat" leichte Unterhaltung aus der Flimmerkiste. Weil der Bildungsauftrag faktisch nur noch rudimentär existiert und es dem werbefinanzierten Fernsehen einzig und allein um den Profit geht, hindert diese beunruhigende Zukunftsvision keinen Privatprogramm-Macher daran, die Spirale der Trivialität immer weiter nach unten zu drehen.

Ebensowenig werden von ihnen die Zusammenhänge zwischen immer häufigeren und brutaleren Gewaltdarstellungen in der Welt des Fernsehens und dem gleichzeitigen Anwachsen der Kriminalität – besonders bei sich selbst überlassenen Kindern aus sozial schwachen Milieus – gesehen. Daß die Berieselung mit Gewalt in den Medien (meistens in Zusammenspiel mit Sozialisierungsfehlern) die Hemmschwellen herabsetzt, leuchtet dem gesunden Menschenverstand unmittelbar ein, wird aber von den Programmverantwortlichen nach wie vor hartnäckig bestritten. Denn Sex und Gewalt bringen ihnen Quote und damit Gewinne. Für die Folgen aber zahlen wir alle!

Die Massenmedien beschleunigen den Prozeß der fortschreitenden Verwüstung der sozialen Beziehungen – vor dem Fernseher verkümmert jegliche Kommunikation.

„Unser Gespräch hat sich praktisch in Stichworten erschöpft", erinnert sich ein ehemals fernsehsüchtiger Mann. „Wenn ich von der Arbeit nach Hause kam, saß meine Frau schon vor der Glotze. Darüber habe ich mich zwar geärgert, mich aber trotzdem dazugesetzt. Doch was uns wirklich bewegte, konnten wir so nicht mehr besprechen." Und seine Frau gesteht: „Wir waren regelrecht abhängig." Der Fernseher war zum eigentlichen Partner der beiden geworden, ohne Ansprüche an Zuwendung, beliebig an- und abschaltbar. Erst als ihre Kinder Weihnachten keine Lust auf den Weihnachtsmann hatten, sondern lieber ihren Film zu Ende sehen wollten, begriffen sie das ganze Ausmaß familiärer Zerstörung durch das Gerät und zogen den Stecker raus.

Wie rund 1,5 Millionen Bundesbürger sehen die beiden inzwischen überhaupt nicht mehr fern. „Anfangs war das ein ganz komisches Gefühl. Wir beide wußten gar nichts mit uns und unserer Zeit anzufangen", sagt sie. „Vorher führten wir ja kein eigenes Leben, sondern wir wurden gelebt durch den Fernseher."

Das Fernsehen als Dealer unserer Sucht – nirgendwo wird dies deutlicher als in den zahlreichen Serien und „Daily Soaps", die ja die tägliche, stundengenaue Präsenz vor der Mattscheibe voraussetzen.

„Du rutschst da so rein", erzählt Yvonne, eine Werbegrafikerin. „Als ich anfing, zu Hause zu arbeiten, begann ich plötzlich damit, das Gerät immer zur selben Zeit anzustellen. Du merkst irgendwann, daß du einen Vorwand suchst, morgens anzumachen – weil du vielleicht gerade ein Brot ißt. Dann fängst du an, den Tag so einzurichten, daß du genau um diese Uhrzeit einschalten kannst.

Es ist wirklich wie eine Sucht, du versuchst davon loszukommen, aber du kommst doch immer wieder darauf zurück. Du willst einfach wissen, wie es weitergeht. Das ist wie ein nie endender Roman, und die Menschen in den Serien werden dir sehr vertraut ..."

Wer es nicht schafft, das Medium maßvoll und sinnvoll zu nutzen, läuft Gefahr zu verblöden und sich in den Fernseh-Klischees zu verheddern. In zahlreichen Nachmittags-Sendungen wird inzwischen Realität und Fiktion auf eine geradezu perfide Art und Weise miteinander verquickt, die es vor allem jungen Zuschauern schwermacht, sich ein adäquates Bild von der Wirklichkeit zu machen. Da werden Menschen aufeinander losgehetzt, die sich unvorstellbare Gemeinheiten an den Kopf werfen, um dann hinterher von dubiosen Moderatoren ins Gebet genommen zu werden.

Alles Schein-Realitäten, denn längst werden die Skripts für solche Sendungen von professionellen Schreibern verfaßt und von drittklassigen Schauspielern nachgespielt – aber verkauft wird das Ganze als echtes menschliches Drama. Daß mit solchen Sendungen stets an unsere niedersten Instinkte von Haß, Neid und Schamlosigkeit appelliert wird, scheint keinen zu kümmern.

Nach demselben Muster verfahren letztlich auch Casting-Shows, in denen auf brutale und menschenverachtende Weise Superstars oder Supermodels ausgesucht werden. Die unterschwellige Botschaft, die hier qua Massenmedium vermittelt wird, lautet doch: Es ist völlig okay, andere Menschen respektlos und grausam zu behandeln – so ist das Leben nun einmal. Falsch! Das ist ein Zerrbild des Lebens, wie es sich zynische Programm-Macher, die an nichts mehr glauben, ausdenken. Fernsehen als Abbild unseres Lebens könnte auch ganz andere Werte transportieren: Hoffnung auf ein gedeihliches Miteinander, Freude an Gemeinschaft und den unerschütterlichen Glauben an den Wert eines jeden Menschen. Angesichts des enormen Einflusses dieses Massenmediums bedeutet es eine ungeheure Macht zu bestimmen, welche Aspekte der Realität ausgewählt und ausgestrahlt werden. Ich habe oft meine Zweifel, daß sie den Programm-Verantwortlichen in Gänze bewußt ist. Vermutlich halten sie in hochmütiger Selbstüberschätzung das Volk für dumm (eine Haltung, die sie mit vielen Politikern teilen).

Die entscheidende Frage lautet jedoch: Wollen die Medien, als inzwischen wichtigste Bildungsinstanz, ihre Verantwortung wahrnehmen und einen Beitrag zu unserer geistigen und emotionalen Weiterentwicklung (und damit zum menschlichen Fortschritt) leisten oder uns psychologisch zurück in die Steinzeit, zu unseren primitiven Instinkten nämlich, führen? Auch wenn diese Fragestellung naiv, idealistisch oder altmodisch wirken mag, so bin ich doch überzeugt davon, daß sich an ihr die Zukunft unseres gesellschaftlichen Zusammenlebens maßgeblich entscheiden wird.

Bislang halten sich die Medien sehr bedeckt damit, verantwortungsbewußte Wertvorstellungen zu entwickeln. Man will es sich schließlich mit niemandem verscherzen, Quoten- oder Auflagenverluste sind teuer. Moral findet eher als moralisierendes Reden statt. Man kann sie wohl zwischen den Zeilen ahnen, aber ausgearbeitet wird sie nie. Die Medien, angeblich vierte Macht im Staat, sind zwar stets eifrige Protokollanten extremer Auswüchse von Gewalt und Tabubrüchen und veranstalten gern Kampagnen dazu (nicht zuletzt, weil das Quote bringt), sind jedoch im Anschieben von Veränderungen meist zahnlose Tiger.

Auf den üblichen Einwand: Aber die Leute wollen das sehen, warum schalten sie diese Sendungen denn sonst ein? hat Helmut Dietl, Regisseur von „Kir Royal" und „Rossini", bereits vor Jahren die plausibelste Antwort gegeben, die ich bisher gehört habe: „Weil die Leute nichts anderes haben. Man muß sich nicht wundern, wenn Menschen, die jahrelang mit Hamburgern gefüttert werden, eine raffinierte Küche kaum noch zu schätzen wissen."

Das Volk der Dichter und Denker – abgestürzt in die Trivialität.

Ein echter Treppenwitz.

Wie gehen wir mit Informationen gut um?

Es gibt darauf meiner Ansicht nach keine allgemeingültige Antwort außer der: So, daß sie uns nützen und weiterbringen. „Weniger ist mehr" gilt auch hier, wenn wir den Anspruch haben, Informationen sinnvoll einzuordnen, anstatt sie nur ungefiltert und unbedacht weiterzugeben.

Jede weitere Differenzierung verbietet sich aufgrund der Pluralität der Interessen: Informationen, die für mich nützlich sind, sind für andere völlig irrelevant. Das hat das Ausmaß der Informationsflut mit der Warenflut gemeinsam – die Entscheidung, was Junk ist, muß jeder für sich fällen. Worüber man sich informiert, ist natürlich abhängig von der eigenen Interessenlage und hat auch etwas damit zu tun, worüber man sich gern unterhält oder aber worüber die Menschen, von denen man umgeben ist, gerne reden. Beides muß nicht deckungsgleich sein (nämlich dann nicht, wenn man versucht, anderen durch Inhalte zu imponieren, die einen selbst nicht sonderlich interessieren – die Analogie zum „Ausstellen" von Dingen, um andere zu beeindrucken).

Ich will allerdings nicht verhehlen, daß mir wohler wäre, mancher Info-Junk würde gar nicht erst produziert, weil er unsere Aufmerksamkeit zersplittert, uns mit Banalem von Wichtigerem ablenkt und das Verstehen von Sinnzusammenhängen unnötig erschwert.

„Ein Zustand, bei dem zu viele Wahrnehmungen ungeordnet auf einen Menschen einprasseln, ist schon für Erwachsene unerträglich, für Kinder erst recht", warnt Gerald Hüther. „Er macht angst..."

Wenn die Flut der Eindrücke nicht in einem sinnvollen Kontext erlebt und mit eigenen Erfahrungen verknüpft werden kann, entsteht Desorientierung. Dies, so Hüther, beeinträchtigt jedoch Kinder, „eine brauchbare Antwort auf die Frage zu finden, worauf es im Leben ankommt. Sie sagen entweder: ‚Auf alles!' oder ‚Auf gar nichts', oder sie behaupten gar, daß das keine vernünftige Frage sei."

Das ist für Kinder jedoch keine gute Voraussetzung für ihre Reise durchs Leben: „Sie brauchen so etwas wie ein fernes Ziel, eine Vorstellung oder wenigstens eine Vision davon, weshalb sie auf der Welt sind, wofür es sich lohnt, sich anzustrengen, eigene Erfahrungen zu sammeln, sich möglichst viel Wissen, Fähigkeiten und Fertigkeiten anzueignen." Wenn die kindliche Suche nach Orientierung und Sinn bereits im Keim erstickt wird, „bleibt der (natürliche) Hang zur Bequemlichkeit."

Geht es uns Erwachsenen so viel anders? Wer der Informationsflut erlaubt, die eigene Denkfähigkeit und Kreativität zu überlagern oder zu verschütten, wird zwangsläufig unzufrieden, weil er eigentlich dem, was ihn zum Menschen macht, keinen Raum mehr gibt.

Auch der Versuch, viele Dinge gleichzeitig zu tun, auf neudeutsch: „Multitasking", wirkt sich desaströs auf uns aus, wie man inzwischen weiß. Jahrelang als Inbegriff hocheffizienten und erfolgreichen Arbeitens gepriesen, bedeutet dies in der Informationsgesellschaft ja nichts anderes, als sich parallel viel zu vielen Informationskanälen zu öffnen. Das kann zu schleichenden Veränderungen unserer kognitiven Fähigkeiten führen.

Hirnforscher der Universität London stellten fest, daß die Schwächung des Intelligenzquotienten bei Arbeitnehmern, die von Telefongesprächen und E-Mails abgelenkt werden, etwa doppelt so hoch ist wie bei Marihuana-Rauchern! Das heißt, sie arbeiten dann wie „bekifft"!

Multitasking ist also ein Mythos, denn „unsere Aufmerksamkeit ist eine begrenzte Ressource", betont der norwegische Neurologe Ivar Reinvang. „Wir sind einfach nicht in der Lage, zwei Konzentration erfordernde Tätigkeiten gleichzeitig zu bewältigen. In der Praxis müssen wir daher immer hin- und herspringen zwischen zwei Aufgaben."

Dadurch entstehen Zeitlöcher, wodurch die Qualität der Arbeit beeinträchtigt wird. Zu ähnlichen Erkenntnissen kommt auch der amerikanische Hirnforscher David E. Meyer durch seine Studien über „Multitasker": „Wenn wir zwei Aufgaben gleichzeitig bewältigen wollen oder rasch zwischen ihnen wechseln, brauchen wir tatsächlich doppelt so lange Zeit, als wenn wir sie nacheinander angegangen wären."

Multitasking bedeutet also eigentlich Ablenkung, um das Kind einmal beim Namen zu nennen! Das streßt und kann im Extremfall sogar zu Burnout führen.

Auf jeden Fall untergräbt Multitasking unsere Fähigkeit, uns zu fokussieren und Wichtiges von Unwichtigem zu unterscheiden. Wer auf allen Kommunikationskanälen gleichzeitig unterwegs ist, vergeudet Zeit und Konzentrationsfähigkeit – und schafft am Ende doch nicht den gewünschten Output.

Statt geistigem Zapping, bei dem wir Konzentration und Tiefe verlieren, also immer schön eins zur Zeit!

Vorschläge zur Reduktion der Papierflut

Ich habe lange gebraucht, um diesen Punkt anzuerkennen, weil ich ihn immer spießig fand, aber es ist einfach so: Innere Ordnung hängt mit äußerer zusammen. Das betrifft auch und ganz besonders den Hang zum Horten von Information – in Form von Stapeln alter Zeitungen oder Zeitschriften, Infobroschüren, Prospekten, Katalogen (oder eigener Schreiberzeugnisse).

Wer nicht rechtzeitig Abhilfe schafft, indem er interessante Artikel oder Seiten sofort herausreißt und den Rest umgehend recycelt, wird von dem ungelesenen Material erdrückt und verliert die Kontrolle darüber.

Aber meistens glauben wir, eine moralische Verpflichtung zu haben, es zumindest zu überfliegen, bevor wir es dem Altpapier überantworten. Vergessen Sie es!

Die meisten Themen werden sowieso endlos wiedergekäut, man kommt also zwangsläufig mit ihnen in Berührung – und sei es im Gespräch, übrigens eine sehr wichtige, oft unterschätzte Informationsquelle.

Sammeln und stapeln statt erledigen und ablegen (oder vernichten) – das ist auch der Nährboden für unordentliche, überfüllte Schreibtische.

Manager, denen die tägliche Informationslawine über den Kopf wächst, lassen sich inzwischen von sogenannten Aufräumberatern dabei helfen, Ordnung in ihr Chaos zu bringen.

Die geben ihnen dann Tips, auf die sie mit gesundem Menschenverstand eigentlich auch kommen könnten – wäre die eigene Entscheidungsfähigkeit in der Papierflut nicht schon längst auf der Strecke geblieben.

Um wieder „à jour" zu kommen, empfiehlt sich folgendes Vorgehen: Nehmen Sie jedes Blatt Papier nur einmal in die Hand. Entscheiden Sie immer sofort, was damit geschehen soll: bearbeiten (und zwar jetzt sofort), delegieren, wegwerfen oder in eine Hängemappe damit.

Und beachten Sie: Bei diesen Entscheidungen gibt es kein „vielleicht".

Die Sache hat einen ernsteren Hintergrund.

Herumliegende und unerledigte Dinge, egal, ob uneingeklebte Fotos, sich stapelnde Zeitungen oder unbeantwortete Post, „unfinished business", wie die Amerikaner dazu sagen, belasten uns unterschwellig mehr, als wir es für möglich halten, weil unsere Gedanken ständig weiter darum kreisen.

So entsteht Chaos im Kopf; einige Psychologen glauben sogar, es mache uns physisch krank! Der Papierkrieg muß ständig und konsequent geführt werden. Irgendwo habe ich mal gelesen: „Erfolgreiche Menschen halten ihre Angelegenheiten in Ordnung." Na, wenn das nicht motiviert!

Wenn die Begierde geweckt ist, gerät der Geist in einen

unruhigen, undisziplinierten Zustand und mißt Dingen

Eigenschaften zu, die sie nicht haben.

Oliver Petersen, Meditationslehrer

V

Krise

Es ist sicherlich nicht übertrieben zu sagen, daß wir uns in einer gesellschaftspolitischen Krise nicht zu unterschätzenden Ausmaßes befinden. Die Vorstellung, mit einigen Schönheitsreparaturen ließe sich das System wieder auf Vordermann bringen und danach könne man zur Tagesordnung übergehen, ist kaum aufrechtzuerhalten. Mittlerweile ist deutlich, daß es mit ein paar Veränderungen hier und da keineswegs getan ist, denn die Krise konfrontiert uns mit der grundsätzlichen Frage: Wie wollen wir leben? Wir sind dabei, komplett umzudenken, denn viele alte Denkmuster greifen nicht mehr, neue sind noch unklar. Klar scheint jedoch, daß sich unser übersteigerter Individualismus überholt hat und wir uns wieder stärker in Richtung Gemeinschaft orientieren. Und das ist gut so!

Ich hätte allerdings nicht gedacht, durch das Schreiben eines Buches über unsere derzeitige Situation selbst auch in eine Krise zu geraten. Ich war „overnewsed", meine Quelle zugekippt von zuviel Informationsmaterial und daher versiegt, meine Aufmerksamkeit zerstückelt. Vor lauter einzelnen Puzzleteilen verlor ich das Gesamtbild, den Sinnzusammenhang. In mir machte sich die Verwirrung breit, die unsere ganze Gesellschaft durchzieht.

Wenn man darüber schreibt, daß weniger mehr ist, kommt man nicht umhin, auch die eigenen Werte auf den Prüfstand zu stellen. Auf wieviel Konsum kann ich verzichten? Ist es schlimm, wenn ich auch immer noch den „Dingen" verfalle? Wieviel Macht und Status brauche ich, wieviel Rücksicht nehme ich auf andere, inklusive der Umwelt? Muß ich die Vorgabe „Weniger ist mehr" nicht auch auf mein eigenes Produkt anwenden? Braucht der überquellende Buchmarkt dieses Buch überhaupt?

Habe ich wirklich etwas zu sagen, oder diene ich mit dem Schreiben nur meiner eigenen Eitelkeit? Sind meine Motive sozusagen „rein"? Und durchdringe ich den Stoff überhaupt? Mit all diesen Fragen im Kopf versiegte irgendwann meine Schaffenskraft. Ich begann mich ernsthaft mit der Frage zu beschäftigen, das Buch nicht zu schreiben. So wie man vor dem Kauf eines Produktes auch den Nichtkauf erwägen sollte, um zu einer wirklich sinnvollen Entscheidung zu kommen. Ich schrieb mehrere Monate nicht oder kaum, während ich viel las, was mich noch mehr verwirrte, und über alles Mögliche nachdachte (was ich als Zeitverschwendung erlebte).

Der amerikanische Theologe Mathew Fox nennt diesen Prozeß – die „via negativa", die dunkle Nacht der Seele, durch die wir hindurchmüssen, um wieder zu unserer Mitte zu finden. „Das Nichts, die Nichtigkeit haben eine positive Dimension, und selbst das Leiden kann eine positive Haltung des Loslassens und des Sichentleerens schaffen", so Fox. „Es gibt keine Tiefe in unserer Arbeit ohne diese Verbindung zu dem Ursprung in der Leere."

Gegen Ende meiner inneren Krise, von der ich glaube, daß sie in gewisser Weise die äußere, gesellschaftliche widerspiegelt, wußte ich immerhin, daß mir das Thema wirklich am Herzen (und nicht nur im Kopf) lag. Um mehr Klarheit zu gewinnen, besuchte ich jemanden, der sich von vielen der uns wichtigen Dinge durch die Wahl seines Lebensstils weitgehend gelöst hat. Ich gebe das Gespräch mit dem buddhistischen Meditationslehrer Oliver Petersen ausführlich wieder, weil ich finde, daß es die Zusammenhänge aus einem ungewohnten Blickwinkel sehr umfassend beleuchtet. Ich skizzierte ihm kurz mein Thema sowie meine Schwierigkeiten damit. Außerdem äußerte ich meine Unzufriedenheit darüber, überhaupt in eine Krise zu geraten, während „wirklich erfolgreiche Menschen" (ich dachte dabei an Politiker und Manager) offenbar von solchen Lähmungen verschont bleiben.

Interview mit Oliver Petersen
Meditationslehrer

Petersen: Jemand, der sich ernsthaft mit den Grundfragen des Daseins auseinandersetzt, muß in eine spirituelle Krise kommen, weil er innerliche Veränderungen durchläuft. Er trifft auf eine tiefere Ebene des Daseins, die real für jeden ist, auch für Manager, aber normalerweise weggedrängt wird. Intelligente Menschen drängen sie nicht sofort weg. Menschen, die nicht so weit denken, verstehen die tiefere Dimension nicht: daß das Leben im Daseinskreislauf zwangsläufig auch Leiden bedeutet. Das Leben in Unwissenheit bedeutet zwangsläufig, daß wir immer wieder in solche Situationen kommen, sie sind nicht zufällig. Und dann kommt tiefe Frustration mit dem gewöhnlichen Leben auf. Man denkt: So, wie ich im Moment lebe, geht es mir vielleicht äußerlich gut, aber die Katastrophe ist vorgezeichnet. Wenn man nach egoistischen Maximen lebt, wird man immer wieder in eine Katastrophe hineinlaufen. Und wenn man das begreift, entsteht eine Krise. In den Religionen nennt man das Entsagung, Umkehr. Man versteht: So, wie ich bisher gelebt habe, ist es für mich und meine Mitmenschen immer nur Leiden, Frustration, Kreislauf. Und in dieser Phase, in der man das begreift, hat man ja noch nicht gleichzeitig das Verständnis, die Weisheit.

Aanderud: Man weiß nur, was nicht funktioniert, und das verunsichert einen.

Petersen: Ja, aber es findet eine innere Entwicklung statt. Wenn ansonsten leistungsfähige Menschen in eine Krise kommen, in der sie fast nicht fähig sind, normal zu funktionieren, finden in ihnen starke geistige Prozesse statt, die alle Energien binden. Aber sie beschäftigen sich mit authentischen Fragen. Nur die Erkenntnis, wie unbefriedigend das normale Dasein ist, gibt den Impuls, das eigene Leben radikal zu ändern. Von der Perspektive des Egoismus zum Altruismus, zur Perspektive der Zufriedenheit, dazu, nicht nur in der Außenwelt Bestätigung zu finden. Sich dranzumachen, sich selbst zu verändern, den eigenen Geist zu schulen.

Buddha war ein reicher, schöner Prinz, der alles hatte, was er begehrte. Aber durch die Konfrontation mit einem Alten, einem Kranken und einem Toten erkannte er: Die äußeren Dinge der Welt werden mir nie echte Befriedigung geben. Das führt zunächst zu Enttäuschung, denn man hat sein ganzes Leben darauf abgestellt, äußere Befriedigung zu erreichen. Man wendet sich dann der inneren Perspektive zu – Psychologie, Philosophie, Theologie und Religion – und sucht ernsthaft. Und zu Beginn der Suche hat man viele Probleme, die man vorher nicht hatte, muß sich mit Dingen herumschlagen, die man vorher verdrängt hatte, zum Beispiel dem Tod, oder man sieht das Leiden der anderen viel deutlicher oder sieht Zusammenhänge von Leiden, die man vorher im eigenen engen Leben nicht berücksichtigt hat. Und das bedeutet sehr massives Leiden, da muß eine Krise entstehen. Sowohl von Jesus als auch von Buddha wird berichtet, daß sie Phasen hatten, in denen sie mit sich rangen, ob sie nicht doch das alte, egoistische Leben weiterführen sollten, statt sich auf den spirituellen Weg zu begeben.

Aanderud: Heißt das, allem Äußeren zu entsagen?

Petersen: Entsagung bedeutet nicht, daß man äußere Dinge einfach aufgibt, sondern daß man merkt: Ich muß die innere Perspektive komplett umwandeln, ich muß mein Leben auf eine positive geistige Entwicklung stützen. Das bedeutet nicht, daß man seine Aktivitäten in der Welt aufgibt, aber das Schwergewicht des Lebens hat sich verschoben, von dem Wunsch, durch äußere Dinge Befriedigung zu bekommen, zu dem Wissen, daß man nur durch innere Entwicklung das erhält, was man wirklich will. Und dann tritt das ein, was man authentisches Leben nennt. Das Leben ist nicht zwangsläufig leidfrei, aber authentisch. Dagegen ist das Leiden in einem stärker egoistisch ausgerichteten Leben einfach sinnlos, es führt nicht zu mehr Wissen oder Erkenntnis, sondern spult immer wieder die gleichen Vorgänge ab.

Aanderud: Zum Beispiel?

Petersen: Das kann man sehr gut am Konsumismus sehen. Man will immer mehr von der gleichen Sache und stellt immer wieder fest, daß es enttäuschend ist. Sobald du das Ziel erreicht hast, das du dir als befriedigend vorgestellt hast, merkst du, es reicht nicht. Dann mußt du zum nächsten. Und es wird immer schlimmer, weil du ja genau das erreicht hast, was du erreichen wolltest. Du bist dann vielleicht Hollywood-Schauspieler und hast viel Geld, merkst aber, daß du genauso leidend bist wie zuvor.

Aanderud: Das ist schwer zu glauben.

Petersen: Das können Leute wie Richard Gere bestätigen (Gere ist zum Buddhismus übergetreten und zieht sich immer wieder monatelang nach Dharmsala, dem Wohnsitz des Dalai Lama, zurück, C. A.), Leute, die ehrlich über diese Zustände reden; die alles erreicht haben, was die Mehrzahl in dieser Gesellschaft anstrebt, und die sagen: Es ist einfach nur eine Verlagerung der Frustration. Entweder man hat sein Ziel noch nicht erreicht und ist deshalb frustriert, oder man hat es erreicht und ist dann enttäuscht. Vor allem stellt man sich immer vor, die Dinge, die man erreichen will, wären makellos, vollkommen. Das sind sie aber aus buddhistischer Sicht nicht. Sobald man mit ihnen in Kontakt kommt, merkt man, sie haben auch Nachteile. Und das frustriert einen zutiefst, weil man das vorher nicht so gesehen hat.

Zum Beispiel haben wir in unserem Jahrhundert gedacht, die technologische und wissenschaftliche Entwicklung würde zu völliger Freiheit von Leid führen – und dann stellt man fest, daß neue Probleme entstehen. Man hat die Nebenwirkungen nicht gesehen, war darauf nicht vorbereitet und ist nun besonders frustriert. Die technologische Entwicklung wurde eben nicht als Hilfestellung zum Leben gesehen, sondern als zentrales Objekt. Was wir brauchen, ist ein Ausgleich zwischen technischer und geistiger Entwicklung, denn die Überbetonung des Technischen wirkt zerstörerisch.

Wenn die innere Entwicklung nicht Schritt hält, können sich die äußeren Wissensgebiete verselbständigen – Beispiel Atombombe – und man ist unvorhersehbaren Gefahren ausgesetzt. Wenn unsere innere Entwicklung aber stimmen würde, könnte man auch optimistisch in bezug auf Wissenschaft und Technik sein.

Aanderud: Woran liegt es, daß unsere innere Entwicklung so auf der Strecke geblieben ist?

Petersen: Daran, daß wir eine Zeitlang den Fokus zu stark auf die äußere Entwicklung gerichtet haben. Wenn man das geistesgeschichtlich zurückverfolgt, kann man sagen: Der westliche Geist hat sich emanzipiert von einem autoritären Gott, der ihm vorgab, was er denken sollte. Das ist erst mal eine Leistung. Die Freiheit des Individuums, seine persönliche Entscheidungsfreiheit, hat sich dann aber verselbständigt. Man hat nur noch auf die Freiheit geguckt und nicht mehr auf die Verbindlichkeit von Werten.

Überhaupt ist ein Mißverständnis entstanden: Man hat Religion als gegen die Wissenschaft gerichtet gesehen. Ursprünglich waren ja Religion und Philosophie der Ursprung aller Wissenschaften. Heute haben wir eine völlig zersplitterte Welt und das rührt teilweise daher, daß die Wissenschaft, als sie entstand, auf einen Feind traf, der jede ihrer Erkenntnisse aufgrund eines autoritären Denkens in Zweifel zog. Daraus hat man geschlossen, Religion wäre per se antirational. Das ist aber aus buddhistischer Sicht ein Fehlschluß. Die Religion ist kein Feind der Wissenschaft, sie betont nur immer wieder, daß die Wissenschaft auch von Spiritualität geleitet sein muß. Eine hochentwickelte Religion benutzt die Rationalität. Buddha hat die Notwendigkeit von logischem Denken immer betont, er zeigt nur, daß wir uns darüber hinaus entwickeln können. Und daß das Spirituelle die Leitung haben muß.

Man kann auch einfach sagen: Wenn wir Wissenschaft und Technik entwickeln, muß das Allgemeinwohl im Vordergrund stehen, und das kommt immer aus dem Inneren.

Aanderud: Was bedeutet das für unsere gesellschaftliche Ausrichtung?

Petersen: Der Dalai Lama sagt: Es ist noch wichtiger, daß ein Politiker religiös ist als ein normaler Mensch, denn wenn Politiker nichts von Religiosität verstehen, können sie Millionen Menschen schaden. Damit ist nicht die Religion als Institution gemeint, sondern daß ein Politiker sich Zeit und Raum gibt, seine Motivation und geistige Einstellung zu überprüfen und auch Krisen zu durchlaufen, die nun mal notwendig sind. Wenn ein Politiker sich darstellt, als habe er im Leben überhaupt keine Probleme und komme mit allem zurecht, ist das eine massive Verdrängung. Es ist sogar schädlich für die Bürger, denn dann hat er offenbar keine tieferen Erfahrungen gemacht und ist damit nicht in der Lage, andere zu führen.

Wirklicher Altruismus entsteht doch eigentlich immer auch aus der bewußten Erfahrung eigenen Leidens. Wie kann ich dein Leiden verstehen, wenn ich Ähnliches nicht schon selbst erlebt habe? Und wenn ich mein Leiden völlig wegdränge, dann kann ich dich niemals verstehen. Dann wird man Politik in der Tat wohl mehr aus egoistischen Motiven machen.

Aanderud: Aber dennoch wirkt man ohne Krisen sehr viel überzeugender!

Petersen: Das ist eine Krankheit, unter der alle Intellektuellen leiden – daß sie Leute bewundern, die ihre Krisen nicht erleben. Es gibt ja auch die Vorstellung, daß Krisen von Gott kommen. Wenn wir leiden, weil wir tief über das Leben nachdenken, können wir in gewisser Weise sogar froh darüber sein, daß wir überhaupt zu dieser Phase kommen, denn das bedeutet ja auch Weiterentwicklung.

Aanderud: Ein Teil meiner Krise ist, daß ich mich frage, wie ich beispielsweise über Konsumverzicht schreiben kann, wenn ich meine inneren Widersprüche doch spüre, selbst auch noch Konsumwünsche habe, gelegentlich gern durch die Einkaufszentren gehe oder Wohnkomfort schätze.

Petersen: Dann bist du doch sehr kompetent, darüber zu schreiben, weil du darunter leidest. Du trittst ja nicht mit dem Anspruch eines geistigen Führers vor deine Leser. Bedürfnislosigkeit ist zunächst einmal eine Geisteshaltung. Man muß unterscheiden zwischen Wunsch und Begierde. Wunsch bedeutet, daß man eine Sache genießt, in ihrem Wesen richtig einschätzt und sagt: Das ist schön, das funktioniert gut, das macht mir Freude – darin liegt kein Fehler. Der Fehler ist, wenn der Geist sofort projiziert: Diese Sache ist ein für allemal befriedigend, ich muß immer damit zusammen sein. Und wenn man der Sache Eigenschaften zumißt, die sie nicht hat.

Aanderud: Wie es die Werbung macht, indem sie ein Produkt mit vielen emotionalen Qualitäten verbindet.

Petersen: Ja, das ist wie ein Strahlenkranz, aber reine Projektion. Wenn Begierde geweckt ist, gerät der Geist in einen unruhigen, undisziplinierten Zustand und mißt Dingen Eigenschaften zu, die sie nicht haben. Im Zustand der Begierde sieht man nicht, daß die Art, wie uns Dinge erscheinen, von unserer eigenen Wahrnehmung abhängt, sondern geht davon aus, daß die Sache einen Wert aus sich selbst heraus hat. Und man projiziert nur positive Eigenschaften auf ein Objekt, das bei genauerer Untersuchung natürlich auch negative Seiten hat. Und wenn wir das nicht sehen, führt das letztlich zu Leiden, weil die Sache uns nicht das geben kann, was wir von ihr erwarten, beispielsweise dauerhafte Befriedigung.

Vielleicht projizieren wir auch so etwas wie Beständigkeit in die Sache und sind dann völlig frustriert, wenn sie kaputtgeht. Deshalb ist es sinnvoll, nicht in Begierde zu verfallen. Alle großen Religionen betonen das in ihrer Ethik, und Ethik bedeutet eigentlich „Kühlung" des Geistes. Wir müssen den Prozeß an dem Punkt unterbrechen, wo wir, weil uns etwas gefällt und Freude macht, danach greifen und es für immer haben wollen.

Das hat auch sehr moralische Implikationen. Denn wenn wir viele Begierden haben und andere auch, kommt es zu Konflikten. Wir nehmen dann keine Rücksicht mehr auf unsere Mitmenschen, sehen sie nur als Störenfriede und stehlen, lügen, töten – alles aufgrund der Begierde. Insofern ist es auch für unsere äußeren Lebensbedingungen sehr wichtig, daß wir unsere Begierde reduzieren. Begierde hat auch viel mit Haß zu tun, weil wir jeden sofort ablehnen, der unseren Zielen im Wege steht.

Aanderud: Wie kommt man von der Begierde, die man auf ein Objekt verlagert hat, wieder zurück zu sich?

Petersen: Indem man das Objekt ganz ruhig analysiert, um sich darüber klarzuwerden, ob es wirklich so begehrenswert ist. Das Gegenmittel zur Begierde ist, die Nachteile des Objektes zu verstehen, um zu einer ausgeglicheneren, realistischeren Auffassung zu kommen.

Aanderud: Und wie wird das ein Teil der eigenen Einstellung?

Petersen: Wenn man anstelle des Konsums etwas erlebt, was viel besser ist, nämlich geistigen Frieden. Dann kann man leicht loslassen. Denn man ist ja nur so wild auf die äußeren Dinge, weil man im Inneren nichts anderes hat. Wenn du aber geistigen Frieden in dir spüren kannst, dann brauchst du auch nicht mehr so oft in Kaufhäuser zu laufen. Du lehnst dann diese Dinge nicht ab, du kannst sie sogar schön finden, aber du mußt sie nicht unbedingt haben, denn du hast dieses Glück ja aus dir selbst heraus zur Verfügung.

Aanderud: Wie können Menschen, die nicht vorhaben, sich näher mit dem Buddhismus zu befassen, das verwirklichen?

Petersen: Es geht nicht um Buddhismus, es geht um spirituelle Erfahrungen. Man kann beispielsweise Atemmeditation machen, bei der man mehr zu sich kommt und erfahren kann, daß man einfach nur im Moment lebt, ohne Ziele oder Absichten. Daß der Geist plötzlich zur Ruhe kommt und alles mehr oder weniger in Ordnung ist, daß man sich wirklich wohl fühlen kann, ohne irgend etwas anzustreben oder haben zu müssen.

Und wenn der Geist nichts begehrt, ist er in einem glücklichen Zustand.

Das kann man erreichen, wenn man sich einfach nur auf eine Sache konzentriert. Es gibt viele Achtsamkeitsübungen. Man kann auch sehr achtsam gehen oder essen oder was auch immer. Wichtig ist nur, daß du ganz bewußt bei der Sache bleibst. Die Benediktiner sagen: Tue, was du tust. Sei nicht immer in deinen Projektionen, Ängsten, Schuldgefühlen, sondern sei ganz in der Gegenwart. Ich glaube, jeder kann das versuchen.

Die neuronalen Aktivitäten eines Anlegers, der mit seinen

Investitionen Geld verdient, sind nicht zu unterscheiden von

denjenigen einer Person im Kokain- oder Morphiumrausch.

Jason Zweig, Wissenschaftsjournalist

VI

Ungezügelte Gier

als Motor des Wirtschaftslebens?

„Unterm Strich zähl' ich" – eine bekannte Bank hat es sich nicht nehmen lassen, auf dem Wort „Ich" eine ganze Kampagne aufzubauen, damit etwas penetrant auf die hinter unserem Wirtschaftssystem stehende Philosophie verweisend. „Jeder ist sich selbst der Nächste" – so lautet die zentrale Leitlinie, auf der unser Wirtschaftsleben basiert. Das Verfolgen des persönlichen Vorteils, das „Prinzip Eigennutz", gilt allgemein als Motor wirtschaftlichen Fortschrittes.

Das mag ja durchaus richtig sein, problematisch ist allerdings, daß dieses ursprünglich nur für das Erwerbsleben geltende Prinzip inzwischen auf alle gesellschaftlichen Zusammenhänge übertragen und hier zu einer allgemeingültigen Norm geworden ist. „Der Mensch ist so angelegt, daß er immer nach seinem persönlichen Vorteil strebt", lautet häufig das k.o.-Argument von Leuten aus der Wirtschaft, wenn man mit ihnen über Solidarität, Teilen und soziale Gerechtigkeit philosophiert. Oder: „Der Mensch ist ein Wesen, das im Wettbewerb stehen will." Es ist die Dogmatik solcher Behauptungen, die irreführend ist, weil sie auf einseitigen Annahmen über das Wesen des Menschen basieren.

Demgegenüber weist der Konsumforscher Gerhard Scherhorn darauf hin, daß dem Selbstinteresse immer „eine Bereitschaft gegenübersteht, auch die Interessen anderer zu berücksichtigen. Wie könnte es auch anders sein – schließlich ist für die Evolution des Menschen in den Jahrhunderttausenden, bevor er seßhaft wurde, die Fähigkeit zum Geben und Teilen mindestens so wichtig gewesen wie die Fähigkeit, für sich selbst zu sorgen. Die ethnologische Forschung hat dafür viele Belege geliefert. Sie wurden ungern zur Kenntnis genommen, weil sie der herrschenden Vorstellung vom Primat des Eigennutzes widersprechen."

Unserem kapitalistischen Wirtschafts- und Denkmodell folgend hat Egoismus (und in seiner Übersteigerung: Gier) als Zeichen geistiger Gesundheit, als Voraussetzung für beruflichen und persönlichen Erfolg jahrzehntelang eine ungeheure Aufwertung erfahren. Es wurde von uns geradezu erwartet, daß wir aus jeder Situation und Beziehung das Maximum für uns selbst herausholen. (Daß gleichzeitig Egoismus und Werteverfall beklagt wurden, steht dabei auf einem völlig anderen Blatt.)

„Im Grunde kommt es auf die gesellschaftliche Zielsetzung an", so Scherhorn. „Hinter dem Insistieren auf der Dominanz des privaten Vorteils steht das Ziel, die Gesellschaft nach diesem Prinzip zu organisieren, weil man von der Vorstellung ausgeht, daß es der Eigennutz sei, der das öffentliche Wohl hervorbringe. Diese Vorstellung hat sich als zu einseitig erwiesen."

Wohl wahr, und zwar für nachdenkliche Zeitgenossen bereits seit langem. Schon nach der Wirtschaftskrise von 1929 formulierte der britische Ökonom John Maynard Keynes reichlich desillusioniert: „Der Kapitalismus basiert auf der merkwürdigen Überzeugung, daß widerwärtige Menschen aus widerwärtigen Motiven irgendwie für das allgemeine Wohl sorgen werden." Daß die unsichtbare Hand des Marktes automatisch für das Gemeinwohl sorgt, wie Ökonomen lange Zeit weiterhin unbeirrt propagierten, glaubt spätestens seit dem Börsencrash von 2008 und der damit einsetzenden Gier-Debatte kaum einer mehr. Schließlich konnte dieses Wirtschaftssystem nur mit gigantischen staatlichen Mitteln – mit Hunderten Milliarden Steuergeldern, die die Allgemeinheit aufbringt – vor dem Kollaps gerettet werden. Damit wurde das System privaten Gewinnstrebens allerdings ad absurdum geführt und letzten Endes Gier und hasardiöses Spekulieren wieder belohnt: Wenn Gewinne privatisiert, Verluste aber sozialisiert werden, gibt es für diejenigen, die den Karren an die Wand gefahren und die Welt an den Rand des Ruins getrieben haben, kaum ein Risiko mehr. Daß dies außerdem von sozialer Gerechtigkeit weit entfernt ist, braucht nicht weiter betont zu werden, doch die Zweifel daran, ob dieses System gerecht ist, nehmen seither zu. Laut Umfragen glauben nur noch 15 Prozent aller Bürger, weniger als je zuvor, es ginge bei uns gerecht zu

Wieviel Gier verträgt unser soziales Gefüge? Und ist sie dem Menschen wirklich eigen? Es wird ja gern behauptet, daß sie unser evolutionsgeschichtliches Erbe ist und aus der Angst zu verhungern herrührt. Doch wie viele andere Anlagen, die in ihrer Übersteigerung asozial werden, können wir auch die Gier regulieren – die Fähigkeit dazu gehört zu unserer Ausstattung als Menschen, sie auch umzusetzen sind wir unserem (oft recht arrogant vertretenem) Anspruch, zivilisiert(-er als andere) zu sein schuldig. Auch wenn in einer Konsumgesellschaft, die aus ökonomischen Gründen keine Sättigung von Bedürfnissen zulassen darf, sondern im Gegenteil immer neue erzeugen muß, selbstverständlich Gier ganz massiv belohnt und von Kindesbeinen an gelernt wird, während Bescheidenheit keine populäre Werthaltung ist.

Und was die Vorstellung oder besser: das ökonomische Dogma betrifft, daß der Mensch stets und immer nach seinem persönliche Vorteil strebe, so halte ich dies für eine reine Projektion psychopathischer Egomanen aus der Welt der Wirtschaft, die sich etwas anderes als Ellenbogen-Mentalität und den Survival of the Fittest gar nicht mehr vorstellen können – vielleicht weil sie sich nie die Mühe gemacht haben, die Sphäre der Frauen und Mütter offenen Auges zu beobachten.

Dieses egomanische Dogma von der persönlichen Vorteilssuche ist uns zwar jahrzehntelang eingetrichtert worden, wird dadurch aber nicht unbedingt richtiger. Aus der Psychologie ist bekannt, daß solche Glaubenssätze oder Werthaltungen, die unser Erleben und Handeln steuern, keineswegs biogenetisch verankert und damit unser Schicksal sind, wie gern behauptet wird. Vielmehr werden sie durch Verstärkung (indem sie belohnt werden) gelernt.

„Die Ergebnisse der Kooperationsforschung deuten darauf hin, daß es weitgehend dem Einfluß gesellschaftlich gesteuerter Lernvorgänge zuzuschreiben ist, wenn eher der private Vorteil angestrebt ist", bestätigt Gerhard Scherhorn. „In Gesellschaften oder Gruppen mit starker Konkurrenzorientierung kann dieser Einfluß so stark sein, daß die resultierende Präferenz für Wettbewerb sich selbst in Fällen durchsetzt, in denen der Erfolg eines gemeinsamen Vorgehens sehr viel wahrscheinlicher als die Realisierung eines privaten Vorteils wäre. Ist die Konkurrenzorientierung dagegen nicht so stark ausgeprägt, setzt sich die Neigung zu kooperativem Verhalten mindestens ebenso häufig durch wie der Wunsch nach einem privaten Vorteil. Das ist gut belegt. Es unterliegt heute keinem Zweifel mehr, daß wir weder die Fähigkeit noch die Bereitschaft zur Kooperation verloren haben; daß wir spontan zu kooperativem Verhalten neigen, sofern wir daran nicht durch soziale Normen oder ungünstige Situationsbedingungen gehindert werden; daß wir in vieler Hinsicht bessere Ergebnisse erzielen, wenn wir uns gegenseitig unterstützen, als wenn jeder für sich arbeitet."

Um zu solchen „Win-Win"-Lösungen zu kommen, wie Management-Trainer sie nennen, bei denen es keine Verlierer gibt und beide Seite profitieren, müssen wir unsere innere Haltung ändern. Wir müssen diese Lösungen zunächst einmal für möglich halten und gleichzeitig unseren Blick für ihre langfristigen Vorteile weiten.

Beim Strandtennisspielen mit meinem Bruder wurde mir dieser Prozeß einmal sehr eindrucksvoll vor Augen geführt. Geschwisterverhältnisse sind bekanntlich nicht frei von Rivalität, und so droschen wir beide am Anfang drauf, mit dem Erfolg, daß einer von uns (der jeweilige „loser") ständig die hart gespielten Bälle verfehlte. Wir zählten unsere Ballwechsel und kamen auf maximal zehn. Außerdem entstanden immer wieder Unterbrechungen, weil wir ja dauernd dem Ball nachlaufen mußten. Auf die Dauer wurde mir das zu langweilig, und ich bemühte mich, meine Bälle so zu plazieren, daß mein Bruder sie zurückspielen konnte. Irgendwann entschied auch er sich für diese Spielart, und es entstand plötzlich ein total harmonisches Zusammenspiel, bei dem wir sage und schreibe auf über hundert Ballwechsel kamen! Wir konnten es beide nicht glauben. „Das ist ein ‚Win-Win-Spiel'", rief ich meinem Bruder zu und er strahlte über das ganze Gesicht – offenbar auch für ihn eine neue Erfahrung. Sie in die tägliche Management-Praxis zu transferieren, ist allerdings nicht ganz einfach, denn dort gelten (noch) ganz andere Regeln, die den inneren Bedürfnissen von Menschen allerdings kaum entsprechen.

Die einseitige Betonung des Prinzips „Eigennutz" treibt nicht nur die Kommerzialisierung aller Lebensbereiche voran, sondern führt auch zu einer Verschlechterung der Qualität menschlicher Beziehungen, zu Deformierungen unserer Seele und zu innerer Leere. Solche Zersetzungserscheinungen sind logische Folge einer ökonomischen Theorie, die Gesellschaft lediglich als Ansammlung von wettbewerbsorientierten, vereinzelten Individuen betrachtet, die alle persönliche Zwecke verfolgen.

Natürlich verhindert diese Sichtweise eine Orientierung an Gemeinschaftswerten geradezu. Hielte man es dagegen für möglich, daß Menschen die Fähigkeit zu solidarischem Handeln, zu Einfühlsamkeit und Mitgefühl noch nicht verloren haben, „dann würde die Gesellschaft sich so organisieren, daß die Individuen angeregt werden, in ihren freiwilligen Handlungen mehr soziale Verantwortung zu übernehmen", meint Scherhorn. „Und dann wäre es ein allgemein interessierendes Thema, wie dieses Ziel noch besser erreicht werden kann."

Interessanterweise haben die Länder, in denen die Bevölkerung sich am stärksten über Gemeinschaftswerte definieren, gleichzeitig auch den höchsten Glücksindex der Welt. Angeführt von Costa Rica sind dies vor allem die Länder Südamerikas. heraus. Der britische Öko-Thinktank The New Economic Foundation (NEF) erhob für seine Studie „Happy Planet Index 2.0" Daten aus 143 Ländern, die 99 Prozent der Weltbevölkerung repräsentieren. Ein gutes, erfülltes und langes Leben mit einem maßvollen „ökologischen Fußabdruck" waren dabei die ausschlaggebenden Kriterien für eine zufriedene Gesellschaft in einer optimalen Balance.

Die reicheren Nationen rangierten im Mittelfeld, Deutschland auf Rang 51. Wie heißt es so schön: Geld allein macht nicht glücklich. Wir müssen unseren Fokus verändern. Dabei kann auch der Blick auf unsere Antipoden hilfreich und inspirierend sein. „Das Wohlergehen aller ist entscheidend", lautet beispielsweise ein Grundsatz der Aborigines. Für die meisten Naturvölker ist die Sicherheit und Geborgenheit in der Gemeinschaft unabdingbare Voraussetzung für ihr persönliches Lebensglück.Daher wird Kindern schon von klein auf an beigebracht, darüber nachzudenken, was für den Stamm als Ganzes gut ist. Selbstsucht und Selbstbezogenheit finden hier keinen Nährboden.

Was ist eigentlich Arbeit?

Während meiner schon erwähnten Krise hatte ich ausgiebig Gelegenheit, über Arbeit und Nichtstun nachzudenken. Weil ich ja sowieso nichts tat (mit Ausnahme von Haushalt und Kind, aber das zählt ja landläufig nicht als Arbeit). Allerlei Fragen gingen mir durch den Kopf: Bin ich, wenn ich eine schöpferische Krise habe und nicht schreibe, arbeitslos? Ist Nachdenken keine Arbeit? Oder nur dann, wenn es bezahlt wird? Ist Arbeitslosigkeit nicht in Wirklichkeit ein völlig schwammiger Begriff, der nicht nur Ursachen und Wirkungen ausklammert, sondern auch viele gesellschaftliche Rahmenbedingungen außer acht läßt, also ein rein bürokratisch-finanzielles Konzept?

Wer keine staatliche Unterstützung empfängt (weil er einen Partner hat, der genug für die Familie verdient, oder weil er ausreichende Rücklagen hat und von seinen Zinsen leben kann) oder wer gar nicht vorhat, sich für seine Arbeit bezahlen zu lassen, wie beispielsweise viele Mütter, ist nach unserer derzeit gängigen Auffassung nicht arbeitslos.

Was ist überhaupt Arbeit? Ist nur bezahlte Arbeit als Arbeit zu bezeichnen? Reden wir also beim Thema Arbeit eigentlich nur über Geld? Dann wären über 60 Prozent aller Dienstleistungen in unserer Gesellschaft nicht als Arbeit zu bezeichnen.

Nach Berechnungen des Bundesfamilienministeriums und des Statistischen Bundesamtes arbeitet jeder Erwachsene im Jahresdurchschnitt 22 Stunden pro Woche gegen Bezahlung, aber 28 Stunden unbezahlt zu Haus! Schätzungsweise 55 Prozent aller Dienstleistungen werden hier (zumeist von Frauen) erbracht, ohne daß sie in unser Bruttoinlandsprodukt (BIP) einfließen. Da sich dies glücklicherweise herumgesprochen hat, gibt es inzwischen eine Absichtserklärung seitens der Politik, das BIP neu und zeitgemäßer zu definieren, indem man dort künftig auch ehrenamtliche Leistungen und ökologische Parameter einfließen lassen will.

Wie amorph der Begriff Arbeit im nachindustriellen Zeitalter geworden ist, ergibt sich auch aus folgenden Betrachtungen: Wenn ich mit einem Problem zum Therapeuten gehe und ihm für die Bearbeitung desselben 80 Euro pro Stunde zahle, gebe ich ihm damit Arbeit, die – sofern er sein Einkommen versteuert – in unser Bruttosozialprodukt einfließt. Wenn ich aber einer Freundin meine Schwierigkeiten schildere und diese mir im Gespräch so einfühlsam begegnet, daß ich in meiner Situation weiterkomme, so gilt das nicht als Arbeit. Oder: Wenn ich einen Makler beauftrage, ein neues Domizil für mich zu suchen, arbeitet er für mich als Vermittler und bekommt bei Erfolg eine Provision. Gibt mir aber eine nicht berufstätige Mutter einen guten Tip, weil sie vielleicht durch ihre Kinder in dem Viertel, in das ich ziehen möchte, gut vernetzt ist, so werden ihre Bemühungen in der Regel als Freundschaftsdienst verbucht.

Besonders amorph ist jegliche Form von Beratungstätigkeit – ein rapide expandierender Sektor in unserer Gesellschaft, in dem immer mehr Stellen geschaffen werden. Das bedeutet eigentlich, daß immer mehr Informationen, die früher unentgeltlich und informell weitergegeben wurden, vermarktet werden und etwas kosten. Die Kommerzialisierung dringt so in immer mehr Lebensbereiche vor. Wer nicht so schlau ist zu bemerken, daß seine Informationen Geld wert sind, oder auch bewußt auf eine Entlohnung verzichtet, geht leer aus.

Weil es einen schnell wachsenden „Markt" für die Weitergabe von Informationen gibt, muß sich jeder in dieser Branche Tätige die Frage stellen: Wem gebe ich welche Information zu welchem Preis? Als freier Journalist ist man mit diesem Problem besonders hautnah konfrontiert: Wenn ich Themen oder Informanten im informellen Gespräch ausplaudere, ohne mich vorher durch einen Auftrag zum Schreiben abzusichern, muß ich damit rechnen, daß ein anderer damit Geld macht.

Natürlich kann man sich auch mit der Gegenfrage beschäftigen: Ist es eigentlich sinnvoll, Informationen oder Dienstleistungen nur unter rein kommerziellen Gesichtspunkten zu sehen, und wie weit darf das gehen?

Anne, eine Freundin von mir, von Beruf Psychologin und mit 50 Jahren ohne Aussicht auf eine Festanstellung, war längere Zeit arbeitslos. In verschiedenen ABM-Jobs setzte sie sich engagiert ein, aber da diese stets auf ein, maximal zwei Jahre befristet sind (um anderen Arbeitslosen sozusagen im Rotationsverfahren auch eine Chance auf eine einjährige Beschäftigung zu geben), fiel sie stets erneut in ein Loch. Weil sie ein völlig unkommerziell denkender Typ ist, wäre sie nie auf die Idee gekommen, ihren Freundinnen und Bekannten, die sie öfter mit persönlichen Problemen aufsuchen, für ihr intensives Zuhören ein Honorar zu berechnen. Gottlob, muß man sagen, denn letztlich sind es diese unkommerziell eingestellten Menschen, die in unserer auf Profit gepolten Gesellschaft Inseln der Menschlichkeit und Nähe aufrechterhalten, weil sie sich Zeit nehmen für Gespräche, die diesen Namen noch verdienen. Und weil sie zuhören können – eine vom Aussterben bedrohte Kunst!

Interessant ist in diesem Zusammenhang eine Untersuchung des Hamburger Psychologen Reinhard Tausch darüber, wie Menschen mit seelischen Belastungen und Lebenskrisen fertig werden. Mehr als zwei Drittel der Befragten gaben an, daß ihnen in erster Linie Gespräche mit Freunden und Bekannten (insbesondere deren Achtung, Zuwendung, Wärme, Ruhe sowie Mitgefühl und Einfühlungsvermögen) bei der Bewältigung von schweren Krisen wie beispielsweise Trennungen geholfen hätten! Ein mit allen Wassern gewaschener Marketing-Profi könnte nun sagen: Welch ein phantastischer, noch unerschlossener Markt für Psychodienstleistungen!

Ich will hier niemanden auf falsche Gedanken bringen, aber genau das ist doch unser Denkhorizont geworden (den sich inzwischen auch die boomende Esoterik-Szene zu eigen gemacht hat). Wenn irgendwo ein Bedarf ist – schnell die Hand aufhalten! Wohin das führt, läßt sich am fiktiven und hoffentlich absurden Beispiel „Freundschaftsdienste den Marktgesetzen unterstellen" gut skizzieren: Profitdenken würde auch hier Menschlichkeit ersetzen und vor allem eine wachsende Zahl Hilfesuchender ausschließen, weil sie sich diese „Dienstleistungen" dann einfach nicht mehr leisten könnten – was ja für das Gros der Psychotherapien, Beratungen und Trainings schon längst gilt, ebenso wie für viele der Aufgaben, die früher innerhalb der Familie geleistet wurden.

Auf diese Weise schafft die unbarmherzige „Logik" des Marktes zwangsläufig Arme und Reiche. Der Clevere, derjenige also, der diese Mechanismen für sich akzeptiert und nicht zögert, sie anzuwenden, obsiegt. Im
Klartext: Er wird reicher. Die Armen sind diejenigen, die entweder zu
„schusselig" sind zu sehen, wie sie aus sich und ihren Talenten Kapital
schlagen oder, und das scheint mir häufiger der Fall, es einfach nicht wollen, weil ihnen diese Haltung nicht behagt. Man findet sie gehäuft im
psychosozialen Sektor.

Leute wie Anne eben, deren Fall man auch so sehen kann: Der Staat ali-
mentiert ihre Arbeitslosigkeit, er zahlt ihr sozusagen eine Entschädigung
dafür, daß unser Wirtschaftssystem so strukturiert ist, daß man mit 50
Jahren nicht mehr vermittelbar ist. (Man könnte sich natürlich selbständig machen, aber nicht jedem ist das – vielleicht qua väterlichem Vorbild
und einer unternehmerischen Grundstimmung im Elternhaus – in die
Wiege gelegt. Es wird bisher auch noch nicht entsprechend ermutigt, gefördert oder gelehrt. Und last but not least animieren die vielen Pleiten
von Existenzgründern – die meisten davon in den ersten fünf Jahren –
auch nicht gerade zur Nachahmung).

Durch die staatliche Grundsicherung kann idealerweise (was allerdings
selten passiert, weil Arbeitslosigkeit seelisch so belastend ist) eine innere
Ruhe entstehen, die echtes Eingehen auf andere, gute Beratung überhaupt erst ermöglicht. Es können auch gute Ideen entstehen, echte Kreativität, die im hektischen Arbeitsalltag keinen Platz (mehr) hat, weil sie
Träumen, Nachdenken und scheinbares Nichtstun voraussetzt.

Die Kardinalfrage – unserer derzeitigen Werthaltung folgend – lautet jedoch: Was ist dein Produkt, und wieviel wird dafür bezahlt? Das Produkt,
so haben wir bereits festgestellt, kann auch immateriell sein. Der Knack-
punkt liegt in der Bezahlung: Ob wir mit unserem Tun Geld verdienen
(und vor allem: wieviel!), ist mithin zum einzigen Maßstab unseres Wertes geworden. Das, und nur das allein, zählt!

Bin ich ohne Job nichts wert?

Es ist einfach realistisch davon auszugehen, daß mit weiter zunehmender Automatisierung und elektronischer Vernetzung immer weniger Arbeitskräfte gebraucht werden, um moderne Volkswirtschaften am Laufen zu halten. Man wird sich also mit der Frage, wie unsere Arbeitswelt künftig aussehen soll, wie viele Menschen an ihr wie beteiligt sind, und vor allem damit, was die anderen machen sollen, auseinandersetzen müssen, was natürlich äußerst unpopulär ist.

„Unter Gesellschaftswissenschaftlern, in Evangelischen Akademien und Berliner Hinterzimmern wird längst über die Frage diskutiert: Wie wäre es, wenn wir endlich aufhörten, ‚Arbeitslosigkeit' als ein Problem zu definieren?", behaupten Wolf Schneider und Christoph Fasel in ihrer zynischen Streitschrift „Wie man die Welt rettet und sich dabei amüsiert", in der sie, vor allem unter ökologischen Gesichtspunkten, für das Zuhausebleiben im vollelektronischen Heim plädieren. Und weiter: „Was ließe sich tun, damit der sogenannte Arbeitslose sich nicht mehr als ein Versager fühlt, sondern mindestens als ein Mensch von normalem Wert, ja eigentlich als Vorhut einer besseren Welt? Ist sie denn wirklich überholt, die Erfahrung der römischen Antike, daß die Bürger letztlich nur Brot und Spiele brauchen? Das Brot bleibt noch zu organisieren; die Spiele finden im Wohnzimmer statt (via TV, wie bereits erwähnt, C.A.) – ein dramatischer Fortschritt gegenüber dem alten Rom, wo man noch den Zirkus brauchte, und ebenso gegenüber der untergegangenen DDR, die sich Fabriken als Stätten geselliger Begegnung leistete." In erster Linie wird es darum gehen, so die Autoren, „die Politiker und die Millionenschar der Arbeitswilligen von ihrer Zwangsvorstellung zu befreien, daß erst die Arbeit den wahren Menschen mache". Denn die werden unterschwellig noch von dem Glauben bestimmt: „Wer nicht arbeitet, soll auch nicht essen". Daß dieser Satz, den Stalin in der sowjetischen Verfassung verankerte, (übrigens eine Variante dessen, was Paulus an die Thessalonicher schrieb: „Wer nicht arbeiten will, soll auch nicht essen"), auch uns noch stark prägt, habe ich vor einigen Jahren am eigenen Leib erfahren.

Als ich meinen Beruf als Psychologin an den Nagel hängte und noch nicht so recht wußte, wohin für mich die Reise ging, hing ich ein Jahr in der Luft. Ich definierte mich zwar nicht direkt als „arbeitslos", weil ich von Rücklagen lebte, aber ich fühlte mich außerordentlich nutzlos. Irgendwann fing ich an, mir selbst das Recht auf Nahrung zu verweigern – ich hatte keine Lust mehr zu essen. Als ich in mich hineinhorchte, um herauszufinden, was mit mir los war, spukte dieser Satz in meinem Kopf herum: „Wer nicht arbeitet, soll auch nicht essen." Ich wußte nicht einmal, daß ich ihn irgendwann aktiv aufgenommen hatte, aber er war da! Neben all den Gefühlen und Vorstellungen, ohne Arbeit kein vollwertiges Mitglied dieser Gesellschaft mehr zu sein, wertlos, überflüssig und ohne Lebensrecht.

Das dürfte so etwa die Gemütslage eines jeden Arbeitslosen sein – eine mehr oder weniger tiefe Depression, die sich in Verzweiflung, Verlust von Selbstachtung und Selbsthaß äußert. „Ohne Arbeit bist du nichts wert. Du wirst behandelt wie Schrott", beschreibt ein ehemaliger Lagerleiter seine Situation. „In diesem Land dreht sich alles um Arbeit und Geld." „Man ist kein Mensch mehr", meint eine arbeitslose Kunsthistorikerin. „Man traut sich immer weniger zu."

Weil Arbeit der Mittelpunkt unseres Lebens ist (jedenfalls ist uns dies von Kindesbeinen an vermittelt worden, sowohl Erziehung als auch Ausbildung sind auf sie bezogen), ist sie ein Teil unserer Identität. Durch sie erfahren wir, wer wir sind, definieren unseren sozialen Status und somit steht und fällt mit ihr auch unser Selbstwertgefühl. Sie strukturiert unseren Tag und zwingt uns zur Aktivität. Auch das Pflegen sozialer Beziehungen wird in erster Linie durch die Arbeit ermöglicht – daher bleibt vielen Arbeitslosen zur Befriedigung ihrer Bedürfnisse nach Geselligkeit und Kommunikation nur der Gang ins Shopping-Center!

„Wenn wir kein Mittel mehr haben, durch welches wir unseren Segen ausdrücken können – der grundlegende Sinn von Arbeit -, dann führt dies zu seelischer Gewalt gegen uns selbst", meint der amerikanische Theologe Matthew Fox. „Die geistigen Auswirkungen des Arbeitsverlustes sind verheerend. Wenn Menschen keine Arbeit haben, fehlt ihnen bald der Stolz; ihnen fehlt die Gelegenheit, ihre einzigartige Begabung der Gemeinschaft zurückzugeben ...

Wenn Menschen Arbeit fehlt, fehlt ihnen auch Hoffnung. Die daraus folgende Verzweiflung frißt sich in die Gemeinschaft hinein wie ein böser Geist und führt zu Gewalt, die wir heute überall beobachten können: zu Selbsthaß, zunehmenden Verbrechen, Zerfall von Familien, familiärer Gewalt, zu Kindern ohne einen stabilen und sicheren Rahmen und zu einem Mißbrauch der gottgegebenen Begabungen an Geist, Herz und Phantasie. Für Thomas von Aquin waren ‚Sünden gegen die Hoffnung‘ gefährlicher als alle anderen Sünden, denn wenn die Verzweiflung überhand nimmt, ‚versinken wir im Bösen‘.“

Daran ist sicher nichts übertrieben. Arbeitslosigkeit – das ist eben mehr als die blanken Statistiken, die uns monatlich präsentiert werden und in Vergessenheit geraten lassen, daß dahinter Millionen Einzelschicksale stehen, von Menschen, die sich als gescheitert ansehen und aus einer geregelten Existenz ins Leere fallen. Und wer einmal richtig runtergefallen ist, der kommt nicht mehr hoch.

Arbeitslosigkeit ist ein globales Elend, das immer mehr Menschen ins gesellschaftliche Aus treibt. In Zahlen: Weltweit gibt es rund 205 Millionen Arbeitslose (davon 77 Millionen allein im Nahen Osten!), 28 Millionen mehr als vor Ausbruch der Finanzkrise und 85 Millionen mehr als noch vor gut einem Jahrzehnt. Tendenz also eindeutig steigend.

„Ein Arbeitsloser ist heute nicht mehr das Objekt einer vorübergehenden Ausgliederung aus dem Wirtschaftsprozeß, die nur einzelne Sektoren betrifft, nein, er ist Teil eines allgemeinen Zusammenbruchs“, stellte bereits vor einigen Jahren die französische Schriftstellerin Viviane Forrester klar, die in ihrem Heimatland als eine „Jeanne d'Arc gegen die Kaufleute“ galt. „Er ist Opfer einer globalen Logik, die die Abschaffung dessen erfordert, was ‚Arbeit‘ genannt wird.“ Nichtsdestotrotz werden die Beschäftigungslosen so behandelt und beurteilt, als hätten wir Hochkonjunktur – man verlangt ihnen ab, sich immer wieder vergeblich anzubieten, und treibt sie angesichts stets neuer Ablehnungen immer weiter in Schuldgefühle und Resignation. „Sie werden dazu gebracht, sich als der Gesellschaft unwürdig zu betrachten, vor allem aber als verantwortlich für ihre Situation, die sie als erniedrigend und sogar verwerflich ansehen“, schreibt Forrester.

„So beschuldigen sie sich selbst einer Sache, deren Opfer sie doch sind. Sie urteilen über sich mit dem Blick derer, die über sie urteilen – ein Blick, den sie übernehmen, der sie als schuldig betrachtet … All das bewirkt bei den Arbeitslosen die Schmach und das Gefühl der Unwürdigkeit, das zu äußerster Unterwerfung führt. Denn nichts schwächt und lähmt derart wie die Schmach.

Sie greift an der Wurzel an und untergräbt jede Tatkraft, sie degradiert Menschen zu beliebig beeinflußbaren Objekten und reduziert alle, die unter ihr leiden, zur wehrlosen Beute."

Dahinter steht System. Die Berliner Psychologin Rita Metzner nennt es „Staatsmobbing", wenn insbesondere konservative Politiker oder Wirtschaftsverbände unverhohlen und dreist den Arbeitslosen selbst die Schuld an ihrer Misere zuschieben, oft mit dem irreführenden (da falschen) Verweis auf mangelnde Qualifikation der Betroffenen. Ob das auch für arbeitslose Facharbeiter, Akademiker und Führungskräfte gilt? Wie Sündenböcke kreiert werden, „die man ohne große Gegenwehr abservieren kann", analysiert die Psychologin anhand der Berichterstattung in den Medien: „Jeder Kürzung im Bereich des Arbeitslosengeldes und der Arbeitslosenhilfe ging beispielsweise eine Diskussion um Schwarzarbeit und mehr erforderliche Kontrollen voraus. Tendenz des entstehenden Bildes: Unter den Arbeitslosen gibt es viele Kriminelle, die lieber ‚mühelos' Schwarzgeld machen als rechtschaffen wie alle anderen mit Steuerkarte zu arbeiten."

Damit nicht genug: „Die großen gesellschaftlichen Veränderungen, die zur Arbeitslosigkeit führen, werden dem Individuum als privates Versagen angerechnet, nach dem Motto: Es liegt doch an euch selbst! Dadurch entstehen aber immer mehr Konflikte zwischen gesellschaftlichen Gruppen, die durch diese Politik geschürt werden. Wer Arbeit hat, möchte nichts mit den Arbeitslosen zu tun haben, es gibt keine Solidarität zwischen beiden Gruppen und daher auch wenige Versuche, die Probleme zu lösen. Das hängt psychologisch gesehen damit zusammen, daß diejenigen, die noch arbeiten, am liebsten nicht wahrhaben wollen, daß auch sie über kurz oder lang betroffen sein könnten."

Obwohl in Wirklichkeit vielleicht Mißmanagement, Korruption und mangelnde Innovationsfähigkeit die Ursache für die Misere eines Unternehmens sind, werden Top-Manager – wenn sie überhaupt zur Verantwortung gezogen werden – oft mit einem „goldenen Handschlag", also einer Millionenabfindung, in die Wüste geschickt, während die Belegschaft sich in die Schar der Arbeitslosen einreihen muß und mit Geld- und Selbstwertproblemen kämpft.

Das Kernproblem jedoch ist: Die technologische Entwicklung entwertet die menschliche Arbeit und wird den größten Teil von ihr über kurz oder lang überflüssig machen. Und nicht jeder ist dazu geschaffen, sein eigener Unternehmer – beispielsweise in der Dienstleistungsbranche – zu werden. Darauf baut die Scheinselbständigkeit – meist einzige Alternative zur Arbeitslosigkeit – auf: Subunternehmer, die genauso abhängig sind wie Angestellte, weil sie nur einen einzigen Auftraggeber haben: ihren früheren Boss. Der feine Unterschied ist, daß das unternehmerische Risiko jetzt ganz allein bei ihnen liegt. Vor allem müssen sie sich dabei komplett den Anforderungen der Großunternehmen anpassen, das heißt schnell, flexibel und möglichst zu Dumpingpreisen arbeiten.

Wie heißt es doch so schön: „Selbständig sein heißt, man arbeitet selbst und das ständig!"

Das Dogma des Profits

Pessimisten – oder sind es in Wirklichkeit Realisten? – sehen bereits eine neue Form von Sklaverei heraufziehen. Das Szenario: Eine kleine Elite kontrolliert die Wirtschaft, die von einer austauschbaren Billigarbeiter-Masse ohne Aussicht auf Aufstieg in Gang gehalten wird. Und nur diese Elite wird sich auch die vielfältigen Dienstleistungen erlauben können, die von den „Working Poor", den modernen Arbeitssklaven, angeboten werden.

Eine überzogene Vorstellung?

„Arbeit ist in Deutschland zu teuer geworden", klagen die Unternehmer seit Jahren und verlagern ihre Produktionsstätten dorthin, wo sie nahezu zum Nulltarif zu haben ist (mit dem angenehmen Nebeneffekt, dabei auch noch Steuern zu sparen), oder drohen zumindest damit.

Dadurch entsteht der „erpresserische Druck", so Viviane Forrester, „der unter diesen Bedingungen von der Privatwirtschaft auf die Politiker der Industriestaaten ausgeübt wird, damit sie Anpassungen nach unten vornehmen, die Steuern senken, die öffentlichen Ausgaben und den Sozialstaat abbauen".

Jahrzehntelang ist uns die Logik der allmächtigen Marktwirtschaft mit ihren Gesetzen von Konkurrenz und Wettbewerb eingetrichtert worden, wurde uns vermittelt, daß allein der Profit von Unternehmen Garant unserer wirtschaftlichen Sicherheit, ja „die wahre Substanz des Lebens, die treibende Kraft der Zivilisation" ist, wie Forrester den Zynismus beschreibt. „Alles ist von ihm abhängig, ist auf ihn ausgerichtet, wird in Abhängigkeit von ihm geplant, verhindert oder verursacht, er erscheint so unausweichlich, als wäre er mit dem Wesen des Lebens verschmolzen, so daß wir ihn nicht vom Leben trennen können."

Infolgedessen nimmt heute kaum noch jemand Anstoß daran, wenn dieser Logik folgend Millionen von Menschen als wirtschaftlich „unrentabel" bezeichnet werden.

„Ohne Lebensrecht" schwingt dabei schon mit ... Sind sie nicht als Arbeitsloser oder Sozialhilfeempfänger ein enormer (eigentlich unnötiger) „Kostenfaktor"?

Die massenhafte Ausgrenzung von Menschen wird von der schweigenden Mehrheit einfach verdrängt – bis es sie selbst erreicht. Insbesondere Mitarbeiter von Großunternehmen müssen sich damit abfinden, daß sie immer häufiger nur noch als Kostenlast betrachtet werden – die Orientierung am Shareholder Value, an der möglichst hohen (und zugleich möglichst schnellen) Rendite für die Anleger – macht soziale Leistungen zum Störfaktor. Umgekehrt wirkt radikaler Arbeitsplatzabbau an der Börse wie eine „Kursdroge", weil bei sinkenden Kosten die Gewinne steigen. Eine bittere (oder besser gesagt: unmenschliche) Logik, die Menschen zu beliebig verschiebbaren Objekten degradiert.

Wo der Profit alles strukturiert, als unantastbares Axiom gilt, verstummt bald jede Gegenstimme. Längst haben Internationale Großunternehmen machtpolitisch die Stelle von Regierungen eingenommen – allerdings jeglicher Kontrolle entzogen und vor allem ohne die Last der Verantwortung, die gewählte Regierungen tragen. Durch die Milliarden, die sie bewegen, können sie staatliche Instanzen unter Druck setzen und die Politik beherrschen, das heißt ihre eigenen Interessen durchsetzen.

Hinter der Hilfskonstruktion „Globalisierung" verbirgt sich allzu oft nur die mutwillige Demontage des Sozialstaates. „Wenn Regierungen in allen existentiellen Zukunftsfragen nur noch auf die übermächtigen Sachzwänge der transnationalen Ökonomie verweisen, gerinnt alle Politik zu einem Schauspiel der Ohnmacht, und der demokratische Staat verliert seine Legitimation", beschreiben Hans-Peter Martin und Harald Schumann die „Globalisierungsfalle" in ihrem gleichnamigen Buch. „In einer globalen Zangenbewegung hebt die neue Internationale des Kapitals ganze Staaten und deren bisherige gesellschaftliche Ordnung aus den Angeln." Durch Androhung von Kapitalflucht erzwingt sie „drastische

Steuerabschläge sowie milliardenschwere Subventionen oder kostenlose Infrastruktur", Gewinne werden kostengünstig im Ausland versteuert.

Die Folge: „Weltweit sinkt der Anteil, den Kapitaleigner und Vermögensbesitzer zur Finanzierung staatlicher Aufgaben beitragen. Auf der anderen Seite fahren die Lenker der globalen Kapitalströme das Lohnniveau ihrer steuerzahlenden Beschäftigten kontinuierlich nach unten." Fazit der Autoren: „Es sind die Privilegierten in Nord und Süd, also Vermögende, Aktionäre und Hochqualifizierte, denen die Globalisierung der Ökonomie auf Kosten der übrigen Bevölkerung einen immer größeren Anteil des weltweit erwirtschafteten – und wachsenden – Wohlstands zuschanzt."

Durchsetzer dieser Marktideologie ist eine perfekt ausgebildete technokratische Führungsschicht, die sich im Besitz der Wahrheit wähnt, mit dem Recht, sie auf jede erdenkliche Weise durchzusetzen, und die vom Individuum die Rolle des unterwürfigen Höflings verlangt. Querdenker sind da überhaupt nicht gefragt: Der aktive, freimütig sich äußernde Bürger hat kaum die Chance einer erfolgreichen Berufskarriere. Wer sich nicht anpaßt, wird nicht reüssieren!

Unter dem wirtschaftlichen Diktat ist der Zweifel verboten und demzufolge auch das Nachdenken über Zustände, die inzwischen von einer resignierten und ohnmächtigen Mehrheit quasi als gottgegeben und unvermeidlich angesehen werden. (Randnotiz: Wo selbständiges, analytisches Denken nicht bereits einem zügellosen Konsum von niveaulosen Fernsehsendungen zum Opfer gefallen ist, wird es heute bezeichnenderweise gern als langweilig, grüblerisch, destruktiv und einfach nicht trendy betrachtet!) Wir leben in einer Welt, die auf allen Ebenen rentabel sein soll, so Forrester, „einer Welt, die darauf reduziert ist, insgesamt nichts anderes als ein einziges riesiges Unternehmen zu sein – und die übrigens von nicht unbedingt kompetenten Führungskräften geleitet wird. Einige würden sagen: Eine riesige Spielbank."

„Das jährliche Bruttosozialprodukt der USA wird auf den Finanzmärkten in drei Tagen erreicht", sagte der belgische Finanzexperte und Unternehmensberater Bernard Lietaer. „Von diesem Volumen werden nur zwei bis drei Prozent für die reale Wirtschaft benötigt. Der Rest wird verschwendet im Spekulationsgeschäft des globalen Cyber-Casinos. Die reale Wirtschaft wurde degradiert zu einer reinen Dekoration auf dem Spekulationskuchen." Die Billionen, die täglich in Sekundenschnelle rund um den Globus gejagt werden, diese gewaltigen, vagabundierenden Finanzströme werden nicht mehr in Fabriken, Maschinen oder Waren investiert, weil hier die Renditen viel zu unattraktiv sind. Mit Krediten, Schulden oder Optionen zu handeln ist erheblich profitabler. So ist Geld inzwischen von einem Zahlungsmittel zur Ware selbst (zum Selbstzweck, und das nicht nur in einem übertragenen Sinn!) geworden. In diesem neuen Wirtschaftskreislauf geht es nicht mehr um reale Güter oder Dienstleistungen, sondern um virtuelle Werte jenseits jeder einem Durchschnittsbürger zugänglichen Realität geht, wird eigentlich nicht mehr investiert, sondern nur noch „gesetzt".

„Diese Wirtschaftsform besteht aus Wetten, die auf Geschäftsverläufe abgeschlossen werden, die noch gar nicht existieren, die vielleicht niemals existieren werden", beschreibt Forrester die wie in einen „Drogenrausch" abgedrehte Marktwirtschaft. „Und auf dieser Basis schließt sie Wetten ab auf Spiele, auf Wertpapiere, Schulden, Zinsen und Wechselkurse, die inzwischen jeden Eigenwert verloren haben und sich auf völlig willkürliche Projektionen beziehen, sich nahe zügellosester Phantasie und quasi parapsychologischer Prophezeiungen bewegen ... Ein ganzer Kreislauf, bei dem man kauft und verkauft, was nicht existiert, zum Beispiel die Risiken mittel- oder langfristiger Verträge, die noch abzuschließen sind oder erst nur angedacht wurden ... Lauter imaginäre Handelsabschlüsse, Spekulationen ohne einen anderen Gegenstand als sie selbst, die einen gigantischen künstlichen Markt bilden, der auf nichts beruht als auf sich selbst." „Optionen auf Optionen auf Optionen", nannte Ex-Bundeskanzler Helmut Schmidt dieses Treiben und bestätigte, daß auf diesen virtuellen Märkten „hundertmal mehr Austausch" stattfinde als auf den anderen.

„Diese Märkte bewirken keinerlei ‚Wertschöpfungen', keine wirkliche Produktivität", so Forrester weiter. In diese Märkte, die keinerlei Arbeit von anderen voraussetzen, die keine realen Güter produzieren, investieren Unternehmen immer häufiger immer größere Teile ihrer Gewinne, da hier ein schnellerer und größerer Profit erwirtschaftet wird. Die Subventionen und Vergünstigungen, die bewilligt werden, damit die Unternehmen Menschen Arbeit geben, dienen häufig nur dazu, diese sehr viel fruchtbareren Finanzspiele zu ermöglichen!" Wie solche „Spiele" zum Schaden der gesamten Weltwirtschaft ausgehen können, haben wir gerade während der großen Finanzkrise 2008 erfahren.

Globalisierte Armut

Durch die Globalisierung und Liberalisierung der Märkte haben sich die sozialen und wirtschaftlichen Ungleichgewichte verstärkt – die Kluft zwischen arm und reich wächst, stellte auch die UN-Konferenz für Welthandel und Entwicklung (Unctad) fest. Das betrifft sowohl das Wohlstandsgefälle innerhalb der Staaten, als auch zwischen Industrie- und Entwicklungsländern.

Die rasche Liberalisierung der Finanzmärkte habe zu einer stärkeren Konzentration von Reichtum in der Hand weniger geführt, so die Weltorganisation. Die Einkommenssteigerungen bei Spitzenverdienern hätten aber keine verstärkten Investitionen und damit auch keine neuen Arbeitsplätze zur Folge gehabt. Die These, das freie Spiel der Kräfte werde bestehende Ungleichgewichte verringern, habe sich nicht bestätigt.

Im Gegenteil: Die Globalisierung schafft eine neue Unterklasse von demoralisierten und verarmten Menschen.

Der US-Analytiker Ethan B. Kapstein vom Washingtoner Rat für Außenbeziehungen warnte bereits vor einem Jahrzehnt: „Die Welt treibt auf einen dieser tragischen Momente zu, die später Historiker zu der Frage veranlassen: Was hielt die Eliten davon ab, eine globale soziale Krise zu verhindern?"

Ein völlig übersteigertes Besitz- und Machtstreben, die blanke Gier! Eine Gier, die bei denen, die viel haben, immer am ausgeprägtesten zu sein scheint, die bei den sozial Schwächsten immer zuerst den Hebel finanzieller Einschränkungen ansetzt und am liebsten auch alle sozialen Errungenschaften hinwegfegen würde (die gleichzeitig auch geistig-kulturelle Leistungen darstellen, auf die wir als „humanistisches Abendland" zu recht immer stolz waren).

Tatsache ist, daß noch nie zuvor ein Wirtschaftssystem so immense Reichtümer hervorgebracht hat und dabei einem immer kleiner werdenden Teil der Menschheit das Auskommen sichert. Hierzu ein paar Zahlen: 21 Prozent, also ein Fünftel der Weltbevölkerung hat pro Tag weniger als einen US-Dollar in lokaler Kaufkraft pro Tag zur Verfügung.

Der Anteil des ärmsten Fünftels der Menschheit am Welteinkommen beträgt gerade noch ein Prozent. 358 Dollar-Milliardäre besitzen heute so viel, wie die Hälfte der rund sechs Milliarden Menschen pro Jahr verdient! Der „Turbokapitalismus" treibt auch die bundesdeutsche Gesellschaft auseinander.

Während Topmanager-Gehälter explodieren, werden Tarifstrukturen aufgebrochen und die Einstiegslöhne gesenkt. Am unteren Ende der Lohnskala driften immer mehr Beschäftigte in die Armut ab – es entsteht, ähnlich wie in den USA, eine Klasse der „Working Poor".

Auch die Vermögensverteilung verschiebt sich immer mehr zugunsten einer kleinen Schicht: Fünf Prozent der privaten Haushalte besitzen heute mehr als ein Drittel des gesamten privaten Vermögens, die untere Hälfte dagegen nur knapp zehn Prozent.

Der US-Ökonom Lester C. Thurow vom Massachusetts Institute of Technology (MIT) führt die strukturellen Veränderungen der Gesellschaft auf den Niedergang des Kommunismus zurück: „Ohne greifbare Alternative, ohne konkurrierende Ideologie, muß sich das kapitalistische System nicht mehr rechtfertigen oder an anderen Maßstäben messen lassen – weder nach innen noch nach außen."

Der Staat versuchte in einem Balanceakt zwischen demokratischen und kapitalistischen Maximen zu vermitteln, denn „Demokratie und Kapitalismus haben einen sehr unterschiedlichen Ansatz zur Verteilung von Macht", so Thurow. „Die Vertreter der Demokratie glauben an die völlig gleiche Verteilung von politischer Macht – ‚ein Mensch, eine Stimme' -, die Vertreter des Kapitalismus glauben, daß es die Aufgabe des wirtschaftlich Fähigen ist, den Unfähigen aus dem Geschäft zu drängen und ökonomisch auszulöschen."

Nun, da der politische Druck fehlt, komme der Staat bei der Verteilung der Einkommen seiner Sorgfaltspflicht nicht mehr in gleicher Intensität nach. Er ist in den Sog der Unternehmen geraten – die entscheidenden wirtschaftspolitischen Weichen werden heute in den Vorstandsbüros beziehungsweise bei den Unternehmensverbänden gestellt. In den Verbandsbüros werden Bundestagsreden verfaßt, Anregungen der Unternehmensvertreter werden von den Koalitionspolitikern oft wortwörtlich übernommen.

Im Zuge solcher Verflechtungen bleibt die soziale Gerechtigkeit auf der Strecke. Die Bürger wissen das und fühlen sich im Stich gelassen, ihr Vertrauen in die Politiker schwindet aufgrund dieser Klientelpolitik rapide. Besonders in der Mittelschicht wächst die Angst vor dem sozialen Absturz.

Geld muß fließen!

Gier und die Angst vor Knappheit werden nach Ansicht des belgischen Finanzexperten Bernard Lietaer (der auch einer der Väter des Euro war) durch das jetzt praktizierte Geldsystem ständig erzeugt und vergrößert. Tatsächlich sei es Aufgabe der Zentralbanken, diese Geldknappheit zu produzieren und aufrechtzuerhalten.

„Es müssen die einen verlieren, damit andere gewinnen", so Lietaer. „Einige müssen Schulden machen, damit andere Zinsen erhalten." Die Folge sei, daß alle gegeneinander kämpfen müssen, um zu überleben.

Er erläutert dies an folgendem Beispiel: Wenn die Bank einem Kunden einen Kredit über 100.000 Euro mit einer Laufzeit von 20 Jahren gibt, erwartet sie von ihm, daß er im Laufe der Jahre 200.000 zurückzahlt, kreiert jedoch diese zweiten 100.000 Dollar – die Zinsen – nicht selbst.

Stattdessen schickt sie den Kunden in die feindliche Welt, um für dieses Geld zu kämpfen.

Wenn also Banken die Kreditwürdigkeit ihrer Kunden überprüfen, prüfen sie in Wirklichkeit, ob diese in der Lage sind, gegen andere Menschen zu kämpfen und den Wettbewerb zu gewinnen, ob sie es also schaffen, die zweiten hunderttausend Dollar aufzutreiben, die nicht von der Bank geschaffen wurden.

Demgegenüber schlägt Bernard Litaer ein Geldsystem vor, das langfristiges Denken und Handeln bewirken soll und bei dem Geld wieder in seiner Ursprungsform, nämlich als Tauschmittel, und nicht zum Horten von Reichtümern benutzt wird.

Für Lietaer ist Geld wie Dünger – nur gut, wenn es verteilt wird. Durch eine sogenannte „Nutzungsgebühr", also eine negative Zinsrate, würde man stärkere Anreiz schaffen, es zu re-investieren. Wer weiß, daß er in einem Jahr für seine 100 eingezahlten Euro nur noch 99 zurückerhält, investiert es lieber. Das wiederum würde auch Arbeit schaffen.

Diese Idee wurde vor 100 Jahren von Silvio Gesell entwickelt: Da Geld eine öffentliche Dienstleistung ist – wie das Telefon oder der Busverkehr – muß für dessen Benutzung eine kleine Gebühr bezahlt werden.

Lietaer nennt drei Phasen, in denen so ein System bereits praktiziert wurde. Im klassischen Ägypten mußte für die Lagerung von Getreide eine Art Liegegebühr bezahlt werden mit dem Effekt, daß das Land zum Brotkorb der antiken Welt wurde. Das hörte sofort auf, als die Römer diese Getreidewährung durch ihre eigene Währung, bei der es positive Zinssätze gab, ersetzten. Im Mittelalter, zwischen dem 10. und dem 13. Jahrhundert, wurden von den Fürsten lokale Währungen ausgegeben, die mit einer Steuer versehen wurden, so daß es unattraktiv war, Geldreichtum anzuhäufen. Fast alle großen Kathedralen wurden in dieser Zeit gebaut, Handwerk und Kultur blühten. Wenn man keine Ersparnisse bilden kann, investiert man Geld in zukünftige Werte.

In Orten wie Wörgl und Schwanenkirchen wurde mit lokalem Geld während der Wirtschaftskrise nach 1929 die Arbeitslosigkeit erfolgreich bekämpft. „Diese Geldsysteme wurden von den Regierungen und Zentralbanken in Amerika und Europa unterbunden, weil die um ihr Geldmonopol fürchteten", sagt Lietaer. „Auch John Maynard Keynes hat sich für eine Demurrage statt Zins ausgesprochen, weil dadurch das Geldsystem stabiler wird."

Unser auf Mangel beruhendes System erzeugt demgegenüber Angst und Gier, weshalb das Geld gehortet wird, was wiederum Knappheit und Mangel nach sich zieht. Dieser fatale Teufelskreis, der unermeßlichen Reichtum auf der einen und unvorstellbare Armut auf der anderen Seite mit sich bringt, hat auch zwischenmenschliche Folgen. Denn parallel zu dem Mangel an Geld setzt auch der Mangel an Kommunikation ein.

In einem Geldsystem, welches auf Fülle und Freigebigkeit basiert, gibt es weder Horten noch Mangel. Es ermöglicht das Erleben von Gemeinschaft – wie es übrigens auch in Stiftungen geschieht.

Das lateinische Wort für Gemeinschaft, comunitas, setzt sich aus zwei Wortteilen zusammen: „munus" (Geschenk) und „cum" (zusammen oder miteinander).

Gemeinschaft heißt also im ursprünglichen Sinn „untereinander schenken". Das ist auch die Philosophie, die hinter den lokalen Währungen steht: Sie dienen dem Austausch von Geschenken. Und genau das ist auch heute ein wichtiger Grund, warum in Tauschringen wieder mit solchen Komplementär-Währungen experimentiert wird: Sie sollen gemeinschaftsbildend wirken.

„Zum Beispiel würde ich mir sehr sonderbar vorkommen, wenn ich einen Nachbarn am Ort anrufen und zu ihm sagen würde: Ich habe bemerkt, daß Sie viele Birnen an Ihren Bäumen haben. Kann ich sie holen?", sagt Lietaer. „Ich hätte das Gefühl, daß ich eine Gegenleistung anbieten müßte. Doch wenn ich ihm meine knappen Dollars anbieten würde, könnte ich ebensogut gleich in den Supermarkt gehen; im Endeffekt würden seine Birnen nicht verwendet. Wenn ich aber eine lokale Währung habe, gibt es keine Knappheit im Tauschmittel; so gesehen sind die Birnen ein Vorwand, miteinander zu kommunizieren."

In Frankreich gibt es beispielsweise etwa 300 Tauschringe, die „grain de sel" (Salzkorn) genannt werden. Sie wurden gegründet, als die Arbeitslosenquote bei 12% lag und erleichtern den Austausch von allen möglichen Dingen, von der Miete bis zu organischen Produkten.

Die Menschen kommen nicht nur zusammen, um mit Käse, Früchten oder Kuchen zu handeln, sondern auch um Stunden auszuhandeln für Klempnerarbeiten, Haarschnitte, Segel- oder Englischunterricht, alles wird ausschließlich mit lokaler Währung bezahlt.

Es gibt somit keinen Mangel an Geld und Arbeit, was nicht heißt, daß die Währung unbegrenzt ist. Niemand hat 500.000 Stunden zu vergeben. So gibt es eine natürliche Begrenzung, aber keine künstliche Knappheit. Anstatt im Wettbewerb gegeneinander zu kämpfen hilft dieses System zu kommunizieren und zu kooperieren.

Somit gewinnen kleine, lokale Einheiten wieder mehr wirtschaftliche Eigenständigkeit und so auch ihr kulturelles Leben zurück. Lietaer sieht lokale Währungen als ergänzende Währung im Geldsystem, die den Weg zur lokalen Nachhaltigkeit ebnen.

„Zinsen zerstören auf Dauer jede Gemeinschaft", glaubt Lietaer, „ein Grund warum alle großen Weltreligionen versucht haben, sie zu verbieten. Von der Illusion der ethischen Wertneutralität des Geldes müssen wir Abschied nehmen, wenn wir für uns und unsere Kinder ein intaktes Ökosystem und eine liebenswerte Zukunft wollen."

Mit einer sogenannten „Demurrage", einer Strafgebühr für die Hortung von Geld verliere Geld seine Funktion als „Wertaufbewahrungsmittel" und werde wieder zum Tauschmittel.„Mein Vorschlag ist, überall dort, wo den Menschen das Geld fehlt, um wirtschaftlich aktiv zu werden, lokales Geld zu schöpfen. Mit lokalen Komplementärwährungen können wir die Arbeitslosigkeit wirksam bekämpfen", meint Lietaer.

„Die Vorteile lokaler Währungen werden von immer mehr Verantwortlichen erkannt. In 30 Bundesstaaten der USA wird lokales Geld von der Administration gefördert. Solche Komplementärwährungen haben keine inflationierende Wirkung auf das herkömmliche Geldsystem. Man kann mit ihnen keinen Reichtum anhäufen. Stattdessen – und das ist von grundlegender Bedeutung – schaffen sie soziales Kapital. Die lokalen Währungen sind gemeinschaftsfördernd und ermöglichen Aktivität an der Basis."

Vielleicht ist es das, was Regierungen und Zentralbanken fürchten?

Um den Profit zu halten, wird Arbeit aus den Menschen her-ausgequetscht.Ich habe im Verlauf der Jahre beobachtet, daß viele Organisationen die Last der Rentabilität direkt auf die Menschen abwälzen. Die Mitarbeiter werden tatsächlich zu Gebrauchsgegenständen, die benutzt und dann abgestoßen werden, während andere schon auf Abruf bereitstehen, um sie zu ersetzen.

Diane Fassel, Unternehmensberaterin

VII

Ungesunde Arbeitsbedingungen

als gesellschaftlicher Stil?

Mit einiger Verzögerung haben es inzwischen auch die Medien registriert: In deutschen Unternehmen grassiert die Angst – Angst, den Arbeitsplatz zu verlieren, den Leistungsanforderungen nicht gewachsen zu sein, und vor allem Angst, die eigene Meinung zu äußern. Und diese krankmachende Gemütslage ist keineswegs auf den einfachen Angestellten beschränkt, sie zieht sich durch alle Hierarchiestufen.

Vor einigen Jahren bereits hat der BWL-Professor Winfried Panse in einer großangelegten Studie Auslöser für die Ängste am Arbeitsplatz sowie deren Auswirkungen für die Wirtschaft dargestellt.

Das Ergebnis war ziemlich niederschmetternd:

Demnach hatten 92,8 Prozent der Befragten (also fast alle) Angst um ihren Arbeitsplatz, fühlten sich 63,7 Prozent (zwei Drittel) überfordert, und 39,4 Prozent (mehr als ein Drittel) glaubten, daß ein Kollege ihren Arbeitsplatz bedroht. 38,9 Prozent befürchteten Schwierigkeiten im Betrieb wegen ihres Alters, und 31,1 Prozent hatten Angst davor, sich vor Mitarbeitern oder Vorgesetzten zu blamieren.

Die Folgekosten der Angst hat Panse, Ex-Personalchef eines US-Konzerns, erstmals unter betriebswirtschaftlichen Gesichtspunkten untersucht. Bisher hat sich das Management um solche „weichen" Psychofaktoren nur am Rande gekümmert - das einseitig auf Rentabilität schielende Controlling kann sie nicht erfassen. Eine gravierende Unterlassungssünde, denn „durch Ängste entsteht der deutschen Wirtschaft jährlich ein Schaden von über 100 Milliarden Mark", hat Panse hochgerechnet. Besonders stark zu Buche schlägt dabei die Leistungsminderung durch Alkohol- und Medikamentenmißbrauch, mit dem Ängste vermeintlich bekämpft, tatsächlich aber noch gesteigert werden.

Auch in den oberen Etagen wächst das Angstpotential: 85 Prozent der leitenden Angestellten und Führungskräfte befürchten negative Konsequenzen, wenn sie ihre Meinung äußern; 100 Prozent - also alle! - der strategischen Unternehmensplaner sowie 60 Prozent der Finanz- und Rechtsexperten trauen sich nicht, offen zu sagen, was sie denken! Wo die Alternativen auf dem Arbeitsmarkt rar werden, wird Zivilcourage zu einem gefährlichen Abenteuer, zu dem verständlicherweise immer weniger Menschen bereit sind. Die unternehmerischen Schäden dieser Duckmäuserei entziehen sich jeder Berechnung.

Fest steht: Der Abbau von Hierarchien (Lean Management) oder andere aus den USA und Japan importierte und oft rabiat implantierte Managementmoden wie Reengineering oder Total Quality Management verstärken (bei wachsenden Qualitätsanforderungen!) noch den Erfolgs- und Zeitdruck des einzelnen Mitarbeiters - und damit die Angst zu versagen. Diese Angst ist berechtigt, denn unter Zeitdruck entstehen nachgewiesenermaßen mehr Pannen und Unglücke, so auch die Ölkatastrophe im Golf von Mexiko, wie man inzwischen durch Untersuchungen bei BP weiß.

Verunsicherte Mitarbeiter, die unter Handlungshemmungen und Entscheidungsschwäche leiden oder in die innere Kündigung flüchten: All das sind Spielarten „betriebswirtschaftlich relevanter Angst", wie Panse sie nennt. „Angst essen Seele auf" hieß der Titel eines Fassbinder-Films aus den Siebzigern.

Angst, weiß der Volksmund, ist ein schlechter Ratgeber - weil sie Leistungsfähigkeit und Kreativität lahmlegt. „Denn nur zu leicht verführt Angst zu dem Reflex, alles Bestehende erhalten zu wollen. Eine von Ängsten erfüllte Gesellschaft wird unfähig zu Reformen und damit zur Gestaltung der Zukunft.

Angst lähmt den Erfindergeist, den Mut zur Selbständigkeit, die Hoffnung, mit den Problemen fertig zu werden." Mit diesen Worten traf Alt-Bundespräsident Roman Herzog in seiner legendären Berliner Rede den Kern unserer Befindlichkeit, wie sie sich auch heute noch darstellt.

Es herrscht ein schlechtes Betriebsklima im Land. Woher kommt das bloß? Oder müßte man eher fragen: Wieso interessieren sich unsere Politiker kaum für solche Fragen? Der Berliner Politikwissenschaftler Arnulf Baring glaubt, daß unseren Repräsentanten, die in ihren Parteien eingekapselt wie in einem Raumschiff leben, Meinung und Stimmungslage der Bevölkerung völlig gleichgültig sind: „Die Demokratie hat eine Fassadenkultur bekommen, hinter der sich monarchische Strukturen ausbreiten". Menschen, auch „Humankapital" genannt, gelten nur noch als Verschiebemasse, als „Objekte" politischen und wirtschaftlichen Handelns, deren Meinung nur alle vier Jahre in Form von zwei Kreuzchen relevant ist und die sich ansonsten flexibel den herrschenden Gegebenheiten anpassen müssen. „Die Würde des Menschen ist unantastbar", heißt es im Grundgesetz, aber ist sie unter dem Primat wirtschaftspolitischer „Sachzwänge" de facto nicht längst aus dem Blickwinkel geraten? Ist der Mensch Mittelpunkt - oder ist er Mittel. Punkt?

„Resultat der ökonomischen Sachorientierung ist oft der Verlust der Menschlichkeit", meint der Frankfurter Psychologe Werner Gross. Die Karrieristen, deren Welt sich in der Regel auf das „rein Ökonomische" reduziert, „sehen nicht mehr die Auswirkungen, die Entscheidungen auf die Menschen haben, sondern nur noch, wie die Sache optimal funktioniert. Die Menschen, mit denen man umgeht, werden genauso austauschbar wie die Produkte."

Das spürt inzwischen wohl jeder - aber ändern tut sich nichts. Seit Jahren wird über Themen wie Mobbing, Burnout und Arbeitssucht geschrieben, die gesellschaftspolitische Relevanz und Brisanz dieser Problemfelder jedoch selten gesehen, geschweige denn eine grundlegende Kurskorrektur eingeleitet. Das liegt zum Teil an den publizierenden Wissenschaftlern selbst - in diesem Fall den Psychologen, die sich vorrangig um die individuelle Komponente bemühen. Insofern handelt es sich (scheinbar) stets um Einzelfälle, denn nur die lassen sich therapieren.

Etwas überspitzt ausgedrückt: Die Probleme in einem größeren Zusammenhang zu sehen und gesellschaftspolitische Rahmenbedingungen anzuprangern wäre für viele der in psychosozialen Berufen Tätigen gewissermaßen ein „Jobkiller". Für viele Führungskräfte ist „humanes Management" lediglich ein Luxus, geeignet für Zeiten der Hochkonjunktur. Derzeit kreisen ihre Überlegungen eher um Sanierung und Abbau als um die Frage, wie sie das kreative Potential ihrer Mitarbeiter fördern und Motivationsverlusten gegensteuern können. Die ungezügelte Marktwirtschaft hat auch eine extreme Härte in den Arbeitsalltag gebracht.

Mobbing

Wo die Angst um den Arbeitsplatz grassiert, nehmen Konkurrenz und Rivalität zu. Die ständigen „Schlankheitskuren" der Unternehmen, ihr massiver Personalabbau, der die Belegschaften in existentielle Angst und Panik versetzt, sind geradezu der ideale Nährboden für Mobbing.

Nach allgemeiner Auffassung wird Mobbing heute definiert als:

- „feindselige Äußerungen und Handlungen,
- die von einer Person oder Gruppe ausgehen,
- über einen längeren Zeitraum wiederholt und systematisch vorkommen
- die angegriffene Person in eine Position der Unterlegenheit bringen
- und deren Ausgrenzung aus der Gruppe beziehungsweise dem Arbeitsleben bezwecken und/ oder bewirken".

Mobbing, darüber besteht weitgehend Konsens, hat zwei Ursachen: Angst (auf der Mitarbeiterseite) und eine schwache Führung, die die Konfliktsignale nicht rechtzeitig erkennt beziehungsweise duldet oder - im Extremfall - das Mobbing selbst inszeniert und anheizt. Laut einer Studie der Berliner Psychologin Rita Metzner sind 75 Prozent der Mobbing-Vorfälle von oben, von der Geschäftsführung initiiert, und sei es auch nur indirekt. „Häufig wird von oben ein Klima verbreitet, in dem die Mitarbeiter den Eindruck gewinnen: Hier kannst du deinen Job nur behalten, wenn du dich skrupellos gegen andere durchsetzt. Es reicht aber auch schon, wenn die Unternehmensspitze von bevorstehenden Massenentlassungen redet, da kommen Mobbing-Prozesse in der Belegschaft ganz von selbst in Gang", hat Rita Metzner beobachtet. „Nach dem Motto: Um die eigene Haut zu retten, muß ich dafür sorgen, daß der Kollege entlassen wird. Mobbing von oben entwickelt sich auch, wenn ein Abteilungsleiter von seinem Vorgesetzten die Order erhält: ‚Nun sehen Sie mal zu, daß Sie Personalkosten einsparen.' Viele Mitarbeiter glauben dann, sie handeln im Sinne des Vorgesetzten, wenn sie dazu beitragen, jemanden herauszumobben." Ist die Abteilung schließlich schlankgeschrumpft, ist das Konfliktpotential, aus dem sich Mobbing-Prozesse speisen, ja noch längst nicht aufgelöst. Chronisch unterbesetzte Abteilungen führen zu einem unerträglichen Druck auf die Belegschaft, der sich schließlich ein Ventil sucht, indem zum Beispiel ein Kollege zum Sündenbock erklärt und nach Strich und Faden schikaniert wird. Heimliches Getuschel, nicht ausgerichtete Anrufe, verschwundene Unterlagen, wie von Geisterhand manipulierte Computerdateien - das Handwerkszeug der Mobber ist weitgefächert. Der Stockholmer Arbeitsmediziner Heinz Leymann, der den Begriff „Mobbing" prägte, berichtet von 50 verschiedenen Spielarten der Schikane. Sie lassen sich einteilen in:

* soziale Isolierung - wenn Vorgesetzte und/oder Kollegen einen Beschäftigten wie Luft behandeln oder er auf einen Arbeitsplatz an der Peripherie des Betriebes gesetzt wird;

* extremen Klatsch - wenn ständig neue Gerüchte über ihn verbreitet werden oder sein Privatleben kritisiert wird;

* anhaltende Kritik an der Arbeit - wenn auch an guten Leistungen ständig herumgemäkelt wird;

* willkürliche Änderung bisheriger Aufgaben -wenn sinnlose Arbeit oder eine Beschäftigung weit unter der Qualifikation des Betroffenen verlangt wird.

Wer dem gezielten Psychoterror am Arbeitsplatz wochenlang ausgesetzt ist, und das sind nach Schätzungen der AOK etwa 1,4 Millionen Menschen in Deutschland, kann nicht mehr produktiv - geschweige denn kreativ! - arbeiten, macht Fehler und wird schließlich dauerhaft krank. Mobbing bindet nicht nur Kräfte, es ist auch teuer: Der geschätzte volkswirtschaftliche Schaden beträgt 30 Milliarden Mark pro Jahr.

Die seelischen und gesundheitlichen Folgen für die Betroffenen sind gravierend: Sie reichen von Schlaf- und Konzentrationsstörungen, Herz- und Magenbeschwerden bis hin zu Angstzuständen, Depressionen und Selbstmordversuchen (jeder fünfte soll auf Mobbing zurückzuführen sein). „Die Gemobbten fühlen sich im Kern ihres Wesens verletzt", sagt Rita Metzner. „Bei vielen hat sich die ganze Persönlichkeit unter dem Druck der Schikanen verändert, sie haben ihre Ausstrahlung verloren, ihr Denken kreist nur noch um die ihnen zugefügten Ungerechtigkeiten - ein Effekt, der oft noch Jahre nach dem Vorfall zu beobachten ist." Für den Arbeitsmarkt sind diese Menschen schließlich auf Dauer verloren - „nicht vermittelbar" heißt es dann.Treffen kann es jeden - das typische Mobbing-Opfer gibt es ebensowenig wie den typischen Mobber. Es wäre also reine Spekulation zu behaupten, daß diejenigen, denen das innerbetriebliche Netzwerk-Spinnen wichtiger ist als die sachbezogene Arbeit, eher zu Mobbing neigen.

Es ist klar, daß fehlende Alternativen auf dem Arbeitsmarkt jeden einzelnen abhängiger und angreifbarer machen. Angesichts eines vergifteten Klimas mit hocherhobenem Kopf: „Jetzt reicht es!" zu sagen und einen würdevollen Abgang hinzulegen, ist ein Szenario aus längst vergangenen Zeiten der Vollbeschäftigung. „Oft bleiben die Betroffenen selbst unter unerträglichen Bedingungen, weil sie Angst vor Arbeitslosigkeit haben", so Metzner. „Aber wenn sich für sie irgendwann die Frage stellt, ob sie vor Verzweiflung aus dem sechsten Stock springen oder kündigen sollen, gehen sie doch lieber das Risiko der Arbeitslosigkeit ein, um wenigstens am Leben zu bleiben."

Burnout

Wenn aus Kostengründen immer mehr Arbeit auf immer weniger Schultern verteilt wird, wachsen logischerweise die Belastungen für jeden einzelnen. 40 Prozent aller Beschäftigten fühlen sich bei uns inzwischen von ihrer Arbeit dauerhaft überfordert. Der Bremer Psychologe Gerd Marstedt spricht in diesem Zusammenhang von „Management by Stress" und nennt drei Belastungssyndrome, die Mitarbeitern „schlanker" Betriebe zu schaffen machen:

- das Flexibilitätssyndrom: Ständig flexibel auf ständig wechselnde Anforderungen reagieren zu müssen führt zu inhaltlicher Überforderung und sozialer Isolation (keine Zeit für kommunikative Pausen);

- das Just-in-time-Syndrom: Liefertermine, die penibel eingehalten werden müssen, erzeugen Streß und Hektik (die Fehlerhäufigkeit nimmt unter solchen Umständen eher zu, auch die Unfallgefahr, wie seit einigen Jahren bei Fernfahrern zu beobachten ist);

- das Qualitätssyndrom: Die Mitarbeiter haben zwar die Verantwortung für die Qualität ihrer Arbeit, allerdings häufig unter schlechten Voraussetzungen wie unzureichender Qualifizierung, engen Zeitmargen und mangelnden Einflußmöglichkeiten.

Menschen, die chronisch überfordert werden, laufen jedoch Gefahr „auszubrennen": Der Kraftaufwand, den der Beruf ihnen abverlangt, verbraucht irgendwann ihre inneren Reserven und ruiniert ihre Gesundheit. „Burnout", auch „Infarkt der Seele" genannt, ist in aller Munde, immer mehr Menschen sind davon betroffen, Experten schätzen die Zahl bei uns auf etwa neun Millionen Menschen! Für Burnout werden schlechte Arbeitsbedingungen verantwortlich gemacht: Leistungsbereite Leute sehen sich mit knappen Ressourcen, unfähigen Vorgesetzten sowie wenig Wertschätzung und Lob konfrontiert. Forscher der Bertelsmann-Stiftung und des Schweizer Sciencetransfer-Instituts stellten in einer Studie fest, daß die Zahl der Burnout-Fälle abnimmt, wenn Vorgesetzte ihre Mitarbeiter loben, ihnen Tips geben, auf Arbeitsentlastung achten oder ihnen einfach zuhören.

Das sollte doch wohl zu schaffen sein?

Der Begriff Burnout wurde 1974 von dem amerikanischen Psychoanalytiker Herbert J. Freudenberger geprägt, um ein Syndrom körperlicher, geistiger und seelischer Erschöpfung zu beschreiben, über das seine Patienten - zunächst meist Menschen aus Helferberufen - in Verbindung mit ihrer Arbeit klagten und das sich in Dauermüdigkeit, reduzierter Leistungsfähigkeit, Gleichgültigkeit und Zynismus äußerte.

Freudenbergers bildhafte Beschreibung des Phänomens könnte drastischer nicht sein: „Wer je ein ausgebranntes Gebäude gesehen hat, der weiß, wie so etwas aussieht. Ein Bauwerk, eben noch von pulsierendem Leben erfüllt, ist nun verwüstet. Wo früher noch Geschäftigkeit herrschte, finden sich jetzt nur die verkohlten Überreste von Kraft und Leben. Ein paar Ziegel, ein paar Zementbrocken mögen stehengeblieben sein, ein paar leere Fensterrahmen. Vielleicht ist sogar die äußere Hülle des Gebäudes noch erhalten. Wer sich jedoch hineinwagt in die Ruine, wird erschüttert vor dem Werk der Vernichtung stehen."

Insbesondere Menschen, die ursprünglich viel Engagement in ihre beruflichen Ziele gelegt haben, laufen Gefahr auszubrennen, stellte Freudenberger fest, nachdem er beobachtet hatte, wie innerhalb weniger Monate aus glühenden Idealisten, denen keine Anstrengung zu groß war, erschöpfte, reizbare Zyniker wurden, die mit immer mehr Arbeitsaufwand immer weniger schafften und ihre Klienten zunehmend gleichgültiger und abweisender behandelten. „Nur wer einmal gebrannt hat", resümierte Freudenberger, „kann ausbrennen." Insofern beraubt fatalerweise „das Ausbrennen unsere Gesellschaft gerade derer, die sie am nötigsten braucht, nämlich der Männer und Frauen mit Tat- und Entschlußkraft, von denen andere Führungstalent und Anregung erwarten."

Der Verschleiß kommt nicht von heute auf morgen, vielmehr handelt es sich um einen schleichenden Prozeß, „dessen erste Phasen wahrscheinlich jeder von uns mehrmals kennenlernt", so der Hamburger Burnout-Forscher Matthias Burisch. „Typischerweise beginnt das erste Stadium mit freiwilliger oder unfreiwilliger Überlastung." Der Betroffene versucht dieser Überforderung mit erhöhtem Arbeitseinsatz entgegenzuwirken, bleibt länger, arbeitet nach, verzichtet auf Freizeit. „Wird das nicht auf ein gesundes Maß reduziert - vom eigenen Frühwarnsystem, von der Familie, von wachsamen Kollegen -kann es ausufern in ein Gefühl, nie Zeit zu haben, in massive Bedürfnisverleugnung und Verdrängung von Frustration." Typisch für diese Phase ist die Unfähigkeit, abends abzuschalten.

Dauert ein solches Überengagement an, sind Müdigkeit, chronische Erschöpfung und in manchen Berufszweigen auch erhöhte Unfallgefahr vorprogrammiert. Dann kommt der Einbruch, die Krise. „Das, was man vorher im Übermaß gegeben hat, ist nun nicht mehr da - das Engagement für Kunden, Kollegen, Klienten, Patienten, für die Arbeit generell", beschreibt Burisch diese Phase. „Die Symptome übertragen sich relativ schnell ins Privatleben. Betroffene reagieren innerhalb der Familie gereizt, können nicht mehr zuhören und wollen abends von Problemen nichts mehr wissen." Wird dem Prozeß nicht gegengesteuert, beginnt die Phase des Abbaus. Die geistige Leistungsfähigkeit ist reduziert, im Zustand der „inneren Kündigung" wird am Arbeitsplatz mit einem Minimum an Aufwand nur noch das Nötigste getan. Burisch: „Ein allgemeiner Motivationsschwund tritt auf, Initiativen finden nicht mehr statt, Kreativität und differenziertes Denken sind eingeschränkt und die Persönlichkeit verflacht zusehends." Dem Ausgebrannten erscheint jetzt alles fade und schal, im Gefühlsleben herrschen Monotonie und innere Leere. Parallel dazu kommt es zu psychosomatischen Reaktionen wie Schlafstörungen, Verspannungen, Verdauungsproblemen und Herz-Kreislauf-Beschwerden, meist begleitet von hohem Alkohol-, Zigaretten- und Medikamentenkonsum. Das Endstadium ist dann pure Verzweiflung, Depression und erhöhte Suizidgefahr.

Inzwischen ist das Burnout-Syndrom für über 30 Berufsfelder beschrieben worden: Ärzte, Anwälte, Führungskräfte, Angestellte und Lehrer sind ebenso betroffen wie Psychotherapeuten, Pflegepersonal, Polizisten oder Politiker. Burnout-gefährdet, das weiß man heute, sind vor allem Menschen in Berufen, bei denen der Kontakt zu Menschen die entscheidende Rolle spielt - und der wird in einer Dienstleistungsgesellschaft immer wichtiger. Mit der Umorientierung von repetitiver zu anspruchsvollerer Interaktionsarbeit wachsen die psychischen Anforderungen und Beanspruchungen - und damit das Burnout-Potential. Insofern wird es auch unter wirtschaftlichen Gesichtspunkten immer wichtiger, diesem Phänomen Beachtung zu schenken.

Besonders ein Kernsymptom des Burnout scheint mir von großer Brisanz, weil ich es für so allgegenwärtig halte: nämlich das, was Burnout-Forscher „Depersonalisierung" oder auch „Dehumanisierung" nennen - wenn die Beziehungsfähigkeit abkippt in übergroße Distanz und Zynismus. Das Gefühl, sich nicht mehr so gut in andere hineinversetzen zu können, nicht genügend Interesse oder Anteilnahme für andere Menschen und ihr Schicksal aufzubringen, gleichgültiger zu reagieren, überhaupt gefühlsmäßig zu verhärten oder andere Menschen nur noch als Objekte zu sehen - wem ist das nicht irgendwie vertraut? Und ist es nicht das, was wir meinen, wenn wir die zunehmende Kälte in unserer Gesellschaft beklagen?

Wenn die Belastungen zu groß werden, bleiben die Gefühle auf der Strecke. Wenn wir aber in dem Irrglauben, nur dann reibungslos „funktionieren" zu können, diese fundamentale Seite unseres Menschseins ausklammern, verlieren wir auch unseren „Zündstoff", die Verbindung zu unserer inneren Quelle von Kraft, Kreativität und Liebesfähigkeit – ein Teufelskreis, der immer tiefer in die Erschöpfung führt.

Geradezu legendär ist diese Notlage beim Pflegepersonal: Unter den derzeitigen Sparzwängen geraten die Betroffenen immer schneller an die Grenze ihrer Belastbarkeit. Es herrscht chronischer Zeitmangel, der eine eingehende Beschäftigung mit den Pflegebedürftigen nicht mehr erlaubt. Dadurch aber bleibt die Befriedigung, die aus gut, gern und ganz getaner Arbeit eigentlich erwächst, aus. Wenn der Kontakt zum Patienten sich auf das nötigste beschränken muß, kann keine emotionale Beziehung zu ihm entstehen, aus der sich die „Batterien" des Pflegenden wieder aufladen könnten. Wo aufgrund institutioneller (oder besser gesagt: ökonomischer) Vorgaben zwischenmenschliche Kommunikation nicht mehr als notwendige Energiespenderin, sondern bloß noch als

Zeitvergeudung gesehen wird, bleibt nicht nur die Menschlichkeit auf der Strecke, sondern am Ende auch die Lebenskraft.

In jedem Fall leidet die Qualität der geleisteten Arbeit an diesem Zwang zur vermeintlichen Effizienz, wie sich an verschiedenen Berufsfeldern durchdeklinieren läßt. Ausgebrannte Lehrer, die überfordert durch zu große Klassen mit immer mehr verhaltensauffälligen Schülern nur noch „Dienst nach Vorschrift" machen; Sozialarbeiter, die sich hinter ihrem Schreibtisch verschanzen, weil sie das wachsende Elend in den Familien nicht mehr ertragen, oder auch Führungskräfte, die, durch die Arbeitsverdichtung ausgepreßt wie Zitronen, keinen Kopf mehr für innovative Projekte haben: Sie alle können nicht mehr den menschlichen Einsatz bringen, der für ihre Aufgabe eigentlich erforderlich wäre. Einer Studie zufolge gaben 83 Prozent der Führungskräfte an, sich und ihren Mitarbeitern keine Zeit zu geben, innovative Ideen reifen zu lassen.

Insbesondere der Zeitdruck ist es, der zur emotionalen Erschöpfung führt. „Moderne Verrücktheiten" nannte der amerikanische Unternehmensberater Douglas LaBier die Symptome des Burnout: Nicht die Menschen sind verrückt, sondern die Organisationsstrukturen, in denen sie arbeiten. Als besonders belastende Faktoren gelten neben dem zunehmenden Zeitdruck die Arbeitsmenge, mangelnde Gestaltungsspielräume, fehlende soziale Unterstützung durch Kollegen oder Vorgesetzte sowie zuwenig Anerkennung - Rückmeldungen gibt es meist nur, wenn etwas schiefgegangen ist. „Wir brauchen eine Kultur der Anerkennung", meinte kürzlich der Theologe Friedrich Schorlemmer, und für die Atmosphäre in einem Unternehmen sei nun mal der Chef zuständig, er gibt das Firmenklima vor.

Doch wie steht es eigentlich um die Führungsstärke der Manager?

Wie kompetent sind die Führungskräfte?

Das rapide Tempo unseres Wirtschaftslebens bei immer härterem Konkurrenzdruck geht auch an den Führungskräften nicht spurlos vorbei. Jeder fünfte Manager leidet unter seinem Beruf. Leistungseinschränkungen unter zunehmendem Druck, mangelndes Konfliktmanagement und geringe Tatkraft gehen häufig einher mit erhöhten Blutfetten, vegetativen Beschwerden und erhöhter Krankheitsanfälligkeit.

Vor allem bei leitenden Angestellten nehmen seelische Krisen und Krankheiten zu. Der momentane Personalabbau, der auch die Leitungsebene ausdünnt, aktiviert zudem das „latent neurotische Potential" der Manager, meinen die Berliner Psychologen Jürgen Hesse und Hans Christian Schrader: „Das Gefühl, nicht mehr Herr der Lage zu sein, führt bei vielen Führungskräften, insbesondere im mittleren Management, zu Angst, Depressionen, Alkoholismus, psychosomatischen Störungen und zunehmend aggressiven Auseinandersetzungen in der Familie", stellten sie fest.

Hintergrund ihrer Betrachtungen ist eine Untersuchung der Unternehmensberatung Kienbaum, nach der 60 Prozent der 437 untersuchten Manager neurotisch gestört sind, also unter einer verzerrten Wirklichkeitswahrnehmung leiden. Die Neurotiker outeten sich beispielsweise dadurch, daß sie in einem anonymen Fragebogen Aussagen wie „Die Menschen sind von Natur aus böse" unterstrichen. Derartige seelische Verformungen kommen die Unternehmen teuer zu stehen. Der Kienbaum-Studie zufolge machen Firmen, in deren Führungsteams Neurotiker dominieren, rund ein Drittel weniger Umsatz - Betriebsklima und Produktivität hängen schließlich stark vom Verhalten des Vorgesetzten gegenüber seinen Mitarbeitern ab. „Je weniger neurotisch die Manager, desto erfolgreicher das Unternehmen", schlußfolgern die Psychologen. Doch die Isolation in den Top-Etagen führe bei vielen Managern eher zu „Realitätsverlusten und dem Aufblühen ihrer Neurose".

Das kommt nicht von ungefähr. Als zentrales Motiv für das Streben nach einer Vorgesetztenrolle nennt der Psychoanalytiker Horst Eberhard Richter die uneingestandene Angst, sich in einer Gruppe Gleichrangiger nicht behaupten zu können. Karrieristen, analysiert Richter, „leiden unter maßlos gesteigerten Befürchtungen, gedemütigt und kleingemacht zu werden. Nur wenn sie eine Gruppe von oben kontrollieren können, fühlen sie sich einigermaßen sicher ... Ihre angstbedingte Unfähigkeit zu einem solidarischen Verhalten läßt sie den Weg nach oben suchen und finden, wo es ihnen letztlich nur um die Machtmittel geht, sich die Mitmenschen vom Leibe zu halten, von denen sie sich auf gleicher Ebene zu sehr bedroht fühlen."

Man mag diesem Gedankengang folgen oder nicht. Zweifellos weist er gewisse Schwächen auf: Nicht jeder, der Angst vor Gruppensituationen hat, schafft die „Flucht nach oben" - manch einer landet auch ganz unten. Aber vielleicht hilft dieser Blick in die Psyche, die maßlose (Selbst-)Überschätzung der Manager etwas zurechtzurücken. Und erklärt zudem Führungsfehler wie den Mangel an Einfühlungsvermögen und der Fähigkeit zuzuhören, was von vielen Arbeitnehmern immer wieder beklagt wird.

In der bereits erwähnten Studie des Kölner Wirtschaftswissenschaftlers Winfried Panse wünschten sich 83,9 Prozent der Befragten ihren Vorgesetzten hilfsbereiter, ehrlicher und offener; 73,1 Prozent hätten von ihm gern mehr Verständnis für persönliche Probleme. Und nahezu alle (94,2 Prozent) ärgerten sich über mangelnde Anerkennung ihrer Leistungen. Lob ist hierzulande nicht übermäßig en vogue; wenn man keine Rückmeldung bekommt, ist das in der Regel ein gutes Zeichen - „no news are good news". Wo hinter dem karriereförderndem Machtwillen tatsächlich nur die Kompensation von Minderwertigkeitskomplexen steht und verdrängte Ängste lauern, kann man Führung, die diesen Namen verdient, kaum erwarten. Sie setzt vielmehr die profunde Kenntnis der eigenen Person mit all ihren Stärken und Schwächen voraus - und genau das ist für viele Manager immer noch ein Tabu.

Das gängige Managerprofil (oder besser gesagt: Klischee) verlangt die ständige Ausstrahlung von Optimismus und Selbstvertrauen. Stimmungstiefs, Sorgen und Unsicherheitsgefühle kennzeichnen dagegen nur „Verlierer". Die Abspaltung dieser Gefühle macht aber viele Manager zu Gefühlskrüppeln, die nicht mehr wissen, wie Menschen reagieren. Dabei verlangt die Rolle des Führenden eher die Haltung: „Nichts Menschliches ist mir fremd." Nur wer die eigenen Tiefen einigermaßen ausgelotet hat und ein klares Bewußtsein seiner selbst hat, ist psychisch stabil genug für den Top-Job und hat es nicht nötig, aus uneingestandener Unsicherheit den Entfaltungsspielraum seiner Mitarbeiter einzuengen oder sie – sozusagen in Weitergabe der eigenen Ängste – durch Einschüchterung, Druck und Drohungen zu manipulieren.

Die Erzeugung von Angst verhindert nicht nur Leistung, sondern ist zudem ein klassischer Fall von Führungsversagen. Eine derartige Mißachtung des Mitarbeiters zeugt von geringer Selbstachtung oder Mutlosigkeit des Führenden.

Und dennoch scheint der Typus des „neuen Feudalherrn", der sich eher durch Macht- als durch Sachkompetenz auszeichnet und dem es in erster Linie um persönliches Prestige geht, in unserer Wirtschaftselite sehr dominant vertreten zu sein. Die meisten Heroen in den Chefetagen sind erst einmal damit beschäftigt, ihre eigene Bedeutung herauszustreichen, ehe sie Gedanken und Gefühle auf ihre Umgebung verschwenden.

Feudales Gebaren zeigt sich auch darin, daß in vielen deutschen Unternehmen immer noch straff von oben herab geführt wird, während moderne Führungsleitlinien, in den Hochglanzbroschüren der Firmen vollmundig bekundet, nicht umgesetzt und vor allem vom Management nicht vorgelebt werden. Nach wie vor bestehen in vielen Firmen Strukturen und Prozesse, wie es sie in totalitär-kommunistischen Systemen gab: Zentralismus, Hierarchiedenken, Vetternwirtschaft, schlechter Informationsfluß und Verkrustung. Eitelkeit und Arroganz der Manager, ihre Angst vor Privilegien- und Machtverlust bestimmen oft das Klima in den Betrieben. Hinzu kommt, daß eine enorme Diskrepanz besteht zwischen der Selbsteinschätzung der Führungskräfte, die behaupten, sie würden informieren, kommunizieren und Vorbild sein, und der Einschätzung dieser Führungskräfte durch die Mitarbeiter. Dieser Hang zur Selbstüberschätzung wird durch eine Studie des Münchner Geva-Instituts belegt, bei der Manager und ihre Mitarbeiter befragt wurden. Danach hielten sich „nur" 29 Prozent der Vorgesetzten für autoritär, wohingegen 70 Prozent der Mitarbeiter ihre Chefs so einstuften. Und während fast zwei Drittel der Manager glauben, sie hätten ein gutes Gespür für die Stimmung in ihrer Belegschaft, gesteht nur ein Drittel der Mitarbeiter ihren Bossen ein solches Feingefühl zu.

Obwohl 80 Prozent der Bosse an schweren Führungsfehlern scheitern, kommt es nur selten zu negativen Sanktionen. Dieses mangelnde Problembewußtsein hängt mit der einseitig betriebswirtschaftlich-technologischen Ausbildung von Managern und ihrer weitgehenden Unkenntnis psychologischer Prozesse zusammen. Unter dem Druck, Organisation und Kosten zu optimieren sowie Unternehmensziele durchzusetzen, bleibt die Mitarbeitermotivation häufig auf der Strecke. Ein sehr großer Teil der Führungskräfte ist auch nicht bereit, sich mit der Führungsproblematik auseinanderzusetzen, da professionelle Führung und Motivation von Mitarbeitern ein außergewöhnlich hohes Maß an Zeit, Engagement, Konfliktfähigkeit und eine ausgeprägte soziale Einstellung verlangen.

Sensibilität für sich und andere? Fähigkeit zur Selbstreflexion oder gar Zugang zu den eigenen Gefühlen? Derzeit noch keine idealen Voraussetzungen für das Bekleiden einer Vorgesetztenfunktion, denn „der Führungskader" stabilisiert sich durch „Gesinnungskooptation", wie Hesse und Schrader es ausdrücken: „Nach dem Prinzip ‚Gleich und gleich gesellt sich gern' werden dann solche Charaktere in immer höhere Führungspositionen befördert, die dafür Gewähr bieten, den gängigen Stil aufrechtzuerhalten, bei minimaler Sachkompetenz von oben leicht manipulierbar zu sein und nach unten gut manipulieren zu können." Mit anderen Worten: Die etablierten Seilschaften und Netzwerke verhindern, daß sich Leute, die psychologisch anders gestrickt sind als der stromlinienförmige „Company Man" durchsetzen. Intuitive Charaktere, wirkliche Querdenker oder gar Menschen mit Idealen oder Visionen haben in solch einem homogenen Milieu kaum eine Chance.

Auf diese Weise entsteht in den Unternehmen eine Gefolgschaft von Hofschranzen und Jasagern, denn in der Regel werden nur Konformismus und ein gewisses Maß an Unterwürfigkeit mit Aufstieg auf der Karriereleiter belohnt.

Die seelischen Kosten der Karriere - wie Selbstverleugnung und Entfremdung - dringen jedoch selten nach außen. Wie ein 33jähriger Abteilungsleiter es ausdrückte: „Wenn ich morgens meinen Anzug anziehe, wechsle ich die Identität. Ich habe sogar gemerkt, daß meine Mimik anders wird, und habe das Gefühl, daß ich dann auf einmal vom einigermaßen menschlichen Menschen zu dem werde, der ich in der Bank halt bin."

Die aus dem täglichen Streß resultierende „mehr oder weniger totale Außenorientierung der Erfolgreichen führt à la longue zur Verkümmerung der Gefühle", stellt der Psychologe Werner Gross fest. „Lust, innere Befriedigung, Muße und Sinn werden dem äußeren Erfolg geopfert. Mit der Zeit geht die Sensibilität für sich und andere verloren, und damit wird mitunter die Menschlichkeit von der Karriere aufgefressen." Es entsteht ein Teufelskreis: „Da die innere Befriedigung verlorengegangen ist, wird der äußere Erfolg so etwas wie Meerwasser für einen Ertrinkenden: Je mehr man davon trinkt, desto durstiger wird man, und desto mehr geht man darin innerlich zugrunde." Auf diese Weise aber wird Arbeit zum „Suchtmittel gegen die inneren Konflikte und die Leere".

Arbeitssucht als gesellschaftliches Leitbild

Es gibt mit Sicherheit keine Sucht, die ein so hohes Sozialprestige genießt wie die Arbeitssucht. Rund um die Uhr beschäftigt zu sein, an mindestens zwei Telefonen gleichzeitig zu hängen, einen randvollen Terminkalender zu haben, abends als letzter das Büro zu verlassen und auch in den Urlaub noch Arbeitsmaterial mitzunehmen - das steigert das Image, weil es so produktiv zu sein scheint. Wie heißt es so schön: „Wenn man zu einer Talk-Show zehn Gäste einlädt, die Zeit haben, hat man die zehn falschen!" Der Workaholic als neues Leitbild? Aber ja! Arbeitssucht gilt als erstrebenswerte Lebenshaltung, von ungeheuer hohem Nutzen für Gesellschaft und Unternehmen und wird mit zunehmender Arbeitsbelastung und erhöhtem Termindruck in allen Wirtschaftsbereichen geradezu aktiv gefördert. Oben wird ein solches Leben auf der „Überholspur" vorgelebt. Die deutschen Manager sind Workaholics, zwei Drittel von ihnen arbeiten jede Woche mehr als 60 Stunden für ihr Unternehmen.

Arbeitssucht gehört mittlerweile zum Anforderungsprofil für den Eintritt in die Top-Etagen und wird von da aus nach unten weitergegeben. Nicht selten verlangen arbeitssüchtige Vorgesetzte einen ähnlichen Einsatz von ihren Mitarbeitern - ihr exzessives Verhalten wird Norm und Maßstab für die Beurteilung anderer. Etwa nach dem Motto: Wer zuletzt das Licht ausmacht, kommt am schnellsten weiter. Oder: Wer klaglos monatelang Überstunden schiebt und damit signalisiert, daß ihm sein Job über alles geht, wird zumindest nicht gefeuert. Respekt vor den Grenzen anderer? Woher denn - Workaholics kennen ja nicht einmal ihre eigenen Grenzen.

„Das Verhalten Arbeitssüchtiger wird immer öfter zum Maßstab dessen, was man gerade in der freien Wirtschaft unter einem dynamischen Mitarbeiter versteht", bestätigt der Suchtexperte Werner Gross. „In immer mehr Unternehmen werden die Mitarbeiter bis zum Anschlag mit Arbeit zugepackt. Partnerschaften, Familien und Freundschaften gehen daran kaputt."

„Früher dachte ich immer, nur die sogenannten Besserverdienenden arbeiten bis spät abends", sagt Andrea, die ihren Mann, Geschäftsführer einer Werbeagentur, nur selten vor 22 Uhr zu Gesicht bekommt. „Aber inzwischen höre ich es überall, egal ob im Kindergarten oder in der Schule meiner Kinder, die Frauen erzählen alle, daß ihre Männer abends spät nach Hause kommen. Und die können ja nun nicht alle Spitzenjobs haben!"

Wann aber beginnt die Arbeit Suchtcharakter anzunehmen? „Wenn Sie Ihre Identität einzig und allein aus der Arbeit gewinnen, sind Sie süchtig", erklärt die amerikanische Unternehmensberaterin und Arbeitssucht-Expertin Diane Fassel. „Dann hat die Arbeit Sie - und nicht umgekehrt." Wie für alle Süchte gilt auch hier: Wenn die Sache einen im Griff hat, anstatt daß man selbst über sie verfügt, ist man abhängig geworden. Während bei anderen Süchten eine abhängig machende Substanz eingenommen wird

(Alkohol, Tabletten oder illegale Drogen), um in einen veränderten Ge-
fühlszustand zu kommen, „erreicht der Arbeitssüchtige dieses ‚high'-Ge-
fühl durch die Produktion körpereigener Substanzen, sogenannter Endor-
phine", so Werner Gross. „Das heißt, er arbeitet sich regelrecht besoffen."

Und er bekommt deutliche Entzugserscheinungen - Verzweiflung, Panik
oder gar Depressionen -, wenn ihm sein „Stoff" ausgeht, weil beispielsweise eine Aufgabe erledigt ist. Während normal arbeitende Menschen
sich Erholung gönnen, wenn sie erschöpft sind, und dafür sorgen, daß ihr
Leben ausgewogen ist, ist das Leben des Arbeitssüchtigen reduziert. „Er
kann zur Arbeit und ihren Anforderungen nicht nein sagen", denn, wie Diane Fassel es drastisch ausdrückt, „sie ist seine ‚Spritze', sein Nachschub".

Getrieben von einem massiven Zwang zu arbeiten, haben Workaholics
ihr Arbeitsmaterial stets griffbereit, ihre Gedanken kreisen auch in ihrer
Freizeit ständig um ihre Tätigkeit, sie sind genußunfähig und können sich
nicht richtig entspannen. Rein physiologisch hängt diese Unfähigkeit abzuschalten mit ihrem erhöhten Adrenalinspiegel zusammen - sie stehen
praktisch ständig unter Strom. Psychologisch gesehen steht dahinter die
Angst, Gefühle wahrzunehmen, denen sie lieber aus dem Weg gehen
möchten, oder der „horror vacui", die Furcht vor der inneren Leere. Besser,
man „überarbeitet" die eigenen inneren Abläufe und betäubt damit die
seelische Tiefendimension. „Es ist so unangenehm, wenn die Gedanken
zur Ruhe kommen, denn dann bin ich plötzlich mit mir selbst konfrontiert", bekennt ein arbeitssüchtiger Unternehmer. „Es ist nicht schwer zu
sehen, wie Arbeitssüchtige ihre Arbeit, Hetze und Geschäftigkeit dazu
benutzen, den Kontakt mit sich selbst und anderen fortlaufend zu vermeiden", meint Diane Fassel. So werden auch gesellige Anlässe von ihnen
hauptsächlich zum Knüpfen neuer Geschäftsbeziehungen benutzt - Kommunikation ohne Beziehung zur Arbeit wäre für sie reine Zeitvergeudung.

Entgegen einem weitverbreiteten Vorurteil ist Arbeitssucht keineswegs
ein „privates Leiden". Vielmehr beeinträchtigen Arbeitssüchtige alle, mit
denen sie in Berührung kommen - am allermeisten ihre engsten Famili-
enangehörigen. Die sind oft voller Groll, weil der Mensch, den sie lieben,
geistig und emotional selten richtig präsent ist und Versprechungen
macht, die er sowieso nicht einhält.

Und Arbeitssucht überträgt sich, wie Fassel beobachtet hat: „Arbeitssüchtige Eltern können in der Familie ein Klima schaffen, in dem unaufhörliche Geschäftigkeit belohnt wird, in die Luft starren, träumen und herumspielen dagegen nicht geschätzt werden." Auf diese Weise wird die Sucht an die eigenen Kinder weitergegeben: Sie werden beschäftigt, „gefördert", verplant und zu unzähligen Aktivitäten gedrängt. Umgeben von erwachsenen Vorbildern, die ständig gehetzt und in Eile sind, beginnen Kinder schließlich, das arbeitssüchtige Verhalten nachzuahmen, statt ihre eigenen Neigungen und Rhythmen kennenzulernen und zu respektieren.

„Bestätigung und Anerkennung gab es in unserer Familie nur durch ständiges Tätigsein und Leistung", erzählt Karen, eine arbeitssüchtige Journalistin. „Wenn meine hyperaktive Mutter mich beispielsweise beim Lesen erwischte, spannte sie mich gleich für die Hausarbeit ein, weil Lesen ja keine richtige Beschäftigung ist. Heute ist es oft so, daß ich in ein tiefes Loch zu versinken drohe, wenn ich mal keinen Output bringe. Dann quälen mich destruktive, verzweifelte Gedanken, die ich nur dadurch in den Griff bekomme, daß ich mich zwinge weiterzuarbeiten."

Es gibt jedoch auch die Variante, daß Angehörige Arbeitssüchtiger zum anderen Extrem übergehen und aufhören, überhaupt etwas zu tun - so als wollten sie unbewußt einen Ausgleich schaffen. Sie fühlen sich wie gelähmt und unfähig, irgendwelche eigenen Aktivitäten zu starten. Zu tieferen Konflikten kommt es besonders dann, wenn der Workaholic seiner Familie gerade durch seine Betriebsamkeit viel Luxus bieten kann. Den typischen Verlauf des Konfliktes, den Familien erleben, die materiell von der Arbeitssucht profitieren, schildert Diane Fassel so: „Anfangs finden es alle aufregend, so viele begehrenswerte Dinge anschaffen zu können. Als nächstes kommt es zum Konflikt, weil der Arbeitssüchtige kaum noch ansprechbar und meistens immer häufiger abwesend ist. Dieser Phase folgt Resignation und man gibt immer mehr Geld aus, um sich für die Vernachlässigung zu entschädigen. ‚Das haben wir verdient', argumentiert die Familie." Hier gewinnt das alte Klischee, wonach die Ehefrauen gutverdienender Männer nur noch auf der faulen Haut liegen und „sein" hart verdientes Geld ausgeben, eine neue Facette: als Versuch, den Mangel an Nähe und emotionaler Verbundenheit zu kompensieren.

Zugleich wird damit deutlich, wie eng Arbeits- und Konsumsucht zusammenhängen - sie bedingen sich häufig gegenseitig. Den Ehepartnern hilft dieses Lebensarrangement Co-Abhängiger nicht wirklich weiter - von dieser Verwicklung profitieren vielmehr ganz andere.

Und damit ist nicht unbedingt das Unternehmen gemeint, in dem der Arbeitssüchtige tätig ist, dazu ist ihr Arbeitsstil viel zu zwanghaft. Überhaupt sind sie eher „Zwangsarbeiter" als „Lustarbeiter", getrieben von Terminhetze der Sorge, ihr Pensum nicht zu schaffen. Weil sie sehr perfektionistisch sind und das Bedürfnis haben, alles zu bestimmen, vertrauen typische Workaholics nicht auf Delegation und meiden Teamarbeit - die Mitarbeiter könnten ja nachlässig arbeiten oder Fehler machen und „am Ende muß ich ja doch alles selbst erledigen".

Sie haben ein Gefühl von übertriebener Wichtigkeit, wenn es um ihre Projekte geht, setzen sich unrealistische Ziele und bürden sich daher mehr auf, als sie schaffen können. Es gibt einige Workaholics, die „süchtig nach Innovationen" sind - sie werfen ständig neue Bälle in die Luft, aber fangen sie nicht auf, mit anderen Worten: Sie vernachlässigen die Weiterentwicklung ihrer Produkte, Projekte oder Ideen, die somit auch nie Marktreife erlangen und folglich keinerlei Gewinn bringen. „Bei näherer Nachfrage entdeckte ich, daß diese Angestellten süchtig nach dem Adrenalinstoß waren, der die neue Idee begleitete, während sie sich von der gewissenhaften Verfolgung einer Arbeit heruntergezogen fühlten", berichtet Diane Fassel.

Abgesehen von Fällen solcher Innovationsattacken „können Arbeitssüchtige im Bereich kreativer neuer Ideen leider keine große Hilfe bringen", stellt sie fest, denn „ihr Verstand läuft monoton, und ihr Denken ist eingleisig. Kreative Ideen aber brauchen Zeit. Sie erfordern den Luxus, daß wir vor uns hinträumen, herumspielen und müßige Schwätzchen halten. Aber all das können Arbeitssüchtige sich nicht erlauben."

Wer kann sich das heute überhaupt noch erlauben? Am verheerendsten wirkt sich jedoch der selbstzerstörerische Charakter ihres Arbeits- und Lebensstils auf die Betroffenen selbst aus. Sie erlauben es sich nicht, auf ihre körperlichen (Alarm-)Signale zu achten. Symptome wie Erschöpfungsgefühle, Schlafstörungen, Kopfschmerzen, Rückenschmerzen, hoher Blutdruck, Magen-Darm-Erkrankungen oder Depressionen werden verdrängt durch verstärktes „Gegenanarbeiten".

Aufgrund einer fatalen Überschätzung der eigenen Kräfte, die sie für unerschöpflich halten, überschreiten Workaholics permanent ihre Grenzen und treiben so massiven Raubbau an ihrem Körper.

„Bei mir laufen täglich etwa 50 Anrufe auf", erzählt Arnim, der als Abteilungsleiter in einem mittelständischen Unternehmen regelmäßig 60 Stunden pro Woche arbeitet. „Da unsere Abteilung sehr schlank gehalten ist, bearbeite ich ständig ungefähr ein Dutzend Projekte parallel. Das geht nur, wenn man wie eine Maschine ein Thema nach dem anderen abarbeitet. Mittags essen zu gehen schaffe ich rein zeitlich überhaupt nicht, ich habe auch keinen Hunger, sondern trinke eigentlich nur Kaffee, um mich geistig fit zu halten. In Krisenzeiten steigert sich das dann noch, ich merke, wie ich völlig mechanisch wie ein Roboter ein Problem nach dem anderen erledige und jedes Gefühl für meinen Körper verliere. So, als überschreite man noch mal eine Grenze. Wenn ich so auf Hochtouren laufe und ständig weiter Leistung bringe, merke ich schließlich, wie mein Kopf ganz heiß wird, so, als ob da eine Sicherung durchbrennt. Und irgendwann falle ich völlig erschöpft in mich zusammen, meist am Wochenende, bin montags aber wieder an Deck. In der heutigen Arbeitsmarktsituation kann ich mir längere Fehlzeiten einfach nicht erlauben."

Für manch einen ist leider erst ein Herzinfarkt alarmierend genug, auf der abwärtsführenden Spirale der Arbeitssucht eine lebensrettende Kehrtwendung zu machen. Daß sich Menschen regelrecht zu Tode arbeiten können, hat man in Japan schon vor Jahren erkannt und diesem beunruhigenden Phänomen einen Namen gegeben: Karoshi. Inzwischen gibt es dort bereits mehrere Hundert Suchtzentren für Workaholics.

Wieso gibt es bei uns eigentlich keine Fürsorgepflicht der Unternehmensleitung, um dem selbstzerstörerischen Einsatz Arbeitssüchtiger Einhalt zu gebieten? Wieso wird ein so augenfälliger Selbstmißbrauch geduldet, gefördert oder gar verlangt?

Die Antwort lautet: Weil Arbeitssucht ein konstituierendes Merkmal einer wachsenden Anzahl von Unternehmen ist und hierzulande nicht als Problem gesehen wird - solange der Mitarbeiter durchhält. Diane Fassel spricht von „arbeitssüchtigen Organisationen", für die Mitarbeiter austauschbar sind, Loyalität nicht zählt und die aus ihrer verengten Sicht heraus nur noch eines sehen: „Die letzte Zeile der Gewinnerklärung. Um den Profit zu halten, wird Arbeit aus den Menschen herausgequetscht ... Ich habe im Verlauf der Jahre beobachtet, daß viele Organisationen die Last der Rentabilität direkt auf die Menschen abwälzen. Die Mitarbeiter werden tatsächlich zu Gebrauchsgegenständen, die benutzt und dann abgestoßen werden, während andere schon auf Abruf bereitstehen, um sie zu ersetzen. In dem Maße, wie die Angestellten abhängig von der Organisation sind und um ihr eigenes Überleben fürchten, kooperieren sie mit diesen Verrücktheiten."

Zu diesen „Verrücktheiten" gehört der ständige Krisenzustand, in dem sich arbeitssüchtige Unternehmen befinden. Die Krise sozusagen als Normalzustand - und als Kontrollmechanismus. „Krisen werden regelrecht dazu benutzt, die üblichen Firmenregeln außer Kraft zu setzen und den Leuten zusätzliche Anstrengungen abzuringen", stellt Diane Fassel fest. Da die ausschließliche Profitorientierung in zunehmendem Maße die Visionen der Unternehmen verdrängt und ersetzt, werden diese immer seelenloser. Ähnlich wie arbeitssüchtige Individuen sich ihren (verlorengegangenen) Lebenssinn durch ständige Aktivität zu erkämpfen versuchen, kompensieren arbeitssüchtige Organisationen ihren Sinnverlust durch hektische Getriebenheit und eine immer zwanghaftere Ausrichtung auf den Gewinn – ohne Rücksicht darauf, wie sich das arbeitssüchtige Tempo auf die Mitarbeiter auswirkt.

„Das Wichtigste, was man sich vor Augen halten muß, ist, daß ein süchtiges System nicht am Leben orientiert ist. Es unterstützt nicht das Leben und die Lebendigkeit", betont die amerikanische Psychologin Anne Wilson Schaef. Insofern sei der am besten angepaßte Mensch der „Zombie" - der Abgestumpfte. Schaef weist darauf hin, daß unsere ganze Gesellschaft von süchtigen Prozessen bestimmt wird - wie sie beispielsweise in dem Kürzel „immer mehr, immer schneller, immer höher, immer weiter" zum Ausdruck kommen. Der Suchtprozeß, so meint sie, wirkt wie ein Puffer zwischen uns und unseren Gefühlen - Angst, Schmerz, Trauer und innere Leere -und sorgt dafür, daß wir mit ihnen nicht in Berührung kommen. Wir zahlen dafür mit sinkender Vitalität. Vor allem verhindert diese Entfremdung von unserem tiefsten Inneren jedoch, daß wir uns tiefergehenden Fragen zuwenden. Beispielsweise der, ob die Arbeit, die wir tun, auch wirklich sinnvoll ist. Ob sie tatsächlich unsere „Berufung" ist oder nur ein Job. Und ob sie anderen schadet oder nützt. Oder allgemeiner: Was sind gute, humane Arbeitsbedingungen? Wieviel Arbeit verträgt der Mensch? Und: Wie kann er seine Arbeit befriedigender gestalten?

Aber wer kann sich solche Gedanken schon leisten?Wir werden, wie ich im nächsten Kapitel schildern werde, um diese Überlegungen überhaupt nicht herumkommen, weil sie lebensnotwendig für uns sind.

Die Grenzen unseres Organismus

Egal, aus welchem Blickwinkel man die heutige Arbeitswelt betrachtet - ob man Mobbing-Prozesse, Burnout, Arbeitssucht oder Führungsversagen im Blick hat -, es drängt sich der überwältigende Eindruck auf, daß die Spielräume für kreatives und innovatives Denken stark begrenzt sind, und zwar quer durch alle Hierarchiestufen. Unter den Bedingungen von Streß und Angst kreative Leistungen zu erwarten, ist paradox und bedeutet die Quadratur des Kreises. Bildlich gesprochen: Es wäre so, als wolle man das durch den Anblick einer Schlange paralysierte Kaninchen auffordern, sich doch „zu entspannen"!

Aus der Kreativitätsforschung ist inzwischen hinlänglich bekannt, daß Menschen nur in einer angstfreien Umgebung den Mut entwickeln, wirklich Neues hervorzubringen.

Was der Streßforscher Frederic Vester einmal über Grundbedingungen effizienten Lernens gesagt hat, läßt sich ohne weiteres auf effizientes, innovatives Arbeiten übertragen: „Es muß sich an anthropologischen Grundlagen orientieren und nicht gegen sie verstoßen, sonst funktioniert das Ganze nicht."

Ersetzt man in den folgenden Ausführungen Vesters das Wort „Lernen" durch „Arbeiten", wird klar, woran es hapert: „Daß Lernen unter Streß durch Denkblockaden gestört ist, ist nicht etwa ein biologischer Programmierfehler, sondern liegt ganz im Sinne der Natur. Eine feindliche Umwelt, die uns streßt, soll gemieden und nicht erlernt werden. Die beste Garantie dafür ist, daß ein effizientes Lernen immer nur beim Spiel mit seiner besonders hohen Motivation und durch die nur dort mögliche Kybernetik von Trial und Error erfolgt. In einer feindlichen Umgebung oder unter Gefahr findet keine Entspannung, kein Spiel, dadurch kein effizientes Lernen statt. Eine solche Umwelt wird in der Tat nicht erlernt. Man versucht sie auch nicht zu verstehen, sondern zu fliehen."

Von diesem „humanökologischen" Ansatz aus gesehen ist Lernen „ein Prozeß, in dem geistige, psychische und körperliche Vorgänge miteinander verbunden sind". Weil dies jedoch nicht berücksichtigt wird, findet Lernen „anstatt mit dem Organismus zu arbeiten, meist gegen ihn statt", wodurch wir uns „in immer lebensfeindlichere Konstellationen hineingetrieben" haben. „Ein effizientes Lernen ist dagegen schon rein biologisch auf eine Atmosphäre der Vertrautheit, der Entspannung, des Sichwohlfühlens zugeschnitten."

Insofern ist es sinnvoll, wenn geistiges Arbeiten mit Freude, lustvoller Anregung, Vertrautheit, Neugier, Spaß und Spiel verbunden wird. Statt dessen aber verknüpfen wir es „mit Angst, Streß, Frustration und Prestigekämpfen - alles typische Lernkiller, unter denen wir mit gewaltigem Einsatz und gegen die Funktionen unseres Organismus dann logischerweise nur ein lächerliches Ergebnis erzielen können". Die „Funktionen unseres Organismus" sind in der heutigen Arbeitswelt bislang eher von untergeordnetem Interesse, weil die ganzheitliche Sicht auf den Menschen fehlt und das Denken in systemischen Zusammenhängen noch unterentwickelt ist. Das wird sich aber mit Sicherheit schon bald ändern.

Auf Dauer werden die Menschen sich nicht damit abfinden, daß wirtschaftliche Überlegungen allen anderen menschlichen Belangen vorgeordnet sind und der „Terror der Ökonomie" herrscht.

Der könnte sich am Ende gar selbst aufheben – wenn nämlich die Konsumenten aus nackter Not heraus nicht mehr ihrer „Bestimmung" nachkommen. „Um das Absacken in eine langanhaltende Rezession zu vermeiden, müßte jetzt in die Basisinnovation des nächsten Langzeitzyklus investiert werden", sagte der Wirtschaftswissenschaftler Leo A. Nefiodow bereits vor über einem Jahrzehnt und meinte damit das Marktsegment körperliche und geistige Gesundheit im weitesten Sinne. In der Erschließung von seelischen Potentialen wie Kreativität und Zusammenarbeit schlummern die „größten Produktivitätsreserven". In der Informationsgesellschaft hängt alles vom effizienten Umgang mit Informationen ab.

Wo aber Informationsströme gestört sind und Meinungsverschiedenheiten zu Machtkämpfen ausarten, geht genau diese Effizienz verloren und keine noch so verbesserte „Hardware" wird diesen Verlust ausgleichen können. Weiche Faktoren wie Kooperationsfähigkeit, Vertrauen, Motivation, Kre-ativität, Rücksicht und Menschenkenntnis werden zu überlebenswich-tigen Schlüsselqualifikationen.

„Es geht darum", so Nefiodow, „einer übertriebenen Ich-Bezogenheit den Boden zu entziehen und ein echtes Interesse am gleichberechtigten Wohlergehen anderer herbeizuführen."

„Hänge dein Herz an die Arbeit, aber strebe nicht nach ihren

Früchten; aber verfalle auch nicht in Untätigkeit. Verrichte

deine Werke im Frieden des Yoga, und sei frei von Eigensucht,

gleichmütig beim Gelingen und Mißlingen.

Dieser Gleichmut wird Yoga genannt - ein immerwährender

Friede. Werke, die für Lohn getan sind, stehen weit unter

denen, die im Yoga der Weisheit getan werden."

Bhagavad Gita

VIII

Von der äußeren und der inneren Arbeit

Wie soll man einem Kind erklären, daß es Millionen von Arbeitslosen gibt, während es erlebt, daß der eigene Vater bis spät in die Nacht hinein arbeitet? Die logische Frage des Kindes lautet: Warum gibt er dann keine Arbeit ab?

Ja, warum nicht? Bekanntlich könnten allein durch eine Reduzierung der 1,8 Milliarden Überstunden, die hierzulande geleistet werden, rund 400 000 Stellen geschaffen werden. Und was spricht gegen familienfreundlichere Teilzeitregelungen, die nicht nur den häuslichen Frieden bewahren, sondern auch noch ein Vielfaches mehr an Arbeitsplätzen ergeben würden?

Produktivitätsstudien zeigen, daß trotz höherer Kosten für Teilzeitarbeitsplätze die Produktivität signifikant höher ist. Mehr als 1,5 Millionen neue Jobs könnten entstehen, wenn man den Wünschen der Belegschaft nach Arbeitszeitreduzierung - im Schnitt um 27 Prozent -nachkommen würde. Doch Voraussetzung hierfür wäre, daß Teilzeitjobs sozialrechtlich endlich Vollarbeitsverhältnissen gleichgestellt werden. Noch hat Teilzeitarbeit hierzulande nach wie vor eher ein negatives Image - es gilt als typische Domäne der Frauen und/oder als Karrierekiller. Und so binden vor allem Männer ihre Bedeutung an den Fulltime-Job, und das mit steigender Position immer stärker: In Management-Positionen gelten sie dann schließlich als unabkömmlich.

Hier müssen noch viele mentale Blockaden beseitigt werden. Bedauerlicherweise starren die meisten Manager auf die Belastungen („zu hohe Personalkosten") und sehen die Vorteile einer neuen Arbeitszeitkultur nicht - wie beispielsweise die, daß Teilzeiter motivierter sind, eine höhere

Arbeitsleistung bringen, montags und freitags da sind und weniger teure Überstunden kosten. „Bei kürzeren Arbeitszeiten werden mehr Menschen einen Job haben, weniger Menschen benötigen Sozialhilfe, und die neu eingestellten Mitarbeiter werden über Kaufkraft verfügen und Steuern bezahlen, wovon alle profitieren", schildert der amerikanische Wissenschaftsjournalist Jeremy Rifkin die Vorteile. „Die 30-Stunden-Woche sollte die Hauptforderung der Beschäftigten in Deutschland werden."

Dabei ist - ob man es nun wahrhaben will oder nicht - der Veränderungsprozeß bereits in vollem Gange. Schon heute sind in Deutschland ein Großteil der Arbeitsverhältnisse keine „Norm"-Arbeitsverhältnisse mehr: Von 400-Euro-Jobs, Teilzeit, Job- Sharing und Vier-Tage-Woche bis hin zu Jahresarbeitszeitkonten, Wahlarbeitszeit und Telearbeit reicht die Palette. Künftig, so prognostizieren Soziologen, werden Zeiten der vollen Berufstätigkeit wechseln mit Teilzeit, befristeten Verträgen, Ehrenämtern, Familienarbeit, Selbständigkeit und arbeitslosen Zeiten, die zur Weiterbildung genutzt werden. Viele packt angesichts eines solchen Szenarios die pure Existenzangst. „Das ist doch unmenschlich", findet beispielsweise eine alleinerziehende Mutter mit Zeitvertrag in der PR-Branche, „wenn ich nie weiß, ob ich meinem Kind den Kindergartenplatz künftig noch finanzieren kann, wenn ich überhaupt nichts planen kann, weil ich jederzeit damit rechnen muß, meine Existenzgrundlage zu verlieren!"

„Das Industriezeitalter beendete die Sklavenarbeit, das Informationszeitalter wird die Massenbeschäftigung abschaffen", prophezeit Rifkin. Durch die neuen Technologien werde einfach nur noch ein Bruchteil der heute beschäftigten Arbeitskräfte gebraucht werden.

Ohne eine staatliche Grundsicherung wird es daher auch künftig nicht gehen - nur müßte sie den beschämenden hautgout der Sozialhilfe verlieren. Zwar wird dies bereits diskutiert, allerdings eher verhalten – für einen so weitreichenden Schritt fehlt bisher noch der politische Mut.

Daß derzeit in Wirtschaftskreisen eher die weitere Demontage des sozialen Netzes betrieben wird, hält Rifkin, anders als viele seiner Landsleute, für den falschen Weg: „Wir Amerikaner halten den Deutschen vor: Ihr habt ein zu großzügiges soziales Netz ..., ihr geht nicht mit der Zeit. Und wir fordern sie auf, lean und mean, schlank und böse zu werden. Und sie kaufen uns das ab. Was wir natürlich nicht sagen, ist, daß wir auch ein soziales Netz haben. Das ist viel sicherer als eures, es heißt Gefängnis. Wir haben das soziale Netz zerschnitten, also begehen die Leute mehr Straftaten, also haben wir mehr Polizei, mehr Gefängnisse, mehr Zellen." Statt sich für den „humansten Sozialkontrakt in der Geschichte der Menschheit" zu entschuldigen oder ihn gar als Wert aufzugeben, sollten die Deutschen sich lieber fragen, „wie man ihn mit den Bedingungen des Informationszeitalters in Einklang bringt".

So könnte beispielsweise das Mißverhältnis zwischen Arbeitslosigkeit und zu erledigender Arbeit, die vor allem im sozialen, ökologischen und kulturellen Bereich reichlich vorhanden ist, aber derzeit als unbezahlbar gilt, durch Etablierung einer sozialen Grundsicherung ausgeglichen werden. Dann könnten und würden sich mehr Menschen im „dritten Bereich", wie Rifkin den sozial-gemeinnützigen Sektor nennt, engagieren (die ersten beiden sind der marktwirtschaftliche und der staatliche Bereich), in nicht profitorientierten Organisationen, beispielsweise im Sport- oder Kulturbereich, im Umweltschutz oder in der Sozialarbeit - Arbeitsfelder, die sehr viel sinnvoller sind als die meisten Mcjobs.

Anstatt einen arbeitslosen Literaturwissenschaftler zum Einsatz bei der Gemüseernte zu zwingen oder einen Psychologen zum Gärtner zu machen, könnte man durch Anreize zu passenderen Tätigkeiten sehr viel mehr freiwillige Helfer mobilisieren. Dann würde in der Tat nicht mehr Arbeitslosigkeit, sondern sinnvolle Arbeit staatlich subventioniert.

„Der älteste und wichtigste, aber am wenigsten anerkannte, ist der dritte Bereich", betont Riifkin. „Wir dürfen nicht vergessen, daß sich im Verlauf der Geschichte soziale Gemeinschaften immer vor den Märkten und Regierungen etablierten und sozialer Austausch immer dem Warenaustausch voranging."

Ein Satz, über den es sich echt lohnt nachzudenken. Aus den sozialen Beziehungen entwickeln sich Märkte – und nicht umgekehrt. Wenn wir Beziehung und Gemeinschaft wieder an erster Stelle sehen würden, brauchten wir nicht weiter nach dem Glücksgen zu forschen, denn dann werden wir zwangsläufig zufriedener und glücklicher. Denn das ist erwiesen: Am glücklichsten sind Menschen, wenn sie mit anderen kommunizieren.

„Der dritte Bereich wurde zwar im 20. Jahrhundert in den meisten Ländern marginalisiert", so Rifkin, „doch er ist in Wirklichkeit immer noch die Grundlage, auf der die beiden anderen Bereiche stehen. Künftig müssen alle drei Bereiche ins Gleichgewicht gebracht werden."

Es geht dabei auch um eine grundlegende Neubestimmung des Verhältnisses von traditioneller Erwerbsarbeit zu anderen Tätigkeitsformen und damit auch um die Klärung der Frage, welche Arbeit uns wieviel wert ist

Ein an den Bedürfnissen der Menschen orientierter (und nicht nur dem Marktdiktat unterstellter) Strukturwandel bietet bei allen Risiken auch enorme, nie dagewesene Chancen: nämlich die Befreiung von der Fron eines Achtstundentages in stets gleicher, oft steriler Umgebung mit seinen überaus mißlichen Begleiterscheinungen wie Intrigen, Konkurrenzkämpfen und Dauerstreß.

„Sollte die Erlösung vom Arbeitszwang, vom biblischen Fluch", wie Viviane Forrester es ausdrückt, „nicht logischerweise dazu führen, die eigene Lebenszeit freier einteilen, freier durchatmen zu können, sich lebendig zu fühlen, ohne herumkommandiert, ausgebeutet und in Abhängigkeit gehalten zu werden und ohne solche Mühsal ertragen zu müssen? Hatte man nicht seit Menschengedenken alle Hoffnung auf eine solche Wende gesetzt, die man für einen unerreichbaren, doch mehr als alles andere ersehnten Traum hielt?"

Die Realisierung dieses Traums erfordert, daß wir über Sinn und Bedeutung von Arbeit ganz neu nachdenken. Nur wenn wir radikale Fragen stellen und uns utopisches, visionäres Denken gestatten, werden wir die vor uns liegende, möglicherweise paradiesische Entwicklung begreifen und sinnvoll mitgestalten.

Von der Maschine
zurück zum Organismus –
das neue Paradigma

„Unter dem Druck der weltweiten Rezession droht die ernsthafte Gefahr, daß wir nur noch für Arbeitsplätze sorgen – Jobs um jeden Preis – und die tieferen Fragen in bezug auf die Arbeit, ihr Wie, ihr Warum und für Wen, nicht mehr beachten", meint der amerikanische Theologe Matthew Fox. Das biblische Wort „An ihren Werken sollst du sie erkennen" wurde im Zeitalter des Industrialismus rein materiell ausgedeutet - was zählte, war das maschinell hergestellte Produkt. Überhaupt wurde äußere Arbeit mehr geschätzt als die innere, was dazu geführt hat, daß uns unser Inneres weitgehend fremd geworden ist. Das vorherrschende Denkschema orientierte sich an der Metapher der Maschine, nach deren Rhythmus das Leben strukturiert und gestaltet wurde, weshalb uns das Gefühl für unsere eigenen Zeitrhythmen abhanden gekommen ist. Das Denken wurde ebenso fragmentarisch und zersplittert wie die für die Bedienung der Maschinen nötigen Arbeitsgänge, wodurch uns der Blick auf das „Ganze", die Zusammenhänge entglitten sind.

Und weil Maschinen eindrucksvoll ihre rational erklärbare Funktionsfähigkeit zur Schau stellten, glaubte man lange Zeit, ohne das Mystische, Geheimnisvolle oder Heilige auskommen zu können - mit dem Ergebnis, daß sich immer mehr Menschen verwirrt und entwurzelt auf Sinnsuche begeben. (Daß sie dabei häufig auch gewissenlosen Seelenfängern auf den Leim gehen, zeigt das ganze Ausmaß dieser verzweifelten Sehnsucht nach Sinn.)

Der Paradigmenwechsel, den wir gegenwärtig durchlaufen, fördert ganz andere Konzeptionen und Werte zutage, die von einzelnen Gruppen innerhalb der Gesellschaft auch bereits gelebt werden. „Organismus" nennt Fox die sich abzeichnende neue Metapher, nach der wir unser Leben ausrichten werden. Die neuen Wirklichkeitsbezüge erfordern ganzheitliches, vernetztes Denken in größeren Zusammenhängen, die Anerkennung unserer Abhängigkeiten voneinander und damit ein umfassenderes Verantwortungsgefühl, das über die persönliche Sphäre hinausgeht.

„Das neue kulturelle Bewußtsein stützt sich auf die Kommunikation zwischen den Menschen und ihr Zusammengehörigkeitsgefühl, ihre Verbundenheit mit der Natur und betont die Gemeinsamkeit der menschlichen Welt", skizzierte der Philosoph und Zukunftsforscher Ervin Laszlo den neuen Kurs. Zusammenarbeit tritt an die Stelle von Wettkampf. „Die klassische Industriegesellschaft begriff die Wirtschaft als Kampfplatz um Leben und Tod", so Laszlo. „Die neue kulturelle Form betont die Kooperation, mildert den Konkurrenzkampf und stillt den Hunger nach Macht und Profit durch die Anerkennung und Wertschätzung des Individuums und seiner Kreativität." Und während man bisher in maximaler Produktivität und der „Anhäufung materieller Werte die Krönung der menschlichen Leistungsfähigkeit und des Erfolges" bestätigt sah, wird man unter wahrer Effizienz künftig etwas anderes verstehen: nämlich „die Herstellung sozial sinnvoller und nötiger Produkte beziehungsweise Dienstleistungen".

Insofern erfordert der Paradigmenwechsel auch eine neue Art und Weise, über Arbeit nachzudenken. Für Matthew Fox ist die Krise auf dem Arbeitsmarkt „ein Symptom für etwas viel Tieferes", nämlich „für eine Krise in unserer Beziehung zur Arbeit" und damit eine Herausforderung an uns alle, diese Beziehung neu zu klären und uns der Sinnfrage zu stellen. Mit Blick auf unser gesellschaftliches Zusammenleben lautet sie: Welche Arbeit wird wirklich gebraucht und dient unserer Weiterentwicklung? Und im Hinblick auf uns selbst: Wozu bin ich gut? Wie kann ich meine speziellen Talente und Begabungen am besten einsetzen, um sinnvolle Arbeit zu leisten? Was ist meine Berufung?

Bezeichnenderweise spricht man heute fast nur noch von „Jobs", was eigentlich Gelegenheitsarbeit bedeutet, während das von „Berufung" abgeleitete Wort „Beruf" immer seltener benutzt wird. Zufall? Was würden wir tun, wenn wir einem tieferen Ruf in uns folgen würden?

Ist es wirklich sinnvoll, Berufsanfängern zu vermitteln, sie könnten froh sein, wenn sie „irgendwo einen Job" finden?

Die Frage „Wie sollen wir junge Menschen auf die zukünftige Arbeitswelt vorbereiten?" beantwortet der (1977 verstorbene) deutsch-britische Ökonom Ernst Friedrich Schumacher mit einer heute völlig ungewohnt gewordenen Radikalität: „So, daß sie in der Lage sind, zwischen guter und schlechter Arbeit zu unterscheiden. Wir sollten sie ermutigen, sinnentleerte, langweilige, verdummende oder die Nerven zerrüttende Arbeit zurückzuweisen, die den Menschen zum Diener einer Maschine oder eines Systems herabwürdigt. Sie sollten lernen, daß Arbeit Lebensfreude bedeutet und zu unserer Entwicklung nötig, daß aber sinnlose Arbeit verabscheuungswürdig ist."

Eine völlig weltfremde Auffassung? Nur vor dem Hintergrund, daß „die Frage, was die Arbeit den Arbeitenden antut", kaum noch gestellt wird, so Schumacher, „ganz zu schweigen von der, ob nicht die wirkliche Aufgabe darin läge, Arbeit den Bedürfnissen des Menschen anzupassen, statt von ihm zu verlangen, daß er sich ihren Zwängen unterwirft - und das heißt in erster Linie: den Bedürfnissen der Maschinen".

Als Ökonom mit einem weiten Horizont hat Schumacher sich auch mit Wirtschaftslehren anderer Kulturkreise und deren Implikationen für die Menschen befaßt. „Vom buddhistischen Standpunkt aus gesehen erfüllt Arbeit mindestens drei Aufgaben", schreibt er. „Sie gibt dem Menschen die Möglichkeit, seine Fähigkeiten zu nutzen und zu entwickeln. Sie hilft ihm, aus seiner Ichbezogenheit herauszutreten, indem sie ihn mit anderen Menschen in einer gemeinsamen Aufgabe verbindet, und sie erzeugt die Güter und Dienstleistungen, die für ein menschenwürdiges Dasein erforderlich sind." Aus dieser Sicht ergeben sich weitreichende Folgerungen: „Arbeit so zu organisieren, daß sie für den Arbeiter sinnlos, langweilig, verdummend oder nervenaufreibend ist, wäre ein Verbrechen. Aus einer solchen Haltung ginge hervor, Güter seien wichtiger als Menschen. Das aber entspräche einem erschreckenden Mangel an Mitgefühl und der wesenszerstörenden Hinnahme eines Lebens auf der primitivsten Stufe der Existenz."

Die innere Arbeit

Die Frage, welche Arbeit notwendig ist, lenkt unsere Aufmerksamkeit auf jene Arbeit, „die durch das industrielle Modell praktisch übersehen worden ist: unsere innere Arbeit", so Fox. Oder, wie es Schumacher bildhaft ausdrückte: „Überall fragen Menschen: Was kann ich tun? Die Antwort ist so einfach wie unangenehm: Jeder von uns kann darauf hinarbeiten, daß sein ‚inneres Haus' in Ordnung gebracht wird." Und weil damit im übertragenen Sinn auch das lange Zeit vernachlässigte Innenleben unserer Gesellschaft gemeint ist, die unter massivem Sinnverlust leidet, ist Fox überzeugt: „Das In-Ordnung-Bringen unseres inneren Hauses wird sich als der Schlüssel zur Neuerfindung der Arbeit für die Menschen erweisen."

Im Prinzip wissen wir alle, daß es vor allem im Sozial-, Gesundheits- und Bildungswesen haufenweise Arbeit gibt, die unter den derzeitigen Bedingungen nicht geleistet werden kann, weil sie aufgrund völlig fehlgelenkter Prioritäten als „zu teuer", „unrentabel" und damit als „einsparbar" gilt. Wenn man sich vor Augen hält, daß es sich hierbei im wesentlichen um „Beziehungsarbeit" handelt, die Weisheit und Mitgefühl voraussetzt, so wird deutlich, welchen Stellenwert diese zutiefst menschlichen Qualitäten inzwischen bekommen haben und in welchem Ausmaß unser Denken bereits pervertiert worden ist.

Aber weil wirtschaftliche Kategorien inzwischen allen anderen Überlegungen vorgeordnet sind (und wir dieses Dogma nach jahrelanger „Gehirnwäsche" auch kaum noch hinterfragen), prallt unsere kreative Vorstellungskraft regelmäßig bereits im Vorfeld an der Killerphrase „Wer soll das bezahlen?" ab.

Doch letztlich heißt dies nichts anderes als: „Das wollen wir nicht bezahlen, denn das sind nicht unsere Prioritäten!" Im Endeffekt ist für Prestigeprojekte – oder unter starkem Lobbydruck – immer genügend Geld mobilisierbar und wird von starken Interessensvertretungen in die gewünschte Richtung kanalisiert. Es ist also abhängig vom Gestaltungswillen, wohin es fließt!

Die künftige Arbeit wird, so Fox, „am Menschen selbst stattfinden ... wir müssen in erheblichem Ausmaß Talente und Disziplin in unser Innenleben investieren" - schließlich sind wir das Problem.

Das hat Schumacher, der Querdenker unter den Ökonomen, bereits vor 40 Jahren vorausgesehen: „Man darf nicht glauben, eine beliebige politische oder wirtschaftliche Reform, eine wissenschaftliche Neuerung oder ein technischer Fortschritt der einen oder anderen Art könne das Dilemma der Industriegesellschaft lösen, bei dem es auf Leben und Tod geht. Dazu liegen diese Probleme zu tief, nämlich im Herzen und in der Seele eines jeden von uns. Dort muß die Hauptarbeit der Reform geleistet werden."

Fox weist in diesem Zusammenhang auf eine aufschlußreiche Analogie hin: Wenn immer wieder von der Krise der „Innenstädte" gesprochen wird (womit in den USA die sozialen Brennpunkte der Großstädte gemeint sind), „könnten wir damit mehr meinen als eine Siedlung von sozial schlecht gestellten Bürgern. Wir sagen damit vielleicht auch unbewußt, daß es sich bei der Krise um eine innere Krise handelt, eine Krise ... in der Seele einer ganzen Gesellschaft. In der Mystik ist die Seele interessanterweise oft als eine Stadt dargestellt worden ... Vielleicht gibt es eine Verbindung zwischen der Obdachlosigkeit in unseren Städten und der Heimatlosigkeit in unseren Seelen."

Wie innen, so außen: Das Erscheinungsbild unserer äußeren Welt ist letztlich ein Abbild unserer inneren Strukturen, unserer Denkgewohnheiten, Vorstellungen und Vorlieben, die wir schließlich in die Tat umgesetzt haben. Etwas verkürzt gesagt: Großstadtghettos entstehen, weil wir uns für das Schicksal anderer nicht mehr verantwortlich fühlen.

Empfinden wir nicht die zunehmende Anzahl Obdachloser gerade deswegen als so unerträglich, weil sie ein so augenfälliger Hinweis auf das langsame Schwinden unseres Mitgefühls ist? Lauter Mahnmale dafür, daß etwas ganz Grundlegendes nicht mehr stimmt, wenn eine der reichsten Gesellschaften dieser Welt die Entwürdigung von immer mehr Menschen billigend in Kauf nimmt?

Mystiker wie Meister Eckhart glauben, der Ursprung allen Seins, aller Schöpfung und somit aller wirklicher Arbeit liege im Mitgefühl: „Jedes Werk in einem Geschöpf setzt das Wirken des Mitgefühls voraus und ist darin wie in seiner Wurzel gegründet, deren Kraft alle Dinge erhält und mächtig in ihnen wirkt."

Ohne diese Verbindung zu unserer inneren Quelle fühlen wir uns nicht nur entwurzelt, sondern es fehlt unseren „Werken" auch an schöpferischer Kraft und Engagement. Sie sind in gewisser Weise tot, seelenlose Massenware.

In Eckharts Worten: „Sollen aber deine Werke leben, so muß Gott dich im Innersten der Seele anstoßen, wenn sie wirklich leben sollen, (denn) da ist dein Leben, da allein lebst du ... Darum geh in deinen eigenen Grund und wirke dort; die Werke aber, die du dort wirkst, sind alle lebendig."

Zu „unserem eigenen Grund" gehen, unseren inneren Prozessen volle Aufmerksamkeit schenken - das ist so ziemlich das letzte, was wir freiwillig gern tun. Zuviel, was da kocht und brodelt - lieber den Deckel der Verdrängung drauf! Wenn wir nicht gerade durch eine schwere Krise dazu genötigt werden, uns selbst genauer kennenzulernen und uns unseren Schattenseiten und Konflikten zu stellen, ziehen wir es vor, in eine der zahlreichen Ablenkungsmöglichkeiten zu flüchten, die uns ersatzweise angeboten werden und von denen wir dann möglicherweise suchtartig abhängig werden - mögen sie nun Konsum, Fernsehen oder exzessive Arbeit heißen. Die Alternative zum Ausloten unserer Tiefendimension ist jedoch ein Leben an der Oberfläche: „Wenn wir unserem eigenen inneren Wesen entfliehen wollen", so Fox, „dann werden wir diese Oberflächlichkeit auch auf andere Wesen projizieren. Alle unsere Beziehungen werden von dieser Oberflächlichkeit besetzt werden."

Ein erfolgreicher Unternehmer erzählte mir kürzlich von dem Dilemma seiner 28jährigen Tochter, die nicht wisse, ob sie jetzt mit ihrer Karriere durchstarten oder noch einmal etwas ganz anderes anfangen solle. Ohne tiefer auf die Gründe für ihre Unentschlossenheit einzugehen, sprach er sofort von den praktischen Hilfestellungen, die er leiste, um sie in ihren beruflichen Zielen zu unterstützen. Da in seinen Worten eine gewisse

Hilflosigkeit mitschwang, warf ich ein, daß Eltern ihren erwachsenen Kindern vermutlich am meisten bei deren Selbstfindung helfen, wenn sie sich auf aufmerksames Zuhören beschränken und sie dazu ermutigen, selbst herauszufinden, was für sie das Richtige ist, indem sie ihrer inneren Stimme mehr Gehör schenken.

„Das kann aber sehr in die Irre führen", wehrte er heftig ab. „Ich glaube, daß letztlich nur der Pragmatismus bei der Bewältigung von Lebensproblemen siegt. Wer zurechtkommen will, muß in vielen Situationen einfach durchmarschieren und sich über innere Belange hinwegsetzen. Die Sensiblen bleiben auf der Strecke. ‚Zugrunde geht, wer zu den Gründen geht' - so ähnlich hat Nietzsche es einmal ausgedrückt."

Diese Angst, unsere Sinnsuche könnte unseren Untergang bedeuten, hängt mit unserer (verdrängten) Angst vor dem Tod zusammen, worauf ich im nächsten Kapitel noch eingehen werde. Eins ist klar: In einer Gesellschaft, deren einziger Erfolgs- und Wertmaßstab die Menge der konsumierten Güter, Informationen und Erlebnisse ist (und deren Wirtschaftselite in diesen Bereichen viel Geld verdient), wird der Blick nach innen nicht gerade gefördert, sondern eher lächerlich gemacht.

Den von der „Konsum-Maschinerie" geförderten „Kult der Verblendung" hält der buddhistische Lehrmeister Sogyal Rinpoche für eines der größten Hindernisse bei der Suche nach Sinn und Wahrheit (was letztlich das gleiche bedeutet wie die Suche nach Gott): „Die moderne Gesellschaft scheint mir eine einzige Verherrlichung der Dinge, die von der Wahrheit wegführen, die es schwermachen, für die Wahrheit zu leben. ... Man bedenke, daß dies alles einer Zivilisation entspringt, die behauptet, das Leben zu verehren, ihm aber in Wirklichkeit jeden wahren Sinn raubt; die endlos und wortreich davon spricht, die Menschen glücklich machen zu wollen, ihnen aber den Weg zur Quelle wahrer Freude versperrt... Es ist vielleicht der beunruhigendste Aspekt der modernen Zivilisation, daß sie das, was wir in Wirklichkeit sind, nicht zur Kenntnis nimmt oder sogar unterdrückt."

Sinnsuche ohne eine kulturelle Einbettung aber macht vielen angst. Es kommt daher sehr darauf an, auf welche Art und Weise wir zu unseren „Gründen" gehen und wer uns dabei unterstützt. Von Nietzsche stammt auch der Aphorismus: „Ein Freund ist der Kork, der verhindert, daß unser innerer Dialog zu sehr in die Tiefe sinkt" - er fängt uns auf und hält uns von selbstzerstörerischen Grübeleien ab. Heute sind die „Freunde", die dazu fähig sind und sich die Zeit für einen solchen Tiefenaustausch nehmen, in der Regel Therapeuten - übrigens ein Beleg dafür, daß „die Arbeit an unserem inneren Haus" tatsächlich Arbeit schafft.

Wenn wir, wie von Meister Eckhart empfohlen, von unserem „eigenen Grund", aus unserem tiefsten Innersten heraus arbeiten, werden Arbeit und Leben nahezu deckungsgleich. Arbeit ist dann kein „Fluch", keine „Entfremdung" mehr, sondern Ausdruck unseres Selbst und eine Möglichkeit, uns weiterzuentwickeln. Demgegenüber ist und bleibt ein „Job", zu dem wir hauptsächlich durch Gehalt und Aufstiegschancen motiviert sind, fremdbestimmt und letztlich unbefriedigend. Begreifen wir jedoch Arbeit als Voraussetzung menschlicher Persönlichkeitsentfaltung, wird auch die verzweifelte Lage arbeitsloser, „nicht gebrauchter" Menschen deutlich: Ihnen wird diese Möglichkeit des Selbstausdrucks verweigert, sie können ihr Potential nicht entfalten, nicht zeigen, was in ihnen steckt.

Der Weg nach innen, zu „innerer Arbeit", die uns wieder das Gefühl, lebendig zu sein, vermittelt, führt über die Absichtslosigkeit und setzt das Loslassen von zwanghaft verfolgten äußeren Zielen und Belohnungen voraus. Wenn wir in diesem Sinne „ohne ein Warum" zu handeln lernen, verlagert sich unsere Aufmerksamkeit von der Fixierung auf das Endprodukt unserer Tätigkeit auf den Prozeß selbst. Und wir stoßen vielleicht auf ganz andere Möglichkeiten erfüllenden Tuns.

Flow – Freude und Sinn im Handeln

Wenn man darüber nachdenkt, welche Menschen Freude an ihrer Arbeit haben, sich ihr mit wirklicher Hingabe widmen, fallen einem vermutlich zuerst die Künstler ein. Für die meisten von ihnen ist der Arbeitsprozeß selbst so belohnend, daß sie die gängigen Ziele wie Geld, Macht und Prestige hintanstellen, um sich ganz ihrer Passion hinzugeben, für die sie oft erhebliche Einschnitte in ihren Lebensstandard in Kauf nehmen.

Wenn beispielsweise Schriftsteller gefragt werden, warum sie schreiben, lautet ihre Antwort meistens etwa so: „Weil ich festgestellt habe, daß ich beim Schreiben am glücklichsten bin." Aus diesem Grund gab auch der dänische Autor Peter Hoeg seinen Job auf, während er an „Fräulein Smillas Gespür für Schnee" schrieb. In einem Interview hat er dazu gesagt: „Ich arbeitete an meinem Roman und war gleichzeitig festangestellt. Nach einigen Wochen habe ich beim Schreiben eine solche Befriedigung erlebt - das war wie die Entdeckung der Erotik in der Pubertät. Als wäre man zum ersten Mal verliebt. Da wußte ich, daß ich Schriftsteller bin."

Vier Jahre dauerte die Arbeit an „Smilla", und auf die Frage, wovon er in der Zeit gelebt hat, antwortet Hoeg: „Da war ich arm, sehr arm und lebte mit meiner Frau und unserem Kind in einem Zimmer mit einer kleinen Küche. Aber das war gut für mich, weil ich direkt auf dem Boden stand. Weiter fallen konnte ich nicht. Da habe ich jede Furcht vor der Armut verloren und mußte mich nicht mehr um Geld kümmern, denn in unserer Gesellschaft überlebt man immer. Und das ist Freiheit!" Diese für viele Künstler typische, heutzutage fast exotisch anmutende Lebenseinstellung war für den amerikanischen Psychologen Mihaly Csikszentmihalyi Anlaß, solche „in sich befriedigenden" („intrinsischen") Aktivitäten wissenschaftlich zu untersuchen, die nicht durch äußere („extrinsische") Anreize wie Geld und Status aufrechterhalten werden müssen. Hintergrund seines Interesses war, mehr über diese Fähigkeit zur Selbstmotivation zu erfahren, „welche zu einer äußerst wichtigen Kraftquelle der Menschheit werden könnte".

Den besonderen seelischen Zustand, den Menschen erleben, die völlig in ihrem Tun aufgehen, nannte Csikszentmihalyi „Flow", ein „einheitliches ‚Fließen' von einem Augenblick zum nächsten". Die von ihm Befragten gaben sich diesem Erlebnis um des Zustandes selbst willen hin, nicht wegen damit verbundener äußerer Belohnungen. Dabei verlieren Ziele oder Resultate an Gewicht, entscheidend ist das Tun selber, der Prozeß. Als deutlichstes Anzeichen von Flow nennt Csikszentmihalyi „das Verschmelzen von Handlung und Bewußtsein", also die selbstvergessene, ungeteilte Aufmerksamkeit für die Sache. Ein Tänzer beschreibt das so: „Deine Konzentration ist vollständig. Deine Gedanken wandern nicht herum, du bist total in deinem Tun absorbiert. Deine Energie fließt sehr leicht." Normalerweise läßt sich dieser Zustand nur über kurze Zeitspannen aufrechterhalten: „Sobald man die Aufmerksamkeit teilt, indem man die eigene Aktivität ‚von außen' sieht, wird der Flow unterbrochen", so Csikszentmihalyi. Typischerweise geschieht dies durch auftretende Selbstzweifel in Form von Fragen wie: „Mache ich meine Sache wirklich gut?" oder „Sollte ich das wirklich tun?"

Damit Flow auftreten kann, muß eine Aufgabe im Bereich der eigenen Leistungsfähigkeit liegen. Sie darf nicht zu schwer sein - daraus würde Angst resultieren. Sie muß aber laufend Herausforderungen bieten, damit die eigenen Fähigkeiten voll ausgeschöpft werden können - andernfalls wäre Langeweile die Folge. Dieses Gefühl von Kompetenz und Kontrolle über die eigenen Handlungen ist wichtiger Bestandteil eines positiven Selbstkonzeptes. Klar umrissene Ziele und erkennbare Rückmeldungen über den Fortschritt der eigenen Bemühungen sind weitere Voraussetzungen für das Erleben von Flow. Bei kreativen Tätigkeiten wie beispielsweise dem Malen trifft dies allerdings nur bedingt zu. Ziele und Rückmeldungen sind hier nicht so eindeutig definiert wie etwa beim Flow-erzeugenden Spiel. An Stelle einer Zielvorstellung muß ein Künstler daher ein starkes persönliches Gefühl für das, was er vorhat, entwickeln und Kriterien für gut und schlecht verinnerlicht haben. Ein wichtiges Merkmal von Flow ist die Zentrierung der Aufmerksamkeit auf ein begrenztes Reizfeld, wobei Störungen ausgeschaltet werden. Sogenannten Multitaskern, die ständig Unterbrechungen zulassen und so ihre Aufmerksamkeit stets teilen, dürfte es schwerfallen, in diesen Zustand zu kommen. Die dafür erforderliche Einengung des Bewußtseins wird aus den Worten einer Komponistin deutlich: „Wenn ich einmal in Schwung komme, bin ich der Umwelt gegenüber ziemlich gleichgültig. Wenn ich mit meiner Arbeit anfange, schließe ich den Rest der Welt richtiggehend aus." Aber gerade durch diese Einengung und Konzentration entsteht eine völlige Zentrierung in der Gegenwart.

Im selbstgewählten Mikrokosmos eröffnet sich dann oft ein tieferes, erweitertes Bewußtsein über die Grundbelange der menschlichen Existenz. Dieser fast religiös erscheinende Aspekt des Flow-Erlebens ist das, was mit „Selbstvergessenheit", „Transzendieren der eigenen Individualität" oder „Verschmelzen mit der Welt" beschrieben wird. „Man taucht sozusagen ein in das, was um einen vorgeht, in die Felsen, in die notwendigen Bewegungen", beschreibt ein passionierter Bergsteiger diesen Zustand. „Man ist dermaßen absorbiert davon, daß man das Gefühl der eigenen Identität verlieren und mit dem Felsen verschmelzen könnte. Alles wird automatisch, sozusagen eine ich-lose Sache, es geschieht einfach, und doch ist man außerordentlich konzentriert. Man bewegt sich in Harmonie mit etwas anderem, von dem man ein Teil ist. Man könnte es mit Meditation vergleichen. Eines der Dinge, die man anstrebt, ist die Ausrichtung des Geistes."

Die Parallelen zu religiösen Erfahrungen werden auch durch den Gebrauch von Worten wie „transzendent", „visionär" oder „ekstatisch" deutlich. Andere sprechen von „ozeanischen Gefühlen" oder davon, daß sie sich „spiritueller Dinge bewußter" werden. Wie unwichtig äußere Ziele oder Belohnungen für das Erleben von Flow sind, kommt in den Worten eines Dichters, der gleichzeitig Bergsteiger ist, deutlich zum Ausdruck: „Der Grund des Kletterns liegt im Klettern, genau wie der Grund für das Dichten im Schreiben selbst liegt; man erobert nichts anderes als Dinge, welche in einem selbst liegen ...

Beim Klettern ist es dasselbe: Erkennen, daß man ein einziges Fließen ist. Der Zweck des Fließens ist, im Fließen zu bleiben, nicht Höhepunkte oder utopische Ziele zu suchen, sondern im Flow zu bleiben."

Flow und persönliches Wachstum

Was haben nun solche scheinbar sehr speziellen Erfahrungen von Künstlern oder Bergsteigern mit uns und unserer täglichen Lebenswirklichkeit zu tun? Für Csikszentmihalyi sind solche typischerweise Flow-auslösenden Aktivitäten ebenso wie das Spiel (aus dem sich vermutlich unsere Zivilisation ursprünglich einmal entwickelt hat) „gewissermaßen Laboratorien, in welchen neue Erfahrungsformen ausprobiert werden". Sie zeigen sozusagen in einem Brennglas, was Menschen glücklich macht.

Die Ergebnisse der Flow-Forschung könnten somit die Notwendigkeit nahelegen, unsere gesellschaftlichen Prioritäten neu zu formulieren, um das gesteigerte Lebensgefühl, das im Flow erfahren wird, möglichst vielen Menschen zugänglich zu machen; mit schlichten Worten: damit mehr Menschen Freude oder Glück erleben – ein Begriff übrigens, der in den vergangenen Jahren eine enorme Karriere gemacht hat, wie man an der Vielzahl der Veröffentlichungen zu diesem Thema erkennen kann.

Auch wenn vieles davon sehr plakativ formuliert ist, zeigt sich darin doch, daß wir anfangen, uns zentraleren Fragen unseres Lebens zuzuwenden, anstatt unser Glücksstreben in blindem Konsum oder sinnentleerter Arbeit aufzulösen.

„Wir sorgen uns wegen der Sinnlosigkeit und Entfremdung in unseren täglichen Aktivitäten und der daraus folgenden ständigen Jagd nach extrinsischen (äußeren) Belohnungen, welche die Leere unserer Existenz symbolisch kompensieren sollen", bringt Csikszentmihalyi sein Forschungsethos auf den Punkt. Entfremdung tritt ein, wenn Menschen sich mit dem, was sie tun, nicht (mehr) identifizieren können, wenn sie veranlaßt werden, sich gegen ihre Prioritäten zu verhalten und den Einfluß auf ihre Lebensgestaltung verlieren - sei es nun im gesellschaftlichen oder im politischen Bereich, im Berufs- oder im Privatleben.

Und welchen Sinn könnte ein Leben haben, in dem die Chance zur eigenen Entwicklung verschüttet, nicht wahrgenommen oder nicht mehr für möglich gehalten wird? Wo anstelle des aktiven, engagierten und selbstbestimmten Handelns immer mehr der resignativ-passive Konsum von vorgefertigten Gütern, Informationen und Erlebnissen tritt, bei dem kreative Fähigkeiten kaum eingesetzt werden müssen?

Im Flow-Konzept werden die Komponenten der Freude genau definiert und damit einige völlig vernachlässigte Facetten unseres Lebens wieder in den Vordergrund gerückt. Durch Aktivitäten, die Freude bereiten, „wird das Gefühl einer Entdeckung geschaffen, ein kreatives Gefühl, das das Individuum in eine andere Realität versetzt", so Csikszentmihalyi. Es veranlaßt die Person zur Bewältigung von Anforderungen und zum Lösen von Schwierigkeiten und führt zu einem „vorher ungeahnten Zustand des Bewußtseins - kurz: es verändert das Selbst und macht es komplexer". Mit anderen Worten: Flow-Erfahrungen führen zu persönlichem Wachstum, und persönliches Wachstum führt wiederum zu weiteren Flow-Erfahrungen. Denn wenn eine Aktivität langweilig geworden ist, weil wir sie zu gut beherrschen, brauchen wir neue Herausforderungen, um wieder in einen Flow-Zustand zu kommen.

„Wir müssen ständig wachsen, neue Fähigkeiten entwickeln und neue Herausforderungen annehmen, um ein Selbstkonzept als voll funktionierende menschliche Wesen aufrechterhalten zu können", betont Csikszentmihalyi. „Werden Fähigkeiten unterdrückt und Handlungsmöglichkeiten reduziert, werden sich die Menschen der Lust als einzig erreichbarem sinnvollem Erlebnis zuwenden. Oder sie werden härter für extrinsische Belohnungen (wie Macht und Geld) arbeiten, um konkrete Bestätigungen ihrer Existenz zu akkumulieren."

Entsprechend sieht er die Ursachen für die in zahlreichen Süchten und allgemeiner Unzufriedenheit zum Ausdruck kommende Entfremdung in einem „Mangel an Erlebnissen, welche die eigene Kompetenz erweisen", ein Mangel, der uns „langsam aber sicher lähmt, wie ein verborgener Virus, den wir in unserem Körper tragen".

Flow im Alltag

Unter dem Gesichtspunkt der Freude, die auf persönlichem Wachstum und dem optimalen Einsatz der eigenen Fähigkeiten basiert, wird die übliche Unterscheidung zwischen Arbeit und Freizeit irrelevant. Arbeit muß nicht notwendigerweise entfremdend sein, genausowenig wie Freizeit per se als beglückend erlebt wird. Tatsächlich ist häufig das Gegenteil der Fall. Untersuchungen Csikszentmihalyis ergaben, daß während der Arbeit dreimal so viel Flow erlebt wird wie in der Freizeit, die in der Hälfte der Fälle als langweilig erlebt wurde.

Daraus lassen sich eine Reihe von Folgerungen ableiten. „Theoretisch könnte man jeden Beruf so abändern, daß er erfreulicher wird, wenn man den Regeln des Flow-Modells folgt", formuliert Csikszentmihalyi eine der gesellschaftlichen Konsequenzen, die sich aus seinem Flow-Konzept ergeben. Wenn die Arbeitsanforderungen sehr genau auf die eigenen Fähigkeiten zugeschnitten sind und deren schrittweises Wachstum fördern, erzeugt Arbeit Flow - Glück.

Unter den angsterzeugenden Bedingungen von Hektik und Überforderung, wenn aufgrund einer zu dünnen Personaldecke zu wenige Menschen zu viel leisten sollen, ist dies freilich nicht zu erwarten. „Es gälte herauszufinden, mit welchen Opfern das Ausüben der verschiedenen Arbeiten verbunden ist", so Csikszentmihalyi. „Jede Arbeit, die kein Flow-Erleben zuläßt, sollte auf einer Skala der sozialen Kosten hoch eingestuft werden, da sie zur menschlichen Stagnation beiträgt und entsprechend das Bedürfnis nach äußeren Belohnungen oder ‚billigen Erregungserlebnissen' erhöht, welche das Wachstum von Fähigkeiten ersticken."

In einer solchen Situation birgt dann auch Freizeit kein wirkliches Glückspotential mehr. Wo die Fähigkeit verschüttet ist, die ihrem Wesen nach unstrukturierte freie Zeit zu gestalten, wird sie zu sinnlos vergeudeter Zeit. Das passive Beobachten anderer beim Tun - beispielsweise Fernsehen - stellt in der Regel keine Herausforderung dar, unsere körperlichen und geistigen Potentiale zu nutzen.

Es füllt zwar vorübergehend die innere Leere, absorbiert aber unsere psychische Energie und hinterläßt - bei häufiger Berieselung - ein Gefühl von Schalheit.

„Viele Freizeitaktivitäten - besonders jene, bei denen man passiv ein Massenmedium konsumiert - sind nicht danach angelegt, uns glücklich und stark zu machen", desillusioniert Csikszentmihalyi diejenigen, die es noch nicht gemerkt haben. „Ihr Sinn besteht darin, für andere Geld zu scheffeln. Wenn wir ihnen das erlauben, können sie uns das Mark aussaugen und nur schwächliche Hüllen zurücklassen."

Das ist zwar ziemlich drastisch ausgedrückt, trifft aber wohl den Kern. Flow setzt, auf einen Nenner gebracht, innere Sammlung voraus. Aber so, wie unser Leben im Moment strukturiert ist, läuft so gut wie alles in die entgegengesetzte Richtung.

Durch das enorme Reizangebot wird uns eigentlich ständig die Zersplitterung unserer Aufmerksamkeit nahegelegt. Neben den vielen - oft widersprüchlichen - Dingen, die wir machen müssen, neben all den inneren Konflikten giert auch eine wachsende Erlebnisindustrie nach unserer Aufmerksamkeit. Vermutlich würden wir dies alles viel besser durchschauen, wenn wir nur einmal zur Ruhe kämen. Doch das ist so ziemlich das letzte, was uns angeboten wird – es läßt sich so schlecht vermarkten.

Es reicht allerdings nicht, auf die gesellschaftlichen Veränderungen von Arbeits- und Medienwelt zu warten, selbst wenn wir uns bemühen, sie aktiv mitzugestalten - wir könnten darüber alt werden. Insofern liegt der entscheidende Ansatzpunkt bei uns selbst. Ob Arbeit oder Freizeit - es kommt oft nicht so sehr darauf an, was wir tun, sondern vielmehr darauf, wie wir es tun - wieviel psychische Energie, wieviel Aufmerksamkeit wir in eine Tätigkeit stecken, wie sehr wir uns mit dem, was wir tun, innerlich verbinden, es uns „zu eigen" machen.

Wenn wir unser Bewußtsein in diesem Sinne schulen, sind wir in der Lage, so gut wie jede Tätigkeit so umzuwandeln, daß sie ein gewisses Maß an Flow erzeugt. Damit soll hier nicht entwürdigenden, langweiligen Routinejobs das Wort geredet werden.

Es gibt aber im Leben der meisten von uns jede Menge Pflicht- und Routinearbeiten - vom Behördengang bis zum Wäschewaschen -, die man grundsätzlich mit zwei Haltungen angehen kann: entweder als ungeliebte Pflicht und Mühsal oder aber, indem man sie für sich selbst in eine Herausforderung umwandelt.

Die innere Haltung, die wir einnehmen, das, was wir uns selbst über das, was wir tun, erzählen, ist von entscheidender Bedeutung für unsere persönliche Befriedigung dabei und für die Resultate.

Insbesondere Hausfrauen können ein Lied davon singen, wie man sich selbst motiviert und aus simplen Tätigkeiten komplexere und sinnvollere macht, beispielsweise dadurch, daß man sich die Meßlatte immer etwas höher hängt oder für sich den Wert „Schönheit" neu etabliert (übrigens die Methode, wie „Messies" motiviert werden, aufzuräumen und zu entrümpeln!). Wie meine Mutter es einmal ausdrückte: „Mir macht der Haushalt eigentlich überhaupt keinen Spaß", (was mich verblüffte, weil sie nie diesen Eindruck vermittelt hatte). „Aber ich habe mir gesagt: Wenn ich es schon mache, will ich es auch richtig gut machen, so daß ich mich zu Hause wohl fühle. Nur wenn man seine Sache wirklich gut macht, bekommt man auch die entsprechende Anerkennung dafür."

Wohlbemerkt: Es geht hier nicht um das Pflichtethos der „deutschen Hausfrau", sondern um den kreativen Akt der Umgestaltung der ganz einfachen Dinge des Lebens zu etwas Erfreulichem und Sinnvollem.

Ich kenne eine Reihe von beruflich sehr erfolgreichen Frauen, die hinter vorgehaltener Hand bekennen, sie würden gerne staubsaugen („es muß sich aber lohnen, damit man das Resultat deutlich sieht"), bügeln („ich kann dabei herrlich entspannen") oder was auch immer. Es geht um nichts weniger als den Anspruch, sein Bestes zu geben, was immer man auch tut. Leicht gesagt und schwer getan.

Jeder von uns erlebt täglich am eigenen Leib, wie es ist, wenn Leute deutlich hinter ihren Möglichkeiten zurückbleiben, nicht ihr „Bestes" geben.

Der Arzt, der, anstatt seine Patienten wahrzunehmen, in seinen Computer starrt; die Verkäuferin, die nur widerwillig nach einem Kleidungsstück sucht; der Unternehmer, der keinen kundenfreundlichen Service bietet. Wie soll es da zu befriedigenden Begegnungen kommen - die wir doch eigentlich mehr als alles andere suchen!

Sind unsere Einkäufe nicht oft nur ein Vorwand für solche Begegnungen, der Gegenstand selbst dagegen nur ein Vehikel des Kontaktes?

Es lohnt sich, diesem Gedanken spielerisch einmal mehr Raum zu geben.

„Wenn du deinen Frieden bewahren und in einer guten

Sammlung bleiben willst, widme allem, was du tust, die Zeit,

derer es bedarf, um es vollständig zu tun."

Indianische Weisheit

IX

Zurück zum eigenen Maß

„Nur wenn du gut für dich selbst sorgen kannst, kannst du auch gut für andere sorgen." Dieser Satz, den ich auf einem Kongreß zum Thema Leben, Tod und Sterben hörte, ist mir in ganz besonderer Weise haften geblieben, weil er mir den bekannten Leitsatz: „Du kannst andere nur akzeptieren/lieben, wenn du dich erst einmal selbst akzeptierst/liebst" auf ganz neue Weise nahebrachte. Er besagt ja im Kern: Du hast das Recht, dich um dich selbst zu kümmern, dich selbst erst mal auf Vordermann zu bringen, du „darfst" in dich gehen, um Kraft zu schöpfen. Und erst dann, wenn du innerlich im Gleichgewicht bist, kannst du diese Harmonie auch auf andere abstrahlen. Denn ohne dieses In-dich-Gehen ist überhaupt keine sinnvolle Präsenz beim anderen möglich!

Gerade im Umgang mit Todkranken, das wird von professionellen Sterbebegleitern immer wieder betont, kommt es sehr viel mehr auf das Sein als auf das Tun an. Wer nicht mit sich im reinen ist, verbreitet gegenüber den besonders ruhe- und harmoniebedürftigen Sterbenden eine Aura von Unruhe, die eher schädlich ist. Daher ist es sogar völlig sinnlos, im Zustand innerer Unruhe oder Unfrieden mit sich selbst einem anderen helfen zu wollen. Wenn einem selbst die richtige Ausrichtung fehlt, man nicht, wie die Indianer es nennen, „in Harmonie mit dem Universum" ist, wird man auch keine befriedigenden Resultate erreichen. Wie der amerikanische Schamane Art Reade es einmal an einem Beispiel deutlich gemacht hat: Die Indianer wissen, daß sie nichts erjagen, wenn sie ihre inneren Konflikte nicht gelöst haben. Sie sind dann nicht offen und sensitiv genug, die Führung Gottes zu empfangen oder ihren Eingebungen zu folgen. In dem Fall gehen sie erst einmal wieder unverrichteterdinge nach Hause zurück und bringen ihre persönlichen Angelegenheiten in Ordnung.

Das Recht, sich um sich selbst zu kümmern, wird häufig mißverstanden als blanker Egoismus. Das ist jedoch ein großer Irrtum. Wenn wir egoistisch um uns selbst kreisen, signalisieren wir damit, daß wir unsere inneren Konflikte noch nicht gelöst haben oder nicht einmal wahrnehmen. Unsere ganze Aufmerksamkeit ist bewußt oder unbewußt davon absorbiert und kann sich anderen nicht zuwenden.

Wir alle leiden mehr oder weniger stark an der Unfähigkeit, uns selbst zu lieben, unseren seelischen Bedürfnissen Aufmerksamkeit zu schenken. Der Dalai Lama spricht oft von einem erstaunlichen Mangel an Selbstachtung, den er bei vielen Menschen in der westlichen Welt beobachtet. Basiert auf ihm unsere besondere Verführbarkeit für Konsum, unser grenzenloser Verbrauch? Fühlen wir uns im tiefsten Inneren vielleicht so unzulänglich, daß wir von unserer seelischen Seite nicht mehr viel erwarten und uns damit zufriedengeben, das gefühlte Vakuum ersatzweise mit Konsumgütern zu stopfen? So ist es wohl. Wir tun dies aus dem Gefühl heraus, noch nicht bei uns selbst angekommen zu sein, ungenügend oder unvollkommen zu sein schreibt der Meditationslehrer und Bestseller-Autor Eckart Tolle. Dadurch entsteht dieser ungeheure Drang nach Mehr – sei es nun materieller Besitz, Anerkennung oder Erlebnisse. Ein Drang, der nie befriedigt werden kann, weil er im Kern die Flucht vor sich selbst ist, vor dem Ankommen bei sich.

Wer sich dagegen aktiv um inneren Frieden, Ruhe und Glück bemüht, indem er sich regelmäßig nach innen wendet und um sich selbst kümmert, anstatt sich pausenlos im Außen abzuhetzen (von den Buddhisten übrigens auch als die „westliche Variante der Faulheit" bezeichnet), wird diese Qualität automatisch auch anderen gegenüber ausstrahlen und an sie weitergeben. Wenn wir in uns ruhen, strahlen wir Selbstliebe aus - die Voraussetzung für Liebe überhaupt. Die Vorstellung, innerer Rückzug und Muße könnten auch wertvolle Zeit sein, ist uns allerdings ziemlich abhanden gekommen. Nach Auffassung der Mystiker - unserer westlichen Meister der Innenschau - ist jedoch die innere Ruhe, aus der heraus etwas geschieht, alleinentscheidend für den Erfolg, wie man es heute ausdrücken würde. Nur aus dem inneren Gleichgewicht heraus können wirklich sinnvolle Produkte, Ideen und Handlungen entstehen. „In der Ruhe liegt die Kraft" - wie die alte Volksweisheit es treffend ausdrückt.

Weg von einseitigen Fixierungen

Ein ganz wesentlicher Grund für die Erschöpfungssyndrome, unter denen wir heute alle mehr oder weniger leiden, ist die Einseitigkeit der Belastungen, denen die meisten von uns ausgesetzt sind - ein Prozeß, der in der Schule anfängt (die einem bedauerlicherweise wenig über die Kunst, ein glückliches Leben zu führen beibringt), sich in der weiteren Ausbildung fortsetzt und schließlich im Berufsleben endet. Sich nicht bewegen zu können, wann und wie man will, kann zu einer subtilen Form der Folter werden. Wenn ich, meine inneren Befindlichkeiten komplett ignorierend, vier Stunden nahezu regungslos und ohne Unterbrechung vor dem Computer sitze, fällt mir nichts mehr ein. Mehr noch: Ich werde reizbar und launisch, weil ich mich an anderen Dingen, die ich zwischendurch gern mal tun würde, hindere. Das überträgt sich natürlich auf meine Umgebung. Um gute und entspannte Beziehungen zur Familie und Freunden, überhaupt zu anderen Menschen aufrechtzuerhalten, macht es Sinn, sich rechtzeitig von einer unbefriedigend gewordenen Tätigkeit ab- und einer anderen zuzuwenden.

Das Schlimme ist nämlich: Habe ich mich bei einer Tätigkeit über Gebühr beansprucht, machen mir auch die anderen Dinge, zu denen ich vorher noch Lust hatte, keinen Spaß mehr. Am Ende bleibt alles liegen oder wird mißmutig „abgearbeitet", in der irrigen Vorstellung: Das einzig Wichtige sei die Arbeit (was auch immer als Arbeitspriorität betrachtet wird).

An wirklich guten Tagen bewege ich mich dagegen mühelos von Tätigkeit zu Tätigkeit: Ich merke rechtzeitig, wann meine Aufmerksamkeit fürs Schreiben absackt und nichts mehr dabei herauskommt, wann ich Hunger habe, Bewegung brauche, Kommunikation oder Schlaf benötige, welche Dinge dringend erledigt werden müssen. Ich achte sozusagen rechtzeitig auf die Signale und reagiere entsprechend.

Eine privilegierte Art zu leben?

Vielleicht. Würde man Arbeit vernünftig teilen, könnten sehr viel mehr Menschen in diesen Genuß kommen. Es würde vor allem ein gewaltiges Suchtpotential abbauen (ich spreche hier in erster Linie von stoffungebundenen Süchten). Sucht hat etwas mit Fixierung zu tun - Arbeitssüchtige sind fixiert auf ihre Arbeit als Hauptquelle der Befriedigung, Kaufsüchtige glauben nur im Konsumrausch ihr Glück zu finden, Putzsüchtige fixieren sich auf den schönen Schein einer Sache, Beziehungssüchtige nur auf die positiven Seiten ihrer Partnerschaft.

Es kommt sehr darauf an, zum „richtigen Zeitpunkt" die Aufmerksamkeit auf eine andere Sinnes-, Körper- oder Geistesmodalität zu richten, um wieder aufzutanken - um überhaupt den Kontakt zu den eigenen Kraftquellen zu behalten.

Fixierung bedeutet, nichts anderes als Quelle der Befriedigung mehr in Betracht zu ziehen, wodurch das Leben sehr eintönig und einseitig werden kann. Um es in der Terminologie des letzten Kapitels auszudrücken: Um Flow zu erleben, kann man sich auf eine Tätigkeit fixieren und findet dort den Himmel auf Erden. Das ist zwar schön, aber nicht der einzige Sinn der Sache. Engt sich die Erlebnisfähigkeit auf ein einziges Gebiet ein, so besteht die Gefahr, daß sie süchtig entgleist. Wenn so gut wie alle Energie in diesen einen Bereich fließt und an ihn gebunden ist, versiegt die Phantasie für die kreative Gestaltung anderer Lebensbereiche - man ist dann „zu", nicht mehr offen für Möglichkeiten der Erfüllung anderswo.

Das spricht dafür, Arbeit so zu gestalten, daß sie einen Wechsel der beanspruchten Körper-, Sinnes- oder Geistes-Modalitäten erlaubt, so daß wir unsere Mitte bewahren können, beispielsweise durch irgendeine Form der Job-Rotation.

Naturvölker und in unseren Breiten Menschen, die stärker mit der Natur und ihren Signalen verbunden sind, leben noch heute so: Die zu erledigenden Arbeiten sind vielfältig, und der stete Wechsel zwischen den einzelnen Tätigkeiten verhindert Ermüdung und Erschöpfung. Die amerikanische Nonne Jose Hobday, eine Seneca-Indianerin, weist darauf hin, daß es bei den meisten Naturvölkern kein Wort für „Arbeit" gibt - es ist ein trennendes Wort, weil es den harmonischen Ausgleich zwischen Pflicht und Muße zerbricht: „Der indianische Weg ist freier, mehr vom Feiern bestimmt. Man erledigt wohl alle ‚Arbeit', kommt den Aufgaben im Haus, der Ernährung, der Bekleidung, der Fortbewegung nach. Man tut es aber in Harmonie, im Einklang mit der ganzen Schöpfung und den Zyklen des Lebens."

Aus diesem Grund ist auch das Leben in Klöstern von jeher so gestaltet, daß körperliche, geistige und musische Tätigkeiten sich abwechseln. „In einem traditionellen Benediktinerkloster tun Mönche und Nonnen mindestens alle anderthalb Stunden etwas anderes", schreibt der britische Theologe Robert van de Weyer. „Dies bewahrt sie davor, sich bei einer einzigen monotonen Arbeit zu langweilen. Es gewährleistet gleichzeitig, daß sie im Laufe eines Tages vielfältige Begabungen und Fähigkeiten ausüben. So kann der Mönch an einem typischen Morgen nach Herzenslust im Chor der Klosterkapelle singen, den Gemüsegarten umgraben, ein tiefschürfendes philosophisches Werk studieren und eine Gruppe von Besuchern empfangen. Nach einem kräftigen Mahl sowie einer kurzen Mittagsruhe unterrichtet er vielleicht eine Gruppe von Novizen, hilft bei der Zubereitung des Abendessens und treibt die Kühe zum Melken in den Stall, um anschließend in der Kapelle weitere Hymnen und Psalmen zu singen. Es verwundert also nicht, daß Mönche und Nonnen stets für ihre fröhlichen Gesichter, ihre blühende Gesundheit und ihr hohes Alter bekannt waren."

Die Batterien rechtzeitig aufladen

Wir müssen also lernen, uns Dingen so zu widmen, daß sie uns nicht erschöpfen - eine Gefahr, die insbesondere in den sozialen Berufen sehr groß ist. Zuviel, die eigenen Befindlichkeiten außer acht lassendes Engagement führt, wie wir gesehen haben, zu arbeitssüchtigem Verhalten und/oder Burnout. Wir müssen wieder lernen zu spüren, wann etwas genug ist - körperlich, geistig oder seelisch -, und rechtzeitig aufhören, um unsere inneren Batterien aufzuladen, bevor sie fast erloschen sind - mit anderen Worten: Wir müssen Grenzen setzen.

Zwei wissenschaftliche Untersuchungen zu diesem Thema sind mir aus meinem Studium in besonderer Erinnerung geblieben - vor allem, weil ich im Laufe der Jahre mit Erstaunen festgestellt habe, daß ihre Ergebnisse kaum Berücksichtigung gefunden haben. Als während des Zweiten Weltkriegs in den in den Rüstungsfabriken der USA teilweise über zehn Stunden gearbeitet wurde, erklärte eine Arbeiterin, sie könnte mit siebeneinhalb Stunden Arbeit produktiver sein.

Wie die Studie zeigte, war sie es auch tatsächlich! Nun könnte man meinen, daraufhin sei für alle Beschäftigten sogleich der Siebeneinhalb-Stunden-Tag ausgerufen worden. Aber dem war nicht so. Offenbar zog man aus dieser Studie nicht die entsprechenden Folgerungen, sondern deklarierte das ganze zum „Einzelfall". Und so dauerte es über drei Jahrzehnte, bis wir hierzulande zu entsprechenden Arbeitszeitverkürzungen gekommen sind. Wie produktiv und kreativ könnten wohl Menschen sein, die nur drei oder vier Stunden am Tag arbeiten - und dann Zeit hätten, sich ganz anderen Bereichen zuzuwenden?

Ich glaube, dies käme unseren geistigen, emotionalen und physischen Grundbedürfnissen sehr entgegen. Vermutlich würde es die Krankheitskosten drastisch senken, ebenso den Verbrauch unnötiger Güter, die nur aus Frustration gekauft werden.

Es ist eigentlich so logisch und ließe sich bei entsprechender Verteilung der materiellen Güter auch machen - ohnehin werden in der westlichen Welt mit wenigen Menschen mehr als genügend Waren des täglichen Gebrauchs produziert. Nur ist der Zugang zu ihnen ziemlich ungerecht verteilt.

In der zweiten Untersuchung wurde von israelischen Wissenschaftlern untersucht, welchen Einfluß Pausen auf die Leistungsfähigkeit von Menschen haben. Dafür ließ man zwei Gruppen von Soldaten durch die Wüste marschieren. Der einen Gruppe wurden regelmäßige stündliche Pausen von ca. fünf bis zehn Minuten verordnet, die andere Gruppe konnte so marschieren, wie sie wollte. Das Ergebnis war, daß die erste Gruppe nicht nur schneller am Ziel war, sie war dabei auch wesentlich fitter und ausgeruhter als die zweite. Die hatte nämlich kaum Pausen gemacht und war ohne Rücksicht auf die eigene Kondition „durchmarschiert".

Was bedeutet das für uns? Zum einen, daß wir offenbar noch sehr geringe Kenntnisse von den Bedingungen haben, unter denen unser Organismus optimal funktioniert (wir wissen mehr über die Funktionen von Maschinen!). Und: Wenn unser innerer „Akku" zu spät aufgeladen wird, dauert es länger, bis wir uns wieder erholen. Wenn Anspannung und Entspannung nicht in einem sinnvollen Wechsel stattfinden, überdehnen wir uns, betreiben Raubbau an unseren Kräften (wie im großen Rahmen an der Natur) und sind irgendwann unfähig, uns überhaupt noch zu entspannen.

Manche Menschen kommen erst durch einen Burnout zu dieser Einsicht, und viele noch nicht einmal dann. Das alles spricht für die Etablierung einer völlig neuen Pausen- und Bewegungskultur, die diese Gesetzmäßigkeiten berücksichtigt.

Nicht umsonst ist in vielen asiatischen Ländern die Teilnahme an der Morgengymnastik am Arbeitsplatz Pflicht. Welch eine weise Einrichtung! Warum übernehmen wir sie eigentlich nicht? Als ich diesen Gedanken kürzlich in einer Runde „antestete", meldeten sich sogleich die „Bedenkenträger": „Das läßt sich bei uns nicht realisieren, dazu sind wir Deutschen zu individualistisch."

Sind wir das wirklich? Schließlich reißen wir uns auch darum, alle dieselben (Nobel-)Marken zu tragen und rennen samstags alle zeitgleich ins Shopping-Center - warum also keine gemeinsame Morgengymnastik?

Sinnvoll wäre auch, nach jeder Stunde am Terminal fünf Minuten gezielte Gymnastik und Entspannung zu gewährleisten. Es würde vermutlich die Atmosphäre in einem Großraumbüro enorm beleben, wenn auf ein Signal hin alle Mitarbeiter gemeinsam fünf Minuten lang gezielte Yoga- oder Stretching-Übungen machen würden. Mein Mann hat mir häufig erzählt, das Beeindruckendste an einem Ferienjob am Fließband sei gewesen, daß nach dem Erklingen des Pausenzeichens im ganzen Raum nur noch ein gleichmäßiges Knistern zu hören war - als nämlich alle Mitarbeiter wie in einem schweigenden Ritual ihre „Bild"-Zeitung aufschlugen. Warum dieses gemeinsame Erlebnis nicht auf körperliche Bewegung ausweiten?

Man sollte solche Vorschläge nicht gleich als überflüssigen Luxus, den sich vielleicht ein paar abgedrehte Werbeagenturen leisten, abtun. Dazu sind sie zu erfolgreich, was Produktivität und Motivation der Mitarbeiter betrifft. Daß beispielsweise kurze Massagen am Arbeitsplatz die Freude an der Arbeit und zugleich die Leistungsfähigkeit erhöhen, ist inzwischen durch US-Studien wissenschaftlich belegt. Und wie essentiell Ruhe-, Denk- und Entspannungspausen für das Auftauchen zündender Ideen sind, ist durch die Kreativitätsforschung ebenfalls hinlänglich bewiesen. Die meisten großen Erfindungen und Entdeckungen dieser Welt geschahen in solchen „schöpferischen Pausen", in denen das Material unbewußt weiterbearbeitet und neue Verbindungen geknüpft wurden (was eben nur im Zustand der Entspannung geschieht).

Firmen, die begriffen haben, daß ihr wichtigstes „Kapital", ihr einziger Marktvorteil, das kreative Potential ihrer Mitarbeiter ist, tragen solchen Gesetzmäßigkeiten Rechnung. Japanische Werbeagenturen stellen ihren Mitarbeitern während der Arbeitszeit Räume zur Entspannung zur Verfügung und räumen ihnen außerdem ein hohes Maß an Zeitsouveränität ein, denn sie haben erkannt: Qualität braucht Zeit!

Die Entdeckung der Langsamkeit

Die wachsende Popularität des Themas Langsamkeit zeigt deutlich, wie sehr sich eine zunehmende Anzahl von Menschen durch die Hektik, der sie täglich ausgesetzt sind (und die sie auch selbst kreieren), überfordert fühlen. Umfragen zufolge fühlt sich jeder zweite ständig gehetzt und sehnt sich nach mehr Ruhe.

„Wären wir ruhiger, langsamer, so ginge es uns besser, ginge es schneller mit unseren Angelegenheiten voran", schrieb bereits vor einigen Jahrzehnten der Schriftsteller Robert Walser. Seitdem hat sich unser Geschwindigkeitswahn beträchtlich gesteigert. Die Produktionszyklen beschleunigen sich, wir hecheln immer schneller den neuesten Entwicklungen hinterher, kaufen immer schneller Neues, in der Angst, sonst „alt" auszusehen. Und doch ist der heute gekaufte Computer bereits im nächsten Jahr veraltet, die modische Klamotte bereits einen Monat später wieder überholt. Konsumpausen liegen nicht im Interesse der Wirtschaft.

Der Preis unserer Non-Stop-Gesellschaft sind nicht nur zeit- und kostenaufwendige Rückholaktionen von Medikamenten und Autos. Wir wissen inzwischen auch, daß übersteigerte Geschwindigkeit Unfälle und Katastrophen nach sich zieht. Denn wer gehetzt und übermüdet arbeitet, macht mehr Fehler und übersieht häufiger Entscheidendes. Das ist gemeint, wenn in der Analyse von Flugzeugabstürzen, Zug- oder Schiffsunglücken lapidar von „menschlichem Versagen" gesprochen wird. „Menschliche Überforderung" wäre vielleicht treffender, weil damit die Bedingungen angesprochen würden, unter denen Menschen „versagen": wenn zwischen dem Menschen, der Zeit und der Technik, die er zu bedienen hat, ein gravierendes Mißverhältnis im Sinne einer Überforderung besteht. „Das zentrale Problem", analysiert der amerikanische Chronoarbeitsphysiologe Martin Moore-Ede, „ist ein fundamentaler Konflikt zwischen den Anforderungen unserer selbstgeschaffenen technischen Zivilisation und der Beschaffenheit des menschlichen Gehirns und Körpers."

Daß der technische Fortschritt die Beschleunigung über alle Maßen vorantreibt, wird am deutlichsten durch die Auswirkungen von Computer und Email: Weil früher ein eher langsamer Postweg den Austausch von Papieren und Dokumenten dehnte, konnten auch Entscheidungen länger reifen. Heute, da Daten ihre Empfänger in Sekundenschnelle erreichen, hat sich auch die Anzahl der Entscheidungen, die an einem Tag getroffen werden können - und plötzlich auch müssen - drastisch erhöht.

„Mami, du kannst doch jeden Tag etwas tun", sagte mein Sohn vor kurzem, als er mich in ziemlicher Hektik erlebte. „Eigentlich hat er recht, aber nein, kann ich nicht", dachte ich für mich. Und vor meinem inneren Ohr hörte ich den berühmt-berüchtigten Satz: „Was du heute kannst besorgen, das verschiebe nicht auf morgen." Eine der wenigen Volksweisheiten, die aufgrund der technologischen Entwicklung keine Gültigkeit mehr haben - dazu kann theoretisch einfach zu viel „heute" besorgt werden - 24 Stunden lang.

Eine Großbank bewarb vor einiger Zeit die Vorteile des Zahlungsverkehrs per Internet unter anderem mit dem schlagenden Argument, daß der Kunde dann auch nachts um 23 Uhr noch Überweisungen auf den Weg bringen könne. Aber warum bitte muß ich kurz vor Mitternacht, genau zu der Zeit, wo der Schlaf erwiesenermaßen am erholsamsten ist, eine Überweisung schreiben können?

Unter dem Diktat der Uhr lösen wir uns immer mehr vom Rhythmus der Natur, der eigentlich auch unser eigener ist, auch wenn wir uns angewöhnt haben, die Natur als etwas Fremdes zu betrachten, das außerhalb von uns existiert. Aber auch wir sind Natur! Der Erfolg von Büchern, die sich mit der Anwendung des Mondkalenders auf unser tägliches Leben befassen, zeigt, daß inzwischen bei vielen Menschen ein deutlicher Wunsch vorhanden ist, sich wieder stärker den eigenen Rhythmen und damit denen der Natur zuzuwenden. „Alles in der Natur ist Klang, Schwingung und Rhythmus", schreiben Johanna Paungger und Thomas Poppe in ihrem Buch „Vom richtigen Zeitpunkt". „Ein Leben im Gleichgewicht bedeutet daher, diese Rhythmen nicht dauernd zu mißachten oder ständig gegen ihren Strom zu schwimmen."

Der Wissenschaftsjournalist Joseph Scheppach weist darauf hin, daß sich die menschliche Spezies 99 Prozent der Zeitspanne ihrer Evolution „mehr oder weniger freiwillig nach den periodischen Rhythmen der Natur ausgerichtet" hat, wobei die zyklischen Übergänge von hell zu dunkel, von Winter zu Frühling, vom Leben zum Tod „Dreh- und Angelpunkt allen Denken und Handelns" waren. Erst seit 200 Jahren, so Scheppach, „zwingen wir uns ein Leben auf, das biologischen Zyklen derart zuwiderläuft, daß wir nun am Rand der Rhythmus-Katastrophe stehen".

Und die hängt eng mit der von uns gern verdrängten Umweltkatastrophe zusammen. Beide basieren letztlich auf unserer maßlosen Gier nach mehr. „Ökologische Verantwortlichkeit zeigt sich auch und ganz besonders im verantwortlichen Umgang mit natürlichen und den daran orientierten sozialen Rhythmen", meint der Münchener Zeitforscher Karlheinz Geißler. „Die Ordnung des kollektiven Lebens zeigt nämlich etwas davon, wie wir mit den Naturrhythmen umgehen. In ihr sind unsere Werthaltungen zu innerer und äußerer Natur quasi als Wasserzeichen eingelassen." Im Gegensatz zu früher ist Geschwindigkeit nicht mehr an menschlichen Bedürfnissen, die gesättigt werden können, orientiert. Unsere Vorfahren mußten schnell sein, um ein Wild zu erlegen. Danach ruhten sie sich aus. Es hätte keinen Sinn gemacht, mehr zu erjagen, als gebraucht wurde, weil man es nicht konservieren konnte. Aber, so Geißler, „wenn es um Geld geht, gibt es kein Genug".

Wo Bits und Bytes in Lichtgeschwindigkeit um den Globus gejagt werden und dabei unendliche geldwerte Informationsmengen transportieren, frißt der Schnelle den Langsamen.

Doch welchen Preis zahlen wir für diese alle Lebensbereiche durchziehende Beschleunigung?

„Hohe Geschwindigkeiten", warnt Geißler, „gehen mit Wahrnehmungseinschränkungen einher." Mit anderen Worten: Wir machen zwar viel, erleben und fühlen es aber immer flacher, denn schon kommt der nächste Event. Wir nehmen uns keine Zeit mehr, Erlebnisse in Ruhe zu genießen und zu verarbeiten. Die (erlebte) Zeit, die wir auf diese Weise zu komprimieren versuchen, entzieht sich uns jedoch dadurch nur um so mehr.

Streß, das haben Untersuchungen ergeben, stampft den Tag zusammen, läßt ihn wie im Rausch verfliegen. Ohne innere Ruhe- und Denkpausen rauscht dann auch das Leben an uns vorbei – nur flüchtig erlebt und sinnentleert. Wenn wir uns die Zeit zum Nachdenken und Fühlen nicht nehmen, bleiben wir nicht auf dem laufenden mit unseren Prioritäten, ja, vielleicht kennen wir sie nicht einmal.

In seinem Bestseller „Die Entdeckung der Langsamkeit" erzählt Sten Nadolny die Geschichte des britischen Nordpolfahrers John Franklin in Form einer Studie über die Langsamkeit. John fällt von Kindesbeinen an durch seine unglaubliche Langsamkeit auf. Langsam im Sprechen und Denken, langsam in seinen Reaktionen, mißt er die Zeit nach eigenen Maßstäben. Zunächst erkennt nur sein Lehrer, daß Johns eigenartige Behinderung auch Vorzüge hat. Was er einmal erfaßt hat, das behält er, das Einzigartige, das Detail begreift er besser als andere. Seine Bedächtigkeit erlaubt es ihm nicht, Dinge unverarbeitet aufzunehmen. Als sein Freund zu ihm sagt: „Wenn du etwas verstanden hast, muß es richtig sein" überlegt John lange, wie das gemeint sei, und antwortet schließlich: „Ich verstehe jedenfalls nichts zu früh."

Aus diesem Grund lehnt er auch den „Bilderwälzer", einen primitiven Vorläufer unseres Fernsehens ab: ‚'Ich bin Entdecker' sagte er, ‚und Entdecken heißt: Selber direkt anschauen, wie etwas aussieht und wie es sich bewegt. Ich möchte mir von einem Bilderwälzer nichts vormachen lassen.' ‚Dann lehnen sie auch Malerei und Literatur ab?' fragte Rodget. Franklin bat ihn, etwas zu warten. Er ging einige Male im Zimmer hin und her. ‚Nein', sagte er dann. ‚Malerei und Literatur schildern zwar auch, wie etwas aussieht und nach welchen Regeln es sich bewegt, aber nicht, wie schnell das geschieht. Wenn sie es doch irgendwie behaupten, kann man es sofort anzweifeln. Das ist wichtig.

Denn wie lang die Dinge dauern und wie schnell sie sich ändern, müssen die Menschen selber sehen ... Wie lang etwas dauert und wie plötzlich es anders sein kann, steht nicht fest, es hängt vielmehr von jedem einzelnen ab. Ich hatte genug Mühe damit, das zu akzeptieren: meine eigene Geschwindigkeit und die Art, wie sich die Welt für mich bewegt.'"

Was John Franklin hier schildert, ist das Auseinanderklaffen von subjektiv erlebter „Eigenzeit" und der objektiv meßbaren außengesteuerten Zeit. „Wir verlieren unsere Eigenzeit!" heißt es (und klingt wie ein Hilferuf) in einem Handzettel des Eigenzeit-Verlages. Gemeint ist „die erlebte Zeit, die wir bestimmen und die nicht uns bestimmt". Die Warnung lautet: „Die ‚moderne', immer genauer anzeigende Uhr verführt dazu, daß wir selbst, ohne es zu merken, zu rastlosen und fremdbestimmten ‚Chrono-metern' werden."

Für „Mut zur Eigenzeit" plädiert seit einiger Zeit auch der „Tempus - Verein zur Verzögerung der Zeit", der 1990 am interdisziplinären For-schungsinstitut der Universität Klagenfurt gegründet wurde. In den Sta-tuten verpflichten sich die Mitglieder zur Entschleunigung, insbesondere „zum Innehalten, zur Aufforderung zum Nachdenken, dort, wo blinder Aktivismus und partikulares Interesse Scheinlösungen produzieren". Ziel dabei ist, auf gesamtgesellschaftlicher Basis einen bewußteren Umgang mit der Zeit anzuregen. „Die Beschleunigung wird zum Maß aller Tätig-keiten und vergewaltigt ‚Eigenzeit'‚" meint der Philosophieprofessor und Gründer von „Tempus", Peter Heintel. Alles Lebendige wird unter das ökonomische Zeitmaß gezwungen, wie er an einem drastischen Beispiel deutlich macht: „Damit ein Schwein sich ‚rechnet', muß es nach einem halben Jahr für den Schlachter ‚reif' sein." Wie das Tier, so der Mensch: „Medizinische, psychologische Hilfe und Beratung darf ein gewisses Zeit-maß nicht überschreiten, sonst wird sie unrentabel ... Nachdenkpausen in der Politik gelten als Eingeständnis von Schwäche, auch wenn es wahr-lich genug zum Nachdenken gäbe ... Langsamkeit, Bedächtigkeit, inne-haltendes Prüfen werden fast als körperliche Behinderungen angesehen. Auf jemand oder etwas warten zu müssen wird als persönliche Beleidi-gung verstanden."

Doch vielleicht ist ja eine teilweise Trendwende in Sicht. Offenbar in der Erkenntnis „Gut Ding will Weile haben" erfahren in den USA die Lang-samen und Gründlichen eine Aufwertung. Mit dem Kürzel „Slobbies" - „slow but better working people" -werden dort die langsam, aber besser arbeitenden Leute bezeichnet.

Wie es eine Indianerin ausdrückte: „Wenn du deinen Frieden bewahren und in einer guten Sammlung bleiben willst, widme allem, was du tust, die Zeit, derer es bedarf, um es vollständig zu tun."

In seltsamer Koinzidenz sagte mein Sohn - gerade während ich diesen Absatz schrieb - mit dem für ihn typischen Schalk in den Augen: „Ich finde, du bist eigentlich eine sehr schnelle Frau!" (Zu meiner Beruhigung war es lediglich eine Feststellung, ohne Wertung.) Aber es stimmt. Ich trödele nicht gern herum. Wie die meisten „schnellen" Menschen versuche ich, auf diese Weise Zeit zu sparen. Die entscheidende Frage lautet natürlich: Zeit wofür? Meistens doch, um noch mehr zu tun, noch mehr zu „schaffen" - „ich will schnell noch mal ..." Auf diese Weise wird die freigewordene Zeit wieder verplant, für „more of the same", anstatt sie zu genießen. Offenbar haben wir Schuldgefühle, wenn wir uns nicht nützlich machen, oder wir fürchten uns vor der freien Zeit, weil wir Angst davor haben, mit uns selbst in Fühlung zu treten, und fliehen in irgendeine neue Aktivität.

Der entscheidende Punkt ist, die gewonnene Zeit qualitativ anders zu verbringen: langsamer, spielerischer, achtsamer, meditativer. Das muß man sich erst mal erlauben können. In Abwandlung eines Werbespruches bedarf es dazu der „Du darfst"-Haltung (die inzwischen hauptsächlich mit Konsum verbunden ist, aber wir können sie für unser Innenleben zurückerobern): „Du darfst" auch träumen, nachdenken, fühlen, spielen, nichts tun ...

Insbesondere für schnelle Menschen, die sich noch nicht in der Lage sehen, von der „Überholspur" herunterzukommen, ist es von äußerster Wichtigkeit, wenigstens regelmäßig innezuhalten und auf Pausen zu achten. Schöpferische Pausen, um in sich hineinzuhorchen, um mit den eigenen Gefühlen und Kraftquellen in Verbindung zu bleiben oder überhaupt erst mal in Berührung zu kommen. Der anthroposophisch orientierte Internist und Dozent Volker Finkelmann empfiehlt seinen Studenten und Patienten regelmäßiges Tagträumen. Als Ausgleich zu einer unbedingt notwendigen Balance, denn „wir leben in einer Martha-Zeit", meint er in Anspielung auf die biblische Martha, die Jesus die Füße wusch und ständig aktiv war, anstatt wie ihre Schwester Maria ihrem Meister schweigend zuzuhören, was ja auch eine Form der Meditation sein kann (zumindest dann, wenn der Inhalt sich lohnt). Regelmäßige Entspannungspausen, egal, wie gestaltet, hält Fintelmann auch für eine sinnvolle Burnout-Prophylaxe.

Die „Langsameren" tun dies nach meiner Beobachtung, während sie etwas tun, weshalb sie sich auch nicht so schnell erschöpfen. Mit Sicherheit der sinnvollere Weg, weil er die bessere Voraussetzung für bewußtes Genießen bietet. „Alles, was mit den Sinnen zu tun hat, gewinnt höheren Reiz und Genuß, wenn es langsamer getan wird", sagt der Zeitforscher Karlheinz Geißler. Nach meiner Erfahrung mit langsameren Perioden meines Lebens gibt Langsamkeit mehr Tiefe und Intensität, weil sie die Wahrnehmungsfähigkeit für uns und unsere Umwelt steigert. Wir können die Menschen und Dinge um uns herum bewußter wahrnehmen und losgelöster von unseren persönlichen Interessen verstehen. Möglicherweise tun wir weniger, aber das, was wir tun, erleben wir intensiver und bewußter.

Wenn wir unser Tempo verlangsamen, kann unser unruhiger Geist zur Ruhe kommen, sich neu ordnen, und unsere Sinneskanäle können sich regenerieren - die Voraussetzung dafür, genießen zu können. Gleichzeitig reduziert sich im Zustand der Ruhe die verwirrende Vielfalt fast automatisch: weil wir sozusagen eine innere Matrix für echtes psychophysisches Wohlbefinden entwickelt haben, von der aus wir beurteilen und entscheiden können, was uns in einer gegebenen Situation guttut und was nicht. Mit anderen Worten: Wir sind in Balance mit uns selbst, in innerer Harmonie. Man kann es auch „glücklich" nennen.

Alles mit Maßen

Wie werden wir wieder selbstbestimmter, wie gewinnen wir unsere eigenen Maßstäbe zurück? Die Antwort ist vergleichsweise simpel, die Schwierigkeiten liegen weniger in der Erkenntnis dessen, was zu tun ist, als in der konsequenten Umsetzung des einmal für richtig Erkannten in unseren Lebensstil.

Die Überschrift für eine entspanntere Lebensform heißt: Alles mit Maßen.

Wir wollen immer viel zuviel, vor allem zuviel auf einmal und in zu kurzer Zeit. Auf diesen simplen Nenner könnte man das Gros unserer Probleme bringen.

Erfolgreich hat man uns beigebracht, daß der mittlere Weg zwischen zwei Extremen langweilig und mittelmäßig sei, weil der Kick fehlt. Die alten Griechen haben das ganz anders gesehen. Sie verstanden die Mitte als das Vollkommene, das Absolute (ein Begriff, der völlig unmodern geworden ist!). Aristoteles beschreibt das ethisch Gute grundsätzlich als Mitte zwischen einem Übermaß und einem Mangel – ein Gedanke, der sich auf die meisten Phänomene anwenden läßt und auch heute noch sehr hilfreich ist. Das Suchen der optimalen Mitte zwischen zwei Extrempolen, zwei gegensätzlichen Positionen oder Handlungsoptionen gibt uns eigentlich immer das richtige Maß, die richtigen Maßstäbe. So wurde beispielsweise Tapferkeit als Tugend betrachtet, denn sie stellt die Mitte zwischen einem Zuviel, nämlich Tollkühnheit und einem Zuwenig, das wäre Feigheit, dar.

Oder: Zuviel Selbstbewußtsein kann zu arroganter Mißachtung anderer führen, während zuwenig davon dazu führt, die eigenen Interessen nicht richtig wahrzunehmen. Beides entspricht nicht einem gesunden Maß. Und zuviel Arbeit macht Menschen ebenso krank wie zuwenig!

So stellen alle Werte letztlich eine gesunde Mitte zwischen einem Zuviel und einem Zuwenig dar. Unser ganzes Leben lang stehen wir immer wieder vor der Aufgabe, Gegensätze in Einklang zu bringen, oft Dinge, die auf logischer Ebene unvereinbar erscheinen, wie beispielsweise der Ausgleich zwischen Freiheit und Verbundenheit. Das ist unbequem und mühsam, doch es geht kein Weg daran vorbei, denn nur so finden wir unser eigenes Maß.

Auch die Griechen haben das eigene Maß stets als Gegensatz zur Hybris, der Anmaßung verstanden und es in Verbindung mit Selbsterkenntnis und Vergänglichkeit gebracht. Warum Vergänglichkeit? Weil nur das Bewußtsein unserer Endlichkeit in der Lage ist, uns wachzurütteln und an das Wesentliche unseres Lebens zu erinnern. Worauf kommt es wirklich an?

Eine maßvolle Lebensweise bedeutet ein klares Bewußtsein für das, was wir tun, das ständige Bemühen um Präsenz und Achtsamkeit. Das erfordert Langsamkeit – heute gern auch Entschleunigung genannt – für das Erspüren der eigenen Mitte, aus der unsere Maßstäbe kommen, unsere Intuitionen zu Gewißheiten werden. In dieser inneren Mitte und geistigen Ruhe sind wir in der Lage, unsere unterschiedlichen Bestrebungen und Wünsche, Einsichten und Erlebnisse zu ordnen und in eine für uns stimmiges Wertesystem zu bringen. Das erfordert Zeit und innere Sammlung - und dazu muß man sich bewußt entschließen.

Bewußt atmen

Der erste Schritt dorthin ist ebenso einfach wie möglicherweise überraschend, weil er auf einer ganz anderen Ebene ansetzt: Es beginnt damit, daß wir auf unseren Atem achten! Bewußtes Atmen verhindert, daß wir unserem körperlichen und gefühlsmäßigen Empfinden sozusagen geistig voraneilen beziehungsweise davor weglaufen. Der Atem ist bekanntlich die Brücke zwischen Bewußtem und Unbewußtem, zwischen Körper und Geist und verbindet beide. Er ist sogar, wie der japanische Zen-Meister Kenzo Awa es einmal ausgedrückt hat, der „Ursprung aller geistigen Kraft". Wenn wir ihn völlig mißachten, verlieren wir damit auch den Kontakt zu unseren körperlichen Befindlichkeiten, Gefühlen, Intuitionen und Wertvorstellungen.

Wie ich an mir selbst festgestellt habe, halte ich den Atem in bestimmten Situationen an oder atme so flach, daß sich meine Bauch- oder Schultermuskeln verspannen. Das geschieht in der Regel unter den Bedingungen von Angst und Hektik, wenn ich mich zwinge oder gezwungen fühle, mehr zu tun, als ich kann, zu schnell sein will oder zu lange bei einer Sache verweile.

Blieben wir durch bewußtes Atmen stärker in Verbindung mit unseren Gefühlen (und innerhalb unserer körperlich-geistigen Grenzen), würden wir viele Aktivitäten und Projekte ablehnen, weil wir instinktiv wüßten, daß sie uns eigentlich zuviel sind und nicht guttun. Weil der Atem so grundlegend für unsere Selbsterkenntnis ist, besteht die einfachste Methode, innere Ruhe (und Glück!) zu erlangen oder zu behalten darin, immer wieder bewußt den eigenen Atem wahrzunehmen, denn, wie der vietnamesische Zen-Meister Thich Nhat Hanh es ausdrückt: „Wenn wir bewußt atmen, finden wir ganz zu uns zurück und begegnen dem Leben im gegenwärtigen Moment." Bewußtes Atmen kann man überall üben - in der U-Bahn, im Auto (besonders beim Warten vor roten Ampeln!) im Büro oder zu Hause.

Und das Gute ist: Den Atem hat man immer dabei (im Gegensatz beispielsweise zu Zigaretten). Vermutlich ist die ganze Nikotinsucht im Kern nichts anderes, als die auf acht Züge beschränkte Erlaubnis, bewußt zu atmen! Welch ein Irrsinn ...

Die von Thich Nhat Hanh empfohlene Anfangsübung ist sehr einfach und gleichzeitig sehr effektiv. „Wenn du einatmest, sagst du dir: ‚Beim Einatmen weiß ich, daß ich einatme.' Und wenn du wieder ausatmest, sagst du: ‚Beim Ausatmen weiß ich, daß ich ausatme.' Das genügt. Du nimmst dein Einatmen als Einatmen und dein Ausatmen als Ausatmen wahr. Du brauchst dir gar nicht den ganzen Satz vorzusagen: Die beiden Worte ‚Ein' und ‚Aus' genügen schon. Während des Übens wird dein Atem ruhig und sanft werden. Körper und Geist werden dann ebenfalls ruhig und sanft. Diese Übung ist nicht schwer. In einigen wenigen Minuten wird dir klar, welche Früchte die Meditation trägt."

Ob dies nun in Form einer täglichen 20-Minuten-Meditation geschieht oder immer wieder zwischendurch, ist vermutlich egal. Viele Menschen haben eine eingebaute Barriere gegen alles, was über das Arbeitspensum hinaus Disziplin erfordert, und manche lehnen sogar diesen Begriff völlig ab, weil sie Disziplin - meist erziehungsbedingt - als etwas Fremdbestimmtes betrachten. Hier geht es aber um selbstgewählte Disziplin, und das ist etwas ganz anderes. Vor einigen Jahren besuchte uns ein brasilianischer Vetter, der zusammen mit seiner Frau seit Jahren regelmäßig nach Indien in einen Ashram fährt (was in unserer überwiegend bodenständigen Familie als ziemlich skurril gilt) - und natürlich auch täglich meditiert. „Dazu habe ich einfach nicht die Disziplin", erklärte ich ihm und hoffte auf sein Verständnis. Doch er sah mich nur erstaunt an und sagte: „Aber Disziplin braucht man doch für alles, was man tut." Natürlich hat er recht. Es ist unsere Entscheidung, welchen Dingen wir uns hingeben - um ein etwas gefälligeres Wort zu wählen. Zu sagen: „Dazu habe ich keine Zeit" heißt ja de facto: „Ich möchte mir keine Zeit nehmen, mich dem jetzt zuzuwenden" - es ist also eine Frage unserer Prioritäten.

In einem Punkt herrscht absolute Gerechtigkeit: Wir alle haben 24 Stunden des Tages zur Verfügung – und wie wir sie verbringen, ist letztlich unsere Entscheidung.

Das einzige, was den Tod überdauert, ist ein grundlegendes Gutsein, das in jedem von uns liegt. Unser ganzes Leben ist eine Aufforderung, dieser Gutsein zu entdecken und eine strenge Übung, es zu verwirklichen.

Sogyal Rinpoche, tibetischer Meditationsmeister

Strebt mit Eurem ganzen Sein nach Vollkommenheit!

Die letzten Worte des sterbenden Buddha

X

Das letzte Hemd hat keine Taschen

In gewisser Weise sträubt sich mir die Feder, zu guter Letzt noch auf dieses Thema einzugehen, aber es führt kein Weg daran vorbei, denn anerkennen müssen wir es: Unsere Zeit auf Erden ist begrenzt, wir alle haben eine „Deadline". Wenn wir dieses Wissen verdrängen, laufen wir Gefahr, unsere Zeit sinnlos zu vergeuden oder oberflächlich und nur halb wach vor uns hinzuleben. Bis etwa um die dreißig leben die meisten von uns in der Illusion, sterben tun nur die anderen - die Alten. Wenn man jung ist, hält man sich tatsächlich für so etwas wie unsterblich, und der werbeinitiierte Jugendkult leistet diesem Irrtum gewissermaßen Vorschub, ebenso wie die Tatsache, daß heute größtenteils im Krankenhaus oder im Altersheim gestorben wird, so daß wir mit Tod oder Sterben kaum konfrontiert werden.

Aber wenn wir völlig außer Kurs geraten sind (was uns oft erst durch eine Krankheit oder seelische Krise bewußt wird), gibt es nur eines, was uns wieder auf Vordermann, zurück zum eigenen Maß bringt: die Beschäftigung mit unserer Endlichkeit. Normalerweise erschreckt uns diese Vorstellung zutiefst, weil wir sie in den westlichen Gesellschaften in beispielloser Form verdrängen. Doch eine tiefenpsychologische Weisheit lautet: Verdrängtes kehrt meist in irgendeiner Form zurück. So auch hier: Im deutschen Fernsehen findet der Tod täglich rund 70mal statt, nun aber monströs verzerrt und überwiegend gewaltsam herbeigeführt.

Offenbar nähern wir uns diesem Thema lieber über einen Umweg: Eher gucken wir uns den Tod oder vom Tod bedrohte Menschen auf dem Bildschirm oder der Leinwand an und erleben in Identifikation mit dem Helden eine „virtuelle Todesangst" - als unsere eigene Vergänglichkeit gelegentlich zu reflektieren.

Warum haben wir so einen Horror davor? „Hinter der Angst vor dem Tod steht eigentlich die Angst, sich selbst zu begegnen, denn der Tod zeigt uns, wer wir wirklich sind", meint der tibetische Meditationsmeister Sogyal Rinpoche, im Westen bekannt geworden durch sein Werk „Das tibetische Buch vom Leben und Sterben". „Wir füllen unser Leben mit soviel Aktivität und Hektik, damit sich bloß keine Gelegenheit bietet, uns selbst anschauen zu müssen, mit uns selbst ins reine zu kommen oder uns um die wirklich wichtigen Dinge zu kümmern." In der „engstirnigen Ausrichtung auf nichts anderes als dieses Leben" sieht der Buddhist, der sich auch hierzulande einer wachsenden Anhängerschaft erfreut, die Quelle für den „menschenverachtenden und zerstörerischen Materialismus" der modernen Welt: „Niemand spricht über den Tod, und niemand spricht über ein Leben danach, weil wir in dem Glauben erzogen werden, daß solches Gerede nur unser sogenanntes ‚Vorankommen' in der Welt behindern würde."

Demgegenüber redet man in allen religiösen Traditionen davon, daß die Reflexion über Tod und Vergänglichkeit der Grundpfeiler des spirituellen Pfades ist. Mohammed wurde einmal gefragt: „Wie poliert man sein Herz, wie bringt man es zum Strahlen?" Seine Antwort lautete: „Indem man an Gott denkt und sehr, sehr viel an den Tod." Und nicht umsonst stehen Tod und Auferstehung von Jesus im Zentrum des christlichen Glaubens - nur ist uns die Fähigkeit, dies psychologisch nachzuvollziehen, abhanden gekommen, wir beziehen es nicht mehr auf uns.

„Lerne zu sterben, dann lernst du zu leben", heißt es in einem bereits im Mittelalter erschienenen Buch über das Sterben.

An den Tod zu denken ist keineswegs als morbide Grübelei gedacht, die uns die Freude am Leben verderben würde. Es ist gewissermaßen eine Frage des richtigen „Timings": „Warum nicht über den Tod nachdenken, wenn wir glücklich sind, bei voller Gesundheit, voller Vertrauen und uns wohl fühlen?", lautet Sogyal Rinpoches Vorschlag. „Wir haben doch sicher alle schon Zeiten erlebt, in denen wir ganz natürlich zur Innenschau neigen. Diese Gelegenheiten sollten wir nutzen, denn es sind Momente, in denen wir eine machtvolle Erfahrung machen können, die die Kraft hat, unsere ganze Sicht der Welt schnell zu verwandeln.

Es sind Augenblicke, in denen frühere Überzeugungen und Meinungen wie von selbst abfallen und uns völlig verwandelt zurücklassen."

Denn der Gedanke an den eigenen Tod intensiviert unser Leben, weckt uns auf, hilft uns, unsere Prioritäten zu finden, neu zu ordnen und deutlich zu sehen, was das Wesentliche im Leben ist. Wenn wir dagegen glauben, alle Zeit der Welt zu haben, kann es passieren, daß wir das „wirkliche Leben" immer wieder auf „später" verschieben und die Zeit - perspektivlos in der Routine des Alltags versunken - bewußtlos verfließen lassen.

Daß die Begegnung mit dem Tod zu völlig neuen Lebenseinstellungen führt, wird am deutlichsten aus Berichten von Menschen mit Nahtoderfahrungen, von Menschen also, die nach einem Herzstillstand wieder ins Leben zurückgeholt werden konnten.

Studien ergaben, daß sich im Leben der Menschen, die eine Begegnung mit dem Tod hatten, große Veränderungen vollziehen. Die meisten von ihnen entwickeln ein verstärktes Interesse daran, anderen zu helfen und sich gesellschaftlich zu engagieren. Sie glauben an einen spirituellen Sinn des Lebens und betonen die Bedeutung eines liebevolleren Umganges miteinander, während sich ihr Interesse an materiellen Belangen deutlich reduziert. Praktisch alle haben nach dieser Erfahrung die Angst vor dem Tod völlig überwunden und glauben an irgendeine Form von Leben „danach." Die meisten von ihnen erlebten nach einer rasanten Fahrt durch einen dunklen Tunnel Jenseitserfahrungen, die sie tief beeindruckten. Sie erzählen von außerordentlichen Glücksgefühlen und einem tiefen Seelenfrieden, besonders bei der Begegnung mit dem strahlend hellen Licht, das, wie sie sagen, „pure Liebe ausstrahlt".

Ein Mann beschrieb es dem amerikanischen Nahtodforscher Kenneth Ring so: „Und dann ist es vor dir, dieses herrliche, prächtige, wunderschöne, phantastische, helle weiße Licht. Es ist so hell, daß es dich normalerweise sofort blenden würde. Aber dieses tut deinen Augen überhaupt nicht weh. Dann spürst du dieses wunderbare Gefühl des Lichtes, als sei es eine Person, aber es ist keine Person. Es ist ein Wesen irgendeiner Art, eine Anhäufung von Energie, etwas, mit dem man kommuniziert und das man anerkennt. Dann nimmt das Licht die Verbindung mit dir auf, und das erste Mal in deinem Leben erlebst du ein Gefühl reiner, wahrer Liebe. Es kann nicht verglichen werden mit der Liebe deiner Frau oder deiner Kinder. Oder, wenn jemand eine sehr intensive sexuelle Beziehung als den schönsten Moment seines Lebens betrachtet - auch damit könnte es nicht verglichen werden. Alle diese wunderbaren Gefühle kombiniert, reichen nicht an das Gefühl dieser wahren Liebe heran."

Schwerer zu verkraften ist für viele ein anderer Aspekt ihrer Nahtoderfahrung: der Lebensrückblick. Kenneth Ring, der an die tausend Nahtodberichte analysiert hat, schildert ihn folgendermaßen: „In einem Moment außerhalb der Zeit wirst du dir plötzlich nahezu aller Dinge bewußt, die dir je in deinem Leben passiert sind. Und zwar alles auf einmal, nicht in langen Folgen. Leute benutzen oft Video-Vergleiche, um diese Erfahrung zu beschreiben. Sie sagen: ‚Du kannst es vorspulen, ein Standbild machen oder eine besonders wichtige Szene in Zeitlupe ansehen.' Wichtig daran ist, daß der Rückblick zwei Komponenten hat: Auf der einen Seite guckst du nur wie ein Zuschauer all die Ereignisse an, die dein Leben ausgemacht haben. Aber in einem gewissen Sinne bist du auch zurück in deinem Leben, und du erfährst wie eine Offenbarung: wie du gelebt hast, warum du etwas getan hast und vor allem - du fühlst die Folgen, die deine Handlungen auf andere hatten."

Wie eine Frau es erlebte: „Es war eine dreidimensionale Panoramasicht meines Lebens, jeder Einzelheit meines Lebens. Alles, was ich je gesagt oder getan hatte oder gar gedacht hatte, war da. Ich wiederholte jeden Gedanken. Ich erlebte jedes Gefühl noch einmal, und ich fühlte auch, wie meine Handlungen oder auch nur meine Gedanken auf andere gewirkt hatten. Wenn ich jemand verurteilt hatte, erlebte ich mich, wie ich dies tat. Dann änderte ich die Perspektive und erlebte, wie sich dieses Urteil auf den anderen ausgewirkt hatte. Dann kam ich wieder zu meinen eigenen Gefühlen zurück und reagierte mit Scham und Bedauern auf das Drama, das ich gerade beobachtet und erfahren hatte. Ich fühlte die Qual der Menschen auch dann, wenn ich mir zu dem Zeitpunkt, als ich jemand verletzte, der Folgen gar nicht bewußt war. Und ich fühlte ihre Schmerzen genauso lang, wie die Personen durch das, was ich getan hatte, beeinträchtigt waren. Weil ich in einer anderen Dimension war, wo Zeit nicht wie auf der Erde gemessen werden kann, war es möglich, das alles zu wissen und auf einmal zu erleben, in einem Moment - und mit der Fähigkeit, all diese Informationen zu begreifen."

Eine andere Frau durchlebte eine Szene ihrer Kindheit besonders intensiv: „Während meines Lebensrückblicks erinnerte ich mich an einen bestimmten Vorfall: wie ich als Kind meiner kleinen Schwester ihren Osterkorb wegriß. Denn da war ein Spielzeug drin, das ich haben wollte. Jetzt fühlte ich ihre Gefühle von Enttäuschung, Verlust und Ablehnung. Was wir anderen antun, wenn wir lieblos handeln, alles, was du getan hast, taucht in dem Rückblick auf, um von dir bewertet zu werden. Und es gibt kein Vertuschen - ich war all die Leute, die ich verletzt hatte. Und ich war auch die, denen ich geholfen hatte, sich gut zu fühlen. Und es ist für mich jeden Tag eine echte Herausforderung zu wissen, daß ich, wenn ich sterbe, wieder Zeuge all meiner Handlungen sein muß, nur daß ich diesmal ihre Konsequenzen für andere wirklich fühlen werde. Das läßt mich oft innehalten und nachdenken, bevor ich handle."

Bei dieser Erfahrung gehe es nicht um Schuldgefühle oder gar Strafe, betonen die Betroffenen, sondern eher um Einsicht. Wie eine Frau es ausdrückte: „Ich möchte nicht, daß jemand glaubt, daß ich Schuldgefühle nach dieser Erfahrung hatte. Es ist eher so, daß ich eine tiefere Einsicht bekam in die Funktion des Gesetzes von Ursache und Wirkung. Und wie sogar unsere Gedanken andere beeinträchtigen können. Es ist eigentlich schade, daß uns dieses Wissen erst auf dem Totenbett enthüllt wird."

Für Kenneth Ring besteht kein Zweifel, daß wir alle von solchen Erfahrungen profitieren können, deren Hauptbotschaft er in vier großen Buchstaben in die Luft malt: LOVE - Liebe! Die in allen Religionen verankerte Erkenntnis, daß das Wichtigste im Leben menschliche Beziehungen und Liebe sind -und nicht materieller Besitz.

Und so liegt der tiefere Sinn des Nachdenkens über den Tod, wie Sogyal Rinpoche es ausdrückt, „in einer umfassenden Veränderung in der Tiefe unseres Herzens". Es macht also Sinn, sich rechtzeitig mit dem eigenen Tod vertraut zu machen, „denn früher oder später müssen wir mit uns selbst ins reine kommen.

Den Lebensrückblick erst im Augenblick des Todes zu machen ist ein biß-chen zu spät, weil man dann nicht mehr viel ändern kann. Denn da sieht man plötzlich, wie das Leben war und wie man hätte leben sollen und es entsteht eventuell ein unglaubliches Bedauern."

Wir sind, so Rinpoche, wie Reisende auf einem Bahnhof, die auf den Zug warten. Wir wissen, es wird ein Zug kommen, aber es gibt keinen Fahrplan. Und unsere Angst resultiert daher, daß unsere Taschen nicht gepackt sind, weil wir nicht wissen, wann wir fahren. Mit anderen Wor-ten: Wir sind nicht vorbereitet. Ist es nicht das, worum es im biblischen Gleichnis von den törichten Jungfrauen geht, die nicht vorbereitet waren auf das Kommen des Herrn?

Die alten Meister einer kontemplativen Tradition Tibets lebten ständig in dieser Bereitschaft: Jeden Abend, bevor sie sich schlafen legten, reinig-ten sie ihre Tasse und stellten sie umgedreht neben ihr Bett – weil sie ja nicht mit Sicherheit wissen konnten, ob sie sie am nächsten Morgen noch brauchen würden.

Das ist sicher eine extreme Praxis, die aber zweifellos dazu inspiriert, sehr bewußt zu leben.

Wie kann diese Haltung in einer Gesellschaft umgesetzt werden, in der sich alles um materiellen Fortschritt dreht? Aus buddhistischer Sicht ist es nicht der Reichtum per se, der innerer Freiheit im Weg steht, sondern die Bindung an ihn, nicht die Freude an schönen Dingen, sondern das Verlangen nach ihnen. Es geht darum, die innere „Anhaftung" zu über-winden. „Entsagung heißt auf der tiefsten Ebene, die Größe des Lebens anzunehmen, voll und ganz zu leben und gleichzeitig die Fähigkeit zu ha-ben loszulassen", erklärt Sogyal Rinpoche.

Bereit sein für den Tod heißt auch, innerlich bereit zu sein für alles, was kommt. Dann wird man sehr flexibel für Veränderungen, weil man nicht so fixiert ist. Wenn man innerlich loslassen kann, kann man auch mit äu-ßerem Streß viel besser umgehen, viel erfolgreicher agieren.

„Das Problem ist, obwohl wir wissen, daß alles vergänglich ist, sehen wir dies nicht als universelle Wahrheit an. Gegen alle Vernunft hoffen wir darauf, daß die Dinge vielleicht doch dauerhaft sind, wenigstens für uns", so Rinpoche.

Doch nichts ist dauerhaft. Vergänglichkeit wirklich zu erfassen bedeutet letztlich auch aufzuhören, uns krampfhaft an Dinge zu klammern, obwohl sie sich ständig ändern. Denn alles in unserem Leben ist Veränderungen unterworfen: die Blätter an den Bäumen, das Licht im Zimmer, während Sie das hier lesen, die Wolken am Himmel, die Farben der Natur, die Lieblingsspielplätze unserer Kindheit, unsere Freunde, ja auch unsere Ansichten, Meinungen und Gefühle wandeln sich. „Wir müssen mit diesen Veränderungen im Leben arbeiten", betont Rinpoche. „Das ist der einzige Weg, sich wirklich auf den Tod vorzubereiten. Das Leben mag angefüllt sein mit Schmerz, Leid und Schwierigkeiten, doch all dies sind Gelegenheiten, ein gefühlsmäßiges Akzeptieren des Todes zu entwickeln. Halten wir die Dinge für dauerhaft, schließen wir die Möglichkeit aus, von Veränderungen zu lernen. Wir werden dann verstockt und beginnen zu greifen und festzuhalten. Dieses Greifen und Festhalten ist die Quelle all unserer Probleme."

Nur wenn wir akzeptieren, daß Wandel und Vergänglichkeit der Inbegriff des Lebens sind, werden wir lernen, loszulassen und intensiv zu leben - und zu lieben. Denn leben lernen bedeutet loslassen lernen.

Interview mit Kenneth Ring

amerikanischer Nahtodforscher

Aanderud: Was hat Sie an den Schilderungen von Nahtoderfahrenen am meisten beeindruckt?

Ring: Vor allem die Begegnung mit dem Licht. Die Art, wie Menschen davon berührt wurden und wie sie sich dadurch verändert haben.

Aanderud: Wieso ist die Begegnung mit dem Licht so faszinierend?

Ring: Weil es ein von Leben erfülltes Licht ist. Wenn du in seine Nähe kommst, fühlst du es nicht nur, sondern es strahlt eine Energie totaler Liebe, Akzeptanz und Vergebung aus, die weit über das hinausgeht, was man sich vorstellen kann. Es ist Vollkommenheit, es gibt dir ein Gefühl totalen Wissens. Es ist alles, wonach ein Mensch überhaupt verlangen kann; ein vollständiges Gefühl, zu Hause zu sein. Einer beschrieb es so: „Es ist so, als sei ich immer dagewesen und würde immer da sein, und mein Leben auf der Erde sei dagegen nur ein kurzer Augenblick". Wer diese Lichtenergie empfangen hat, fühlt, daß dieses Licht das eigene Wesen ausmacht, und nimmt diese Erfahrung mit, erinnert sich an die Liebe und strahlt sie auch aus.

Aanderud: Was können wir aus diesen Schilderungen lernen, was ist die Botschaft für uns?

Ring: LIEBE. Liebe ist unsere Natur, und Liebe ist das, was wir in der Welt ausstrahlen sollen. Wir brauchen den Tod nicht zu fürchten, denn der Tod bedeutet eine Öffnung, wenn du mit ihm ins reine kommen kannst. Wir alle hängen an unserem Ego - an Illusionen und Abwehrsystemen. Wenn du durch die Illusionen deines Egos hindurchblickst, bist du schon im Licht - dafür mußt du nicht erst sterben. Aber der Moment des Todes bietet eine Möglichkeit, dein göttliches Selbst zu erfahren.

Aanderud: Was ist mit den Nahtoderfahrenen, die von Höllen-Visionen berichten?

Ring: Wie Untersuchungen ergeben haben, sind es keineswegs besonders schlechte Menschen, die solche erschreckenden Bilder erleben. Diese Art der Erfahrung scheint eher etwas mit ihrem Widerstand gegen das Sterben zu tun zu haben. Wenn sie sich fallenlassen können, erleben sie dagegen oft eine Umkehr von negativen zu positiven Erfahrungen.

Aanderud: Könnte der Lebensrückblick, bei dem man offenbar auch die Gefühle der Menschen erfährt, denen man im Leben geschadet hat, die Basis für eine erneuerte gesellschaftliche Ethik werden?

Ring: Die Erfahrungen legen zumindest eine neue Sichtweise der alten moralischen Werte nahe. Während wir uns im Leben als verschieden und getrennt voneinander sehen, erleben wir im Moment des Todes, daß wir alle miteinander verbunden sind.

Stellen wir uns nun eine Welt vor, in der Menschen diese Erfahrung der Verbundenheit ständig haben, dann würden wir uns sicher nicht mehr gegenseitig verletzen oder schaden. Es wäre eine Welt, die von Freundlichkeit und Rücksichtnahme bestimmt wäre. Das ist es, worum es in den Nahtoderfahrungen geht, und das ist es auch, was alle Religionen lehren.

Aanderud: Hat die Religion eines Menschen Einfluß auf die Art seiner Nahtoderfahrungen?

Ring: Nein, religiöse Orientierungen haben keinen Einfluß auf die Art der Nahtoderfahrungen. Auch Atheisten oder nichtreligiöse Menschen berichten von solchen Ablaufmustern. Sie tun sich nur schwerer, daraus einen Sinn daraus abzuleiten.

Die Erfahrungen haben aber sehr wohl einen Einfluß auf die religiöse Praxis der Betreffenden. Die Leute werden religiöser, allerdings nicht unbedingt im Sinne einer bestimmten Religion. Viele fühlen, ganz unabhängig von ihrem Glauben, daß ihre Begegnung mit dem Licht eine Begegnung mit Gott war.

Aanderud: Welche Schlüsse für Ihr eigenes Leben haben Sie aus Ihren Forschungen über Nahtoderfahrene gezogen?

Ring: Ich lerne immer noch. Niemand, der die Möglichkeit hatte, mit so vielen Menschen über ihre Erfahrungen zu sprechen, bleibt davon unberührt. Der Blick auf das Leben und die eigenen Werte ändern sich in Richtung zu mehr Mitgefühl und Liebe.

Es gibt auch Situationen, in denen ich mich frage: „Wie würde ich das gern in meinem Lebensrückblick sehen?" Ich glaube nicht, daß mich das alles zu einem besseren Menschen gemacht hat, aber vielleicht zu einem rücksichtsvolleren und bewußteren. Es gibt natürlich viele Momente, in denen ich das alles vergesse. Aber am Ende komme ich immer wieder darauf zurück.

Loslassen

Wenn wir mit uns selbst ins reine kommen, lernen wir auch loszulassen. Wir sind dann in der Lage, unsere festgefahrenen und unpassend gewordenen Vorstellungen aufzugeben und werden innerlich wieder flexibler für den Wandel, der ja der Inbegriff des Lebens ist. Das betrifft beispielsweise unsere fixierten Vorstellungen von Arbeit, die für die Selbstachtung nur zählt, wenn sie bezahlt wird. Oder unsere Fixierung, durch Konsum unsere seelischen Tiefpunkte zu kompensieren. Oder die unter Umweltgesichtspunkten fatale Gewohnheit, den Lebensstandard an der Menge des Verbrauchs zu messen. Unser ökologischer Fußabdruck ist schon längst zu groß, wir müssen dringend reduzieren!

Wie Schumacher in seiner „buddhistischen Wirtschaftslehre" ausführt: „Da Verbrauch nichts anderes ist als ein Mittel zum Wohlbefinden des Menschen, müßte das Ziel das Erreichen eines Höchstmaßes an Wohlbefinden mit einem Mindestmaß an Verbrauch sein." Das würde auch die Kriminalität erheblich senken, denn, so Schumacher: „Einfachheit und Gewaltlosigkeit stehen offenkundig in enger Beziehung. Das günstigste Verbrauchsmuster, das mit Hilfe einer vergleichsweise geringen Verbrauchsmenge ein hohes Maß an menschlicher Zufriedenheit erzeugt, gestattet es den Menschen, ohne großen Druck und große Spannung zu leben und die grundlegendste Forderung der buddhistischen Lehre zu erfüllen: ‚Tue nichts Böses und versuche, Gutes zu tun'. Da die materiellen Quellen überall begrenzt sind, ist es weit weniger wahrscheinlich, daß Menschen, die ihre Bedürfnisse mit Hilfe eines bescheidenen Einsatzes dieser Quelle befriedigen, sich gegenseitig an die Gurgel fahren, als Menschen, die von einem hohen Verbrauch abhängig sind."

Nicht Wirtschaftswachstum, sondern innere Entwicklung ist das Ziel menschlichen Lebens. Und wir wachsen und entwickeln uns nur weiter, wenn wir lernen, überall mehr oder weniger intensive „Flow"-Momente oder -Episoden zu erleben und zu genießen.

Das Gute daran ist: Die meisten von ihnen kosten überhaupt kein Geld - sie verlangen nur den Einsatz unserer psychischen Energie, unserer ungeteilten Aufmerksamkeit. Wir können lernen, bewußt zu atmen und zu gehen, bewußt zu riechen und zu essen, bewußt mit unseren Kindern zu spielen und bewußt zu kommunizieren und natürlich auch: bewußt zu konsumieren und bewußt zu entsorgen.

„Wenn ich dir mit einer frisch gepflückten Mandarine eine Freude machen will, hängt das Maß, in dem du sie genießen wirst, von deiner Achtsamkeit ab", sagt Thich Nhat Hanh. „Wenn du frei von Sorgen und Ängsten bist, wirst du die Mandarine mehr genießen können. Bist du wütend oder ärgerlich, wird die Frucht wahrscheinlich keine große Wirklichkeit für dich haben." Was wir nicht bewußt tun, ist für uns in gewisser Weise nicht real, weil wir es nicht gefühlsmäßig erleben - verlorene Liebesmüh! „Zeigt sich dir ein Kind mit seinem Lächeln und du bist nicht wirklich anwesend - weil du über Zukunft oder Vergangenheit nachdenkst oder mit anderen Problemen beschäftigt bist -, dann ist das Kind für dich eigentlich nicht wirklich da", so Thich Nhat Hanh. „Lebendig zu sein heißt, zu dir selbst zurückzugehen, damit dir das Kind als wundervolle Wirklichkeit erscheinen kann."

Freude und Glück entstehen also dadurch, daß wir ganz präsent sind, was immer wir auch tun, mit Interesse und aufmerksam bei der Sache, indem wir uns in sie vertiefen - sei diese nun ein Gespräch (übrigens eine der häufigsten Situationen für das Erleben von Glück), das Schreiben eines Briefes, Spazierengehen oder das Arrangieren von Blumen - in Japan auch „Ikebana" genannt, wenn es im Zustand völliger Versenkung geschieht. Genau diese Aufmerksamkeitsschulung ist der tiefere Hintergrund östlicher Techniken, wie sie vor allem im Zen-Buddhismus gelehrt werden. Ob Bogenschießen, Ikebana oder Tee-Zeremonie: Es geht dabei vor allem um die tiefe Auseinandersetzung mit sich selbst, um das beharrliche Lernen, bewußt und wach, gleichzeitig aber gelöst zu bleiben.

Diese so mühsam erreichbare Unmittelbarkeit des Erlebens (die paradoxerweise zugleich Absichtslosigkeit voraussetzt) wird von fortschrittlichen Theologen auch als „Urzustand, wie im Paradies" beschrieben. Was wollen wir mehr? Wann, wenn nicht im unmittelbaren Moment wollen wir leben? Die Vergangenheit ist vergangen, die Zukunft ungewiß (und kann im übrigen auch immer nur im gegenwärtigen Moment erfahren werden, vor dem wir absurderweise gerade wegrennen!), nur der Wandel ist beständig. Das Bewußtsein der Vergänglichkeit aller Dinge hilft uns loszulassen, den Moment zu genießen und den hohen Wert unserer gegenwärtigen Beziehungen zu schätzen - und mehr zu lieben.

„Wenn wir jeden Augenblick gelassen und achtsam handeln, ist jede Minute unseres Lebens ein Kunstwerk. Wir sind schöpferisch, auch wenn wir nicht malen oder schreiben", schildert Thich Nhat Hanh diesen Idealzustand. „Erleuchtung, Frieden und Freude werden nicht von jemand verliehen. Der Quell ist in unserem Inneren, und wenn wir tief genug im gegenwärtigen Moment nachgraben, wird das Wasser hervorsprudeln. Wenn wir wirklich lebendig sein wollen, müssen wir zurück zum gegenwärtigen Augenblick. Üben wir bewußtes Atmen, so üben wir die Rückkehr in den gegenwärtigen Moment, in dem alles geschieht."

Alle Theorie nützt nichts, wenn man sie nicht praktiziert. Und so werde ich nun auch dieses Buch „loslassen", das mich lange Zeit begleitet, ja absorbiert hat. Es. hat mir sowohl „flowmäßige" Höhenflüge als auch ausgesprochene Tiefpunkte beschert. Es nun loszulassen fällt mir nicht leicht, denn ich könnte an allen angesprochenen Themen noch endlos weiterschreiben. Aber ich muß mich selbst auch an meine Vorgabe „weniger ist mehr" halten, Mut zur Lücke entwickeln und der Versuchung widerstehen, hier noch ein paar Zahlen, dort noch einen Gedanken anzufügen. Mit anderen Worten: Ich muß darauf vertrauen, daß Sie, liebe Leser, durchaus willens und in der Lage sind, Fehlendes gedanklich zu ergänzen und den Faden selbst fortzuspinnen.

Am Anfang eines Buches weiß man oft noch nicht genau, wohin die Reise geht: das ist jedenfalls meine Erfahrung. Es ist daher gewissermaßen eine Widerspiegelung des Lebens: Man kann zwar vieles planen, aber nicht alles läßt sich realisieren. Manches braucht länger als gedacht und erweist sich als zähflüssiger als erwartet. Auch ist der Zugang zur eigenen schöpferischen Quelle höchst unterschiedlich - je nach Tagesform. Mal fließt es, und mal eben nicht. Manchmal denkt man zuviel daran, was die anderen denken werden (ist dieser Gedankengang nicht ein bißchen banal?) - und gerät zwangsläufig aus dem Fluß.

Dann muß man all seinen Mut zusammennehmen, tief in sich gehen, bewußt atmen und neue Kraft schöpfen oder die Sache vorübergehend loslassen und etwas ganz anderes machen. Das richtige „Reiz-Management" ist auch wichtig: Wann muß ich die Reizzufuhr beschränken, weil sie meine Aufmerksamkeit zersplittert, wann sollte ich sie erweitern, um Anregungen zu sammeln?

Gelegentlich zweifelt man auch daran, daß die Puzzlesteinchen, die man vor sich ausbreitet, sich zu einem einheitlichen Bild zusammenfügen lassen. Und dann gibt es wieder Momente innerer Gewißheit und Klarheit, daß alles zusammenpaßt.Insofern freue ich mich, daß sich am Ende dieses Buches der Kreis schließt: vom bewußtlosen Konsum zu einer Haltung innerer Gelassenheit und Souveränität. Von der Reizüberflutung zu innerer Ruhe. Vielleicht gönnen wir uns künftig mehr Ruhepausen, Phasen der Reizabwehr – es würde uns sicher gut tun. Schweigen zu können ist genauso wichtig wie zu reden.

„Wir müssen versuchen, das Geschwätz der äußeren Umwelt, die uns vereinnahmen will, abzuschalten, um die Stille unseres eigenen Seins zu hören", sagt der Schamane Flying Horse. Loslassen, unsere Fixierung auf das Haben sowie das schier unstillbare Verlangen nach immer mehr Erlebnissen zu reduzieren, bedeutet etwas viel Wertvolleres zu gewinnen: Die Freiheit, die Dinge, um die es uns wirklich geht, bewußter zu genießen: Mit anderen zu kommunizieren, die eigenen Gefühle in all ihren Facetten wieder zu spüren und authentischer zu werden.

Ich möchte schließen mit einem Satz aus Thaddeus Golas originellem Buch „Der Erleuchtung ist es egal, wie du sie erlangst", das für mich so etwas wie ein Kursbuch durch Krisen geworden ist, ja, fast eine Bibel in Kleinformat. „Und das ist alles, was wir zu tun haben:

Volle, akzeptierende und gewährende, liebende Aufmerksamkeit absolut allem schenken, was wir in unserem Geist, in unserem Körper, in unserer Umgebung und anderen Menschen sehen.

Ausdehnung in Liebe ist eine Tätigkeit, die jederzeit jedem ... zugänglich ist. Ein bereitwilliges Gewahrsein wird uns in den Himmel führen, eine liebende Haltung wird uns frei machen. Nichts anderes beherrscht unser Schicksal."

Ein Appell

Ich bin kein Freund von Tips, weil sie oft unzulängliche Abkürzungen darstellen. Aber manchmal helfen solche Kürzel dem eigenen Erinnerungsvermögen. Daher beschränke ich mich hier auf ein paar Kern-Sätze, die Sie ans Innehalten und Loslassen erinnern können.

Entrümpeln Sie Ihr Leben, trennen Sie sich von Überflüssigem!
Durch bewußtes Entrümpeln lernen Sie loszulassen.
Schaffen Sie innere und äußere Ordnung!
Kaufen Sie bewußt ein, indem Sie sich auch die Nachteile eines Produktes vergegenwärtigen (das sind u. a. auch ökologische Gesichtspunkte)!

Beschränken Sie Ihre Reizzufuhr, sobald Sie sich überfordert fühlen!

Entwickeln Sie Mut zur Lücke,
und schmeißen Sie die alten Zeitungen weg!

Achten Sie auf Ihren Atem, besonders wenn Sie arbeiten!

Akzeptieren Sie keine Langeweile, sondern gestalten Sie möglichst viele
Situationen „flowgerecht" um!

Entwickeln Sie keine suchtartige Fixierung auf Ihre Arbeit!
Legen Sie Pausen ein!

Wechseln Sie die beanspruchten Sinnesmodalitäten
rechtzeitig und häufig! Bewegen Sie sich!

Achten Sie darauf, sich nicht allzu sehr zu erschöpfen!
Schlafen Sie genug (das bringt mehr als fernsehen)!

Schreiben Sie Tagebuch, um mit ihren Prioritäten
auf dem laufenden zu bleiben!

Schreiben Sie jeden Tag mindestens drei Dinge auf,
die Ihnen gut gelungen sind.

Schreiben Sie jeden Tag mindesten drei Dinge auf,
für die Sie dankbar sind.

Wählen Sie eine geistige Disziplin wie Meditation oder Gebet,
um Ihren Geist regelmäßig zur Ruhe zu bringen.

Haben Sie Mut zum Nichtstun und Tagträumen!
Vergessen Sie nie, die kleinen Dinge des Lebens zu schätzen
und zu genießen!
Geben Sie sich dem, was sie tun, möglichst vollständig hin!

Fragen Sie sich immer wieder:
Was ist wirklich wichtig?

Die Goldonen

Wie die Goldonen zum Licht fanden

Es war einmal ein großes, reiches Land, das wurde – keiner konnte sich mehr erinnern, wann genau es begann – von einer langsam, aber sicher fortschreitenden Düsternis heimgesucht. Dunkle Wolken zogen übers Land und tauchten alles in ein seltsames Zwielicht, in dem die Konturen unscharf wurden.

Weil sich die Sonne nur noch selten sehen ließ, wurden die Menschen immer mißmutiger und unglücklicher. Zwar registrierten sie die kurzen Sonnenperioden, doch hatten sie sich so daran gewöhnt, über die Dunkelheit und ihre Folgen zu klagen, daß sie den wenigen hellen Stunden kaum noch Aufmerksamkeit schenkten. Wozu sich an etwas erfreuen, das von so vorübergehender Natur war?

Oder sie fanden auch daran etwas auszusetzen: „So ein warmes Wetter im Frühling?", wunderten sie sich und mutmaßten nur weiteres Unheil dahinter. Daß vielleicht der Sommer noch schlechter und wechselhafter würde, als er ohnehin schon meistens war. Daß die Welt vermutlich bald unterginge. Oder ähnliche Gedanken.

So dachten die Menschen, doch war das schwächer werdende Licht eigentlich nur die vorläufig letzte Etappe einer langen Entwicklung.

Eigentlich war jenes große, reiche Land mit allem gesegnet, was man sich nur wünschen konnte: Es lag in einer milden Klimazone, verfügte über fruchtbares Ackerland, als Ackerbau noch das Gebot der Stunde war, es besaß genügend Bodenschätze, als die Industrialisierung begann, und war schließlich technologisch weit genug fortgeschritten und somit auch hier auf der Höhe seiner Zeit, als das Informationszeitalter ausgerufen wurde.

Und so konnte es sich einer sehr langen Periode großer Prosperität erfreuen, die vor allem damit zusammenhing, daß die Menschen dieses

Landes unglaublich fleißig und strebsam waren. Arbeit war für sie quasi eine Religion, und sie waren insgeheim der Ansicht, daß, wer nicht arbeitete, auch nicht essen sollte.

Sie waren jedoch nicht nur strebsam, sie waren auch außerordentlich perfektionistisch. Sie wollten es auf allen Gebieten zur Meisterschaft bringen. Und auf fast allen Gebieten gelang es ihnen auch. In der Vergangenheit hatten sie große, sehr unabhängig denkende Dichter und Denker, Philosophen und Wissenschaftler hervorgebracht, deren Weisheit Jahrhunderte lang in das Denken und Handeln ihrer Eliten einfloß. Doch als nach dem letzten großen Krieg der große Reichtum kam, ging dieser Einfluß langsam zurück, was aber von den Menschen keineswegs als störend empfunden wurde, im Gegenteil, immer freier von den als belastend empfundenen Traditionen konnten sie sich nun völlig ihren wirtschaftlichen Bestrebungen hingeben.

Fremde, die dieses Land besuchten, wunderten sich manchmal über die Betriebsamkeit der Goldonen, wie wir diese Menschen einmal nennen wollen, und fragten sie, ob sie denn überhaupt noch Zeit fänden, ihr Leben zu genießen. „Zeit ist Geld", bekamen sie dann zur Antwort. Oder: „Arbeit ist das halbe Leben". Viel Zeit verblieb sowieso nicht, sich um Gäste zu kümmern, brachten die doch den größtenteils auf Gelderwerb abgestimmten Tagesablauf völlig durcheinander, und der war oft auf Wochen im voraus genau festgeschrieben – auf jeden Fall bei den erfolgreichsten der Goldonen. Tatsächlich war es absurderweise so, daß man den Status eines Goldonen an seinem Zeitbudget ablesen konnte: Einen hohen Status erkannte man am vollen Terminkalender, und das bedeutete wenig Zeit - für sich, für Freunde, für die eigene Familie. Diese Zeit nämlich wurde vorzugsweise Menschen gespendet, mit denen der betreffende Goldone künftige Geschäfte abzuwickeln hoffte. Hier „investierte" er seine Zeit in der Hoffnung auf ein „return on investment".

Nun hatte natürlich die technologische Entwicklung auch das Leben der Goldonen unglaublich erleichtert und in vieler Hinsicht bequemer gemacht. Maschinen aller Art erledigten die verschiedensten Arbeiten im Haushalt, in den Fertigungsanlagen und in den Büros. Doch wie immer und überall auf der Erdkugel – und nur diese kennen wir und können wir bei unseren Betrachtungen heranziehen – gibt es kein Gutes ohne ein Schlechtes. Oder, anders ausgedrückt: Alles was auf den ersten Blick überaus segensreich erscheint, kann sich über kurz oder lang oder bei exzessiver Überdehnung schnell als eine Art Fluch erweisen. So bedauerlicherweise auch hier: Mit der begeisterten Annahme neuer Technologien, mit Hilfe derer sie hofften, noch viel mehr Arbeit in der gleichen Zeit bewältigen zu können als jemals zuvor in der Menschheitsgeschichte, hatten die Goldonen begonnen, den Ast abzusägen, auf dem sie saßen. Mehr noch, sie hatten angefangen, das Fundament zu untergraben, auf dem ihre gesamte Identität ruhte. Wir erwähnten es schon beiläufig: Für die Goldonen war ja Arbeit eine Art Ersatz-Religion, und wir wollen diesen Umstand hier nicht leichtfertig belächeln. Denn wer seine Aufmerksamkeit in voller Konzentration bewußt auf eine Tätigkeit richtet und hier versucht, es zu immer größerer Meisterschaft zu bringen, hat durchaus unsere Achtung verdient.

Doch nun war diese an und für sich sinnvolle Haltung süchtig entgleist und hatte einer enormen Gier nach „immer mehr" Platz gemacht.

Im Bestreben, immer größere Gewinne zu erwirtschaften, wurden mit der Zeit immer mehr Menschen durch Maschinen oder durch Sklaven aus anderen Ländern ersetzt. „Die Arbeit ist knapp geworden", verkündeten die Eliten aus engstens miteinander verflochtener Wirtschaft, Politik und Medien. In sich ständig beschleunigenden Wellen wurden Menschen entlassen, was verständlicherweise zu Angst und Duckmäusertum bei denjenigen führte, die noch in Lohn und Brot waren.

Zu behaupten, daß die Arbeit knapp wurde, zeigte jedoch nur die völlig verrückte Lebenshaltung der Goldonen. In Wirklichkeit war Arbeit nach wie vor reichlich vorhanden (was eigentlich allen klar war), aber die Menschen wurden immer zurückhaltender damit, sie angemessen zu bezahlen.

Was bedeutete das im Klartext?

Sie kauften immer weniger voneinander

Sie nahmen kaum noch Service in Anspruch

Sie brachten immer weniger Wertschätzung für die Arbeit anderer auf (er könnte ja ein Konkurrent sein und einem das Wasser abgraben)

Sie sprachen einander das Recht ab, etwas Besonderes zu sein.

Vieles, was vorher das Leben der Goldonen erleichtert hatte, die Arbeitsteilung und Service jeglicher Art wurde wieder zurückgefahren. Um Kosten zu sparen ließen große Unternehmen ihre Kunden wieder möglichst viel selbst machen, sie verzichteten auch weitgehend darauf, sie zu beraten. Möbelgeschäfte waren riesige, menschenleere Hallen, in denen die Besucher allein und verloren herumtaumelten. Dafür verkauften die Baumärkte nun Einzelkomponenten, die in mühsamer Heimarbeit zusammengesetzt werden mußten, in den Restaurants häuften sich die Gäste das Essen selbst auf die Teller und in den Supermärkten suchten sie sich – dies erinnerte ein wenig an die Art, wie Tiere es tun - ihre Nahrungsmittel direkt aus den angelieferten Kartons zusammen, anstatt wie früher an der Wurst- oder Käsetheke bedient zu werden.

Zwar gab es jede Menge Kinder und Alte – ach was, Menschen überhaupt!, die dringend der intensiven Fürsorge und Pflege, Liebe und Zuwendung bedurften. Aber diese Jobs wollte keiner bezahlen – oder wenn, dann keineswegs in angemessener Form. Warum auch, solange sich immer noch genügend mitleidige Seelen finden ließen, die sich bereit erklärten, diese Dienstleistungen umsonst zu erbringen, weil sie das soziale Elend einfach nicht mehr mit ansehen konnten!

Und so wurden immer mehr Arbeiten mangels zur Verfügung gestellter Mittel umsonst geleistet, wobei vor allem die Frauen brillierten, die unversehens die Hälfte des Brutto-Inlandsprodukts umsonst erwirtschafteten. Aber um keinen auf falsche Ideen hinsichtlich des Wertes dieser Arbeit zu bringen (von der sich vor allem die männlichen Goldonen nur allzu gern distanzierten!!) wurden diese Arbeiten in einer einzigartigen, konzertierten Medienaktion alle entwertet, zuallererst die Arbeit der Hausfrauen und Mütter. Aus Angst, sie könnten wie der Rest der Welt darauf verfallen, für ihren Allround-Job als Mutter, Geliebte, Beraterin, Coach, Erzieherin, Haushälterin, Köchin, Chauffeuse, Lehrerin und Krankenschwester ein Honorar zu verlangen, erklärte man diese Tätigkeiten unisono für wertlos, monoton und emanzipationsuntauglich. Der Status sämtlicher Fürsorge-Jobs, die fast deckungsgleich mit Frauen-Jobs waren, wurde drastisch gesenkt.

Langsam aber sicher verloren die Frauen, die sich in dem, was sie taten, so wenig wertgeschätzt sahen, das Interesse an ihrer Tätigkeit, die sie zuvor mit selbstloser Liebe ausgeführt hatten. Da nur bezahlte Arbeit etwas wert war, drängten sie nun alle in die immer weniger werdenden Bezahl-Jobs, egal wie eintönig diese sein mochten. Mit dem Schwinden der letzten Gefühls-Inseln, wie sie in den privaten Lebenswelten üblich waren, schwanden Fürsorge und uneigennütziges Engagement aus der Goldonen-Gesellschaft zugunsten einer rastlosen Suche nach dem eigenen Vorteil.

Nun taten sie das, was sie taten (und das erwies sich besonders fatal für die Dienste am Menschen), in zunehmendem Maße nur noch schematisch und weil sie Geld verdienen wollten, um sich damit die Dinge zu kaufen, die, wie sie hofften, sie in genau den Zustand versetzen würden, in dem sie gern wären (nämlich glücklich und zufrieden), was sie aber von vorneherein hätten sein können, wenn sie die Arbeit, die gerade vor ihnen lag, mit entsprechend viel Liebe und Bewußtsein erfüllt hätten, anstatt sie als Mittel zum Zweck (des Geldverdienens mit bekannter Folgekette, die letztlich jedoch nur als Umweg zu begreifen ist) zu betrachten. Oder anstatt sie lustlos zu tun. Ohne Engagement, ohne innere Bindung, ohne Drang zur Meisterschaft, visionslos, mittelmäßig, heuchlerisch, mehr sein-als-schein-mäßig, unfroh, humorlos.

Daß insbesondere der Zustand der Kinder und Alten in der Gesellschaft der Goldonen dadurch immer desolater wurde, störte keinen, solange er nicht selbst betroffen war.

Zu dieser Gemengelage kam ein weiterer wichtiger Punkt, der enorme Auswirkungen hatte: Die Medien, im allgemeinen als vierte Macht im Staate betrachtet, waren aufgrund der Attraktivität des Fernsehens längst zur ersten Macht geworden. Und damit erfuhren die Werte, die sie ausstrahlten und die man benötigte, um von ihnen zur Kenntnis genommen zu werden, eine enorme Aufwertung: Nur wer bereit war, im Fernsehen drastische Erlebnisse zum besten zu geben, Tabubrüche zu inszenieren und sich oberflächlich bis skrupellos zu gebärden, hatte Aussichten auf medialen Erfolg. Menschen, die eine simple Wortwahl und flaches Denken bevorzugten und mehr Schein als Sein als ihren natürlichen Zustand betrachteten, wurden zu den prägenden Idolen, mit denen die Zuschauer konfrontiert wurden. Quote vor Qualität, hieß der Leitspruch dieses Leitmediums, denn nur Quote brachte Geld.

Leider war dies der Beginn einer Wirklichkeitsverfälschung mit äußerst nachteiligen Folgen für die geistige Entwicklung der Goldonen. Doch die stand bei ihnen schon seit langem nicht mehr hoch im Kurs, wenngleich es in der Vergangenheit Zeiten gegeben hatte, in denen sie im Fokus ihrer Aufmerksamkeit gestanden hatte. Jetzt schämten sich die Eliten solch esoterischer Allüren.

Fest entschlossen, solchen Sentimentalitäten längst vergangener Zeiten keinen Platz mehr einzuräumen, wurde in den elektronischen Medien ein nach rein ökonomischen Gesichtspunkten gewähltes und bewußt reduziertes Bild des Menschen und seiner Beziehungen produziert, das fortan als Wirklichkeit verkauft wurde. Was über den Bildschirm lief, mußte vor allem eines: intensiv, extrem, abwechslungsreich und angsterregend sein, um die Zuschauer an das Medium zu binden.

Hier wurde beispielsweise gezeigt, wie geil es sein konnte, respektlos gegenüber Älteren zu sein. Überhaupt wurden hier so gut wie alle Tabubrüche sozusagen coram publicum vollzogen und den Zuschauern die Konsequenzlosigkeit solchen Handelns ins Gehirn gebrannt.

Differenzierter denkende und stillere, verinnerlichte Goldonen vermochten es nicht, sich und ihre Werte in dieser lauten Welt darzustellen. Schafften es doch gelegentlich ein paar kluge Menschen, vor laufender Kamera vor einer fortschreitenden Verrohung und Entkultivierung zu warnen, wurden sie schnell als Spaßverderber und Ewiggestrige bezeichnet und in Spiel- und Spaßshows dem allgemeinen Spott preisgegeben, wie in den Arenen Roms die frühen Christen.

So entstand in den Medien ein total schiefes, da viel zu schrilles Bild von der Natur des Menschen, welches die Goldonen tief verunsicherte, die zwar vage spürten, daß sich die Medienrealität immer weiter von ihrer eigenen Realität entfernte, dieses Phänomen aber nicht so recht einzuordnen wußten.

Viele verloren angesichts der überzeugenden Bilder, die ihnen täglich präsentiert wurden, immer mehr an Selbstvertrauen, weil sie dem, was in den Medien gezeigt wurde, stärker vertrauten als ihrer eigenen Wirklichkeit. Vor allem Jugendliche wuchsen auf in der Überzeugung, nur dann etwas wert zu sein, wenn sie es einmal in den Kasten geschafft hatten – egal wie, und sei es mit einem Amoklauf.

Statt nun das von den Medien entworfene Bild der Wirklichkeit im Geiste ebenso wie im eigenen Handeln zu korrigieren, wählten die Goldonen erstaunlicherweise den umgekehrten Weg: Sie versuchten sich und ihre Verhaltensweisen an die in den Medien gesehene (vermeintlich realere) Welt anzupassen. Sie versuchten flacher, alberner, kindischer, extremer und äußerlicher zu sein, als ihnen zumute war. Dieser Zwang, sich ständig zu „präsentieren", wie sie es nannten, also eine Präsenz zu zeigen, die ihnen nicht wirklich entsprach, strengte sie an, raubte ihnen Energie und führte zu einem maskenhaften, schematischen und merkwürdig sinnentleerten Umgang der Menschen miteinander.

Mehr noch: Von früh an auf Konkurrenz gepolt – ein Wert, um den es auch in den zahlreichen Wettkampfshows des Fernsehens immer ging – hatten vor allem die jungen Goldonen weitgehend die Fähigkeit verloren, einander zuzuhören. Wer einem anderen zuhörte, das hatten ihnen ihre Eliten in den Talkshows vorgemacht – verschenkte mutwillig die Option, Punkte zu sammeln und die eigene Selbstdarstellung möglichst vorteilhaft auszubauen. Mit anderen Worten: Er war dumm und hatte vermutlich nichts zu sagen.

Daher hatten sich vor allem die jugendlichen Goldonen angewöhnt, einander nur noch sehr widerwillig und nachlässig zuzuhören. Im Normalfall redeten alle gleichzeitig und unterbrachen einander. Sie lernten dies schon im Kindergartenalter, und kein Erwachsener machte sich die

Mühe, dies zu korrigieren, es fiel ihnen zwar manchmal noch auf, daß es früher einfacher gewesen war zu kommunizieren, doch ein von der Werbeindustrie gepuschter, grenzenloser Jugendwahn hatte sie in seltsamer Umkehrung der Dinge darauf konditioniert, den Jungen nachzueifern, anstatt von ihnen die Tugenden einzufordern, die sie selbst einmal hatten lernen müssen und so lebten sie mit ihren Kindern die Verweigerung, die Tabubrüche und überhaupt jegliche Albernheit, die in der Medienwelt erdacht wurde.

Vernünftige Unterhaltungen kamen kaum noch auf, stattdessen besuchte man Events, die von großen Unternehmen kreiert wurden, um die Massen zu unterhalten und gleichzeitig deren nach wie vor rudimentär vorhandenes Bedürfnis nach Nähe zumindest ansatzweise zu befriedigen (daß sie sich die Erfüllung dieser Sehnsucht nicht zu knapp bezahlen ließen, muß nicht extra erwähnt werden).

Daß die Goldonen das Schwinden von Nähe und Zusammengehörigkeit nicht schmerzlicher empfanden, lag daran, daß ihnen ihre isolierte Lebensweise – wiederum, wir müssen es leider erwähnen, durch die Medien - inzwischen als Freiheit und Individualismus, also als Fortschritt verkauft worden waren. Konnten sie nicht kaufen, was sie wollten? Sich ansehen, wonach es sie gelüstete? Leben, wie und mit wem es ihnen beliebte? Waren sie nicht frei, zu tun und lassen, wonach ihnen der Sinn stand? War es ihnen in ihrer gesamten Geschichte jemals besser gegangen? Was also wollten sie mehr?

Ja, was? Keiner wußte es so recht zu benennen. Wenn er sich langweilte – und dies geschah immer öfter – hockte sich ein Goldone, kaum den Windeln entwachsen, allein vor das Fernsehen oder den PC, seine Kommandozentrale, von der aus er sich mit allem fütterte, was sein unruhiger, süchtig nach immer neuen Abwechslungen hungernder Geist (konditioniert von den, wir müssen es leider sagen: elektronischen Medien) begehrte, wie der Junkie nach der Spritze: Seien es nun Musik, Bilder, Spiele, Information, Videos oder Pornographie.

*Beschäftigt mit sich und ihren vielfältigen Süchten – von denen die nach Abwechslung noch die harmloseste und gesündeste war – blieb die schleichende Dunkelheit von den Goldonen anfangs unbemerkt, was insofern erstaunlich ist, als sie ansonsten Meister im Messen und Quantifizieren waren. Sie liebten Zahlen über alles und setzten ihren ganzen Ehrgeiz darein, jedem beobachteten Phänomen eine Zahl zuzuordnen, egal ob es sich um einen Menschen, ein Tier, ein Gen, ein Nahrungsmittel, eine Arbeitsleistung oder eine Entwicklung handelte (auch die Betreuung sehr alter, sehr junger oder sehr kranker Menschen wurde inzwischen in Zeittakte unterteilt und nach diesen bezahlt). Nichts und niemand existierte ohne eine Nummer. Dieser Zahlenkult war ihnen heilig, erhofften sie sich doch durch ihn größtmögliche Planbarkeit und Kontrolle aller Ereignisse. Und so waren im Laufe der Zeit auch die Nachrichten, die allabendlich ausgestrahlt wurden, zu einer langen Reihe von Zahlen und Schaudiagrammen geworden, die keinen mehr sonderlich interessierten.

Als das Phänomen der zunehmenden Dunkelheit schließlich widerwillig wahrgenommen wurde (was die Medien-Polit-Elite mit ihrem Sinn für Optimismus und positives Denken lange Zeit zu verhindern gewußt hatte) und für immer mehr Beunruhigung und hier und da sogar für Aufstände in der Bevölkerung sorgte, begann man Expertenrunden einzurichten, die sich dem Thema widmeten. Sie verfaßten aufwendige Gutachten, die vor Zahlen nur so strotzten aber im Prinzip nichts aussagten. Im Fernsehen wurden Talkrunden organisiert, in denen Klimaforscher, Meteorologen, Physiker und Politiker den Eindruck zu erwecken versuchten, alles im Griff zu haben, dahinter jedoch ihre eigene Ratlosigkeit nur dürftig kaschieren konnten.

„Was ist der Grund dafür?", fragten einige die älteren Goldonen, die es von früher her noch gewohnt waren, allem auf den Grund zu gehen (was inzwischen längst aus der Mode gekommen war) und sich dabei gern wie Rottweiler in für sie zentrale Fragen verbissen. Auch die Frage: „Was haben wir getan?" wurde von einigen gestellt, denn die Goldonen waren seit jeher sehr anfällig für Schuldgefühle aller Art, es lag einfach in ihrer Natur.

„Wir sind in einer Krise", konstatierten schließlich die Experten, und diese Anerkennung des Status Quo war bereits ein gewaltiger Bewußtseinsschritt, denn bislang war es den Statistikern des Landes stets gelungen, mit allerlei Zahlenkosmetik die Dinge optisch wieder in ein besseres Licht zu rücken, doch mit fortschreitender Dunkelheit erwies sich ein solches Vorgehen als doch zu paradox und offensichtlich wirklichkeitsfremd.

Zum ersten Mal seit langer Zeit schienen die Eliten, denen sich die Goldonen bislang fügsam wie die Lämmer anvertraut hatten, nicht weiterzuwissen. So verfielen sie schließlich auf die pragmatische Lösung, aufwendige Lichtkonstruktionen zu installieren, mit denen die Städte und Dörfer des Landes taghell illuminiert werden konnten. Dies war zwar unsagbar teuer und ging den ansonsten durch und durch ökonomisch denkenden Goldonen völlig contre coeur, aber auf eine andere Art und Weise ließ sich zu diesem Zeitpunkt das Problem nicht beheben.

Die künstliche Illumination hatte jedoch einen Nebeneffekt, mit dem niemand gerechnet hatte: Es kamen plötzlich Dinge ans Licht, die vorher kaum sichtbar waren oder ein Schattendasein geführt hatten. Und dies betraf die unterschiedlichsten Bereiche. Ihre Häuser, die ihnen bislang als Trutzburgen vor einer potentiell feindlichen Außenwelt gegolten hatten, wiesen Risse auf. Und das bei ihrem Perfektionismus! Wie hatten sie das nur übersehen können?

Die bewegten Bilder in ihren Fernsehapparaten, die inzwischen gewaltige Ausmaße angenommen hatten, erschienen ihnen plötzlich viel zu bunt und reichlich unecht zu sein.

Und die Gesichtsbräune der Manager, die die Goldonen bisher immer als Zeichen ihres überragenden Erfolges gedeutet hatten (nur jemand der überdurchschnittlich intelligent und gut organisiert war konnte schließlich gleichzeitig arbeiten und regelmäßig Urlaub machen), kam ihnen in dem grellen Licht plötzlich künstlich und ein wenig derb vor.

Worauf konnten sie noch bauen und vertrauen?

Die Wahrheit war, daß die Goldonen schon längst jegliches Vertrauen ineinander verloren hatten. Und da man bekanntlich einem anderen Menschen nur soweit vertrauen kann, wie man sich selbst vertraut, können wir mit Fug und Recht behaupten, daß es den Goldonen ganz eklatant an Selbstvertrauen fehlte.

Jahrzehntelang hatten sie all ihr Vertrauen in eine immer vollkommenere Ausgestaltung der Materie gesetzt, doch nun begann diese Materie, die ihre Seinsbasis geworden war, zu bröckeln. Das betraf beileibe nicht nur ihre Häuser, nein, es sollte weitaus schlimmer kommen.

Eines Tages geschah die ultimative Katastrophe, der Supergau schlechthin: Ihre in Materie geronnene Arbeitsleistung, ihr Allerliebstes, ihr Macht-, Prestige- und Tauschmittel zerrann buchstäblich unter ihren Finger.

Ja, so geschah es: Eines Tages begann sich das Geld aufzulösen. Tausende von Banknoten zerbröselten in den Händen von Käufern und Verkäufern und verwandelten sich zu deren grenzenlosem Entsetzen in ein Häufchen Staub. Anfangs war man geneigt, das Ganze für einen öffentlichkeitswirksamen Werbe-Gag der Geldinstitute zu halten, die (ähnlich wie böse Buben im Unterricht durch Stören nach Beachtung gieren) auf diese Weise auf sich und ihre herausragende Bedeutung aufmerksam machen wollten. Doch spätestens als hektische Bankmanager in den Abendnachrichten den mysteriösen Zerfallsprozeß als mögliche Terrorattacke feindlich gesinnter Anti-Materialisten bezeichneten, wurde klar, daß hier offensichtlich andere Kräfte im Spiel waren. Doch welche? Das sonst bei PR-Aktionen von Terroristen übliche Bekennerschreiben, ohne das die ganze Sache ja eigentlich witzlos war, fehlte hier.

In den eilig zusammengetrommelten Talkrunden saßen jetzt immer mehr Philosophen und sonstige Gurus, mal mehr, mal weniger eitel und seriös. Diese Berufsgruppen standen mit einem Mal hoch im Kurs, was zeigte, wie verheerend die Ratlosigkeit der alteingesessenen Eliten war. Einer der im Fernsehen auftretenden Gurus, ein Indianer und als Vertreter der Naturvölker der Natur noch am dichtesten verbunden, zog eine kühne Verbindungslinie zwischen der Auflösung des Geldes und der Dunkelheit. „Das ist das Feedback des Universums", sagte er. „Die Natur reagiert. Glaubt ihr etwa, unser Handeln habe keine Konsequenzen? Nur ein Dummkopf glaubt so etwas. Wir können als freie Menschen natürlich tun und lassen, was wir wollen. Aber wenn wir achtlos und respektlos mit anderen Menschen oder der Natur umgehen, werden sich die Resultate so lange zeigen, bis auch der letzte sie versteht. Wir Indianer nennen es ‚Isness': Was ist, ist. Handlungen haben Folgen. Es liegt an uns, ob wir sie sehen und etwas ändern wollen oder ob wir es vorziehen blind zu sein und unterzugehen. Wann endlich werdet ihr begreifen, daß man Geld nicht essen kann?"

„Genau", sagte ein alternativer Nobelpreisträger aus dem Bereich der Wirtschaftswissenschaften. „Man kann es, wie wir gesehen haben, ja nicht einmal mehr horten!" Genau das aber hatten die Goldonen jahrzehntelang gemacht, denn es war ihnen in ihrer – ja wir müssen es leider so bezeichnen – grenzenlosen Gier nach mehr völlig entgangen, daß sie irrtümlicherweise ein Mittel (ein simples, manchmal etwas speckiges Tauschmittel) zum Endzweck gemacht hatten, indem sie blind und stammhirngesteuert danach getrachtet hatten, es endlos zu vermehren. Ein reiner Selbstzweck ohne sonderlichen Lustgewinn, denn soviel Geld, wie manche Goldonen verdienten, konnte ein Mensch in seinem ganzen Leben nicht ausgeben.

Man kam überein, die Bankmanager für die katastrophale Auflösung der Barbestände des Landes zur Verantwortung zu ziehen. Im Mittelalter hätte man sie einfach um einen Kopf kürzer gemacht – das verbot sich jedoch den kultivierten Goldonen. Stattdessen schickte man sie in die Wüste, um ihnen die Erfahrung zu ermöglichen, mit möglichst wenig auszukommen und den Wert sehr grundlegender Dinge, wie Wasser und Brot, wieder schätzen zu lernen.

Dieses Vorgehen dämmte auf sehr wirkungsvolle Art und Weise ihre Gier ein. Viele kamen innerlich geläutert als Gurus zurück.

Und da man nun schon einmal so gut dabei war, begann man, die Arbeitleistungen aller Goldonen genauer unter die Lupe zu nehmen. Dabei fiel plötzlich auf, daß diejenigen, die bisher am meisten verdient hatten, dies häufig in Jobs getan hatten, die der Gesellschaft am allerwenigsten nützten oder sogar schadeten, während die Geringverdiener in der Regel all die Goldonen waren, die aller medialer Beeinflussung (nämlich der Verheißung, Glamour und finanzieller Erfolg führten auf dem direktesten Weg zum irdischen Paradies) zum Trotz nicht darauf verzichtet hatten, ihrer inneren Berufung zu folgen. Es waren die Künstler, Hausfrauen und Menschen in sozialen Berufen. Bei den Wissensvermittlern und Kommunikatoren trennte man mit einem harten Schnitt die Spreu vom Weizen: All diejenigen, die in den Medien groß ihr Maul aufgerissen hatten, das von ihnen Verkündete jedoch keineswegs ernstmeinten, sondern in schlecht kaschierter Eitelkeit nur nach ihrem eigenen Ruhm schielten, wurden fortan als kuriose Verbal-Akrobatiker in Wanderzirkussen zur Scheu gestellt.

„Selbstvertrauen entsteht, wenn man seine Vereinbarungen mit sich und anderen Menschen einhält. Vertrauen zu anderen Menschen entsteht, wenn man sieht, daß sie das, was sie versprechen, auch einhalten", hatte der Indianer gesagt, sich dabei aus dem Wissensschatz seiner Ahnen bedienend, die in ihrer Volksgeschichte leidvollste Erfahrungen mit dem Nicht-Einhalten von Verträgen machen mußten. „Ja, Pactae servandae sund", hatte ihm ein Altphilologe aus der Talk-Runde ihm sekundiert. Verträge müssen eingehalten werden, sonst schwindet die Vertrauensbasis.

Unter diesem Aspekte mußten vor allem die Reihen der Politiker gelichtet werden. Reine „Versprecher", die nichts von dem umsetzten, was sie sich vorgenommen hatten, sondern sich nur auf Steuerzahlerkosten ein angenehmes Leben im Parlament machen wollten, wurden zwecks Erhöhung ihrer persönlichen Fitness auf den Acker geschickt, von dem sie sich früher hatten davonmachen wollen. Lügner und nach Skandalen, in die sie verstrickt waren, Nicht-Erinnern-Könner sowie Vertragsbrüchige kamen rigoros in den Knast.

Es war die größte Umwälzung seit der Industriellen Revolution. Es war nichts weniger als ein totaler Perspektiv-, um nicht zu sagen: Paradigmenwechsel.

Und er sollte sich bezahlt machen – nein, nicht mit Geld, das war inzwischen abgeschafft zugunsten eines gigantischen, prosperierenden Netzwerkes von miteinander verschränkten lokalen und überregionalen Tauschringen, bei denen Arbeit gegen Arbeit gegeben wurde. „Jede Arbeit ist gleich viel wert", hieß es. Vom Prinzip her zumindest. Gemeint war, daß jeder Beruf die gleiche Wertschätzung genoß. Selbstverständlich konnte ein Anfänger nicht mit einem Experten mithalten, sodaß das Bewußtseinslevel eines Goldonen bei der Ausführung einer Tätigkeit mit ausschlaggebend für ihre Einschätzung war. Echte Meisterschaft, das war klar, konnte nur aus einer Mischung von Erfahrung, Übung und innerer Präsenz entstehen. Daß diese Tauschringe das soziale Leben enorm beflügelten, muß nicht extra erwähnt werden. Die Goldonen waren nun ständig in Kontakt miteinander, ob online oder real, wobei persönliche Body-Coaches darauf achteten, daß die Work-Life-Balance nicht nur ein hohles Wort blieb, sondern daß sehr balanciert gelebt wurde.

Maßgeschneiderte Dienstleistungen hieß das Zauberwort, mit dem so gut wie jeder tätig werden konnte. Jeder hatte etwas anzubieten, eine „Kernkompetenz" wie man es vor der großen Umwälzung genannt hatte. Um diese Fähigkeit gut an den Mann oder die Frau zu bringen, war jedoch großes Einfühlungsvermögen nötig, denn da jeder Goldone die Möglichkeit hatte, unter so vielen möglichen Dienstleistungen zu wählen (Werbung erfolgte nur durch Mundpropaganda), erwartete er zu Recht, daß die von ihm favorisierte wirklich „maßgeschneidert" (also genau das Gegenteil eines Massenproduktes) war. Einfühlungsvermögen – früher gern auch als „emotionale Kompetenz" bezeichnet, aber diese hart und markig klingenden Managerworte waren gänzlich aus der Mode gekommen – Einfühlungsvermögen ließ sich trainieren, doch war dies erst nach dem großen Perspektivwechsel möglich geworden, als sich der Fokus von den harten auf die weichen Fähigkeiten, vom äußeren auf das innere Leben verlagerte.

Die Goldonen waren so beschäftigt und inspiriert von dem gewaltigen Umwälzungsprozeß, in den sie involviert waren und in so reger Kommunikation miteinander, daß sie erst mit einiger Zeitverzögerung (was möglicherweise damit zusammenhing, daß es ihnen nach zähem Ringen gelungen war, die Zeit zu strecken und nun etwas langsamer lebten) bemerkten, daß sich die Dunkelheit langsam, aber sicher immer weiter zurückgezogen hatte. Es wurde Licht im Goldonenland!

© Catharina Aanderud

Danksagung

Ich habe einer Reihe von Menschen zu danken, ohne die die Neuauflage dieses Buches nicht möglich geworden wäre. In der Reihenfolge ihres Erscheinens:

Oliver Petersen, daß er mich ermutigt hat, dieses Buch noch einmal zu veröffentlichen.

Dann vor allem Claudia Ludwig, die sofort begeistert von der Idee war, „Weniger ist mehr" in ihrem neu gegründeten CLASSICUS Verlag herauszubringen und diesem Buch damit ein wunderbares Comeback ermöglicht hat, wofür ich ihr sehr dankbar bin.

Franziska von Aspern für ihr geschmackvolles Cover und die guten Gespräche –

und meinem Sohn Philip, der als Zivildienstleistender im fernen Peru zahlreiche Kapitel kritisch gelesen und mit sehr klugen Anmerkungen versehen hat („Dahinter steckt doch wohl kein Sozialneid? Lieber weglassen!"), über die ich oft auch sehr lachen mußte, zumal er damit den Nagel meist auf den Kopf getroffen hat. Danke!

Literatur

Aslett, Don, Clutter's Last Stand. Cincinnati, Ohio, 1984

Barber, Benjamin R., Coca Cola und Heiliger Krieg -
Wie Kapitalismus und Fundamentalismus Demokratie abschaffen.
München 1996

Barber, Benjamin R., Consumed! Wie der Markt Kinder verführt,
Erwachsene infantilisiert und die Demokratie untergräbt.
München 2007

Burisch, Matthias, Das Burnout-Syndrom. Berlin/Heidelberg 1989

Copray, Norbert, Liebe deine Sucht und du wirst dich selbst heilen. In:
Immer mehr? Verführung zur Sucht. München 1991

Coupland, Douglas, Generation X. Berlin 1994

Csikszentmihalyi, Mihaly, Das Flow-Erlebnis. Stuttgart 1996

Csikszentmihalyi, Mihaly, Flow - Das Geheimnis des Glücks.
Stuttgart 1998

Curtis, Adam, Century of the Self, 4-teilg. BBC-Serie 2004

Eckhart, Meister, Ewigkeit inmitten der Zeit. Zürich 1992

Ewen, Stuart, PR! A Social History of Spin, New York 1996.

Fassel, Diane, Wir arbeiten uns noch zu Tode. München 1991

Felton, Sandra, Im Chaos werden Rosen blühen. Moers 1995

Forrester, Viviane, Der Terror der Ökonomie. Wien 1997

Fox, Matthew, Revolution der Arbeit. München 1996

Freudenberger, Herbert / Gail North, Burn-out bei Frauen.
Frankfurt 1992

Geißler, Karlheinz, Zeit leben. Weinheim 1992

Golas, Thaddeus, Der Erleuchtung ist es egal, wie du sie erlangst.
München 1992

Gross, Werner, Sucht ohne Drogen. Frankfurt/M. 1995

Gross, Werner, Hinter jeder Sucht ist eine Sehnsucht.
Freiburg i. Br. 1995

Hesse, Jürgen/Hans Christian Schrader. Die Neurosen der Chefs.
Frankfurt/M. 1994

Hüther, Gerald, Bedienungsanleitung für ein menschliches Gehirn.
Göttingen 2010

Martin, Hans-Peter/Harald Schumann, Die Globalisierungsfalle.
Reinbek bei Hamburg 1997

Nadolny, Sten, Die Entdeckung der Langsamkeit. München 1983

Opaschowski, Horst W., Schöne, neue Freizeitwelt?
Projektstudie 5, BAT Freizeitforschungsinstitut Hamburg 1994

Paungger, Johanna/Thomas Poppe, Vom richtigen Zeitpunkt.
München 1996

Postman, Neil, Wir amüsieren uns zu Tode. Frankfurt/M. 1985

Richter, Horst Eberhard, „Immer mehr" macht krank. In: Immer mehr?
Die Verführung zur Sucht. München 1991

Rifkins, Jeremy, Das Ende der Arbeit und ihre Zukunft.
Frankfurt/M. 1997

Ring, Kenneth, Heading Towards Omega, Sairfield N. J. 1995

Rinpoche, Sogyal, Das tibetische Buch vom Leben und vom Sterben.
München 1994

Saul, John R., Der Markt frisst seine Kinder. Frankfurt/M. 1997

Schaef, Anne Wilson, Vor seinem Selbst auf der Flucht. In: Immer mehr?
a. a. O.

Schaef, Anne Wilson, When Society Becomes an Addict.
San Francisco 1986

Scheppach, Joseph, Sex um 8 - und was Sie sonst noch über
innere Uhren wissen sollten. München 1996

Scherhorn, Gerhard, Aufsätze 1993-1996. Stuttgart 1997

Schmidbauer, Wolfgang, Jetzt haben, später zahlen.
Reinbek bei Hamburg 1995

Schneider, Wolf/Christoph Fasel, Wie man die Welt rettet
und sich dabei amüsiert. Hamburg 1995

St. James, Elaine, In Einfachheit leben. München 1998

Schumacher, Ernst Friedrich, Small is beautiful.
Die Rückkehr zum menschlichen Maß.

Heidelberg 1995 Thich Nhat Hanh, Ich pflanze ein Lächeln.
München 1992

Tuiavii, Der Papalagi. Zürich 1981

Thurow, Lester C-, The Future Of Capitalism. New York 1997

van de Weyer, Robert, Leben wie im Kloster. Freiburg i. Br. 1995

CLASSICUS-Verlag

Powerfrauen

Katja Keßler,
Hellen Kwon,
Katarzyna Mol,
Inmi Patterson,
Renate Schneider,
Ina Tenz,
Victoria Trauttmansdorff, ...

Text- und Bildportraits von 25 erfolgreichen Frauen aus Kultur, Politik & Wirtschaft.

classicus Verlag, 192 Seiten, Hardcover,

ISBN 978-3-942848-03-9 | € 19,90

www.classicus-verlag.de